# 一带一路

# 人文交流大数据报告

Big Data Report on Cultural Exchanges Along Belt and Road

## （2018）

本书编写组 组编

大连理工大学出版社

**图书在版编目(CIP)数据**

一带一路人文交流大数据报告. 2018 /《一带一路
人文交流大数据报告. 2018》编写组组编. — 大连：大
连理工大学出版社，2018.11
ISBN 978-7-5685-1817-8

Ⅰ. ①一… Ⅱ. ①一… Ⅲ. ①"一带一路"—国际合
作—研究报告—2018 Ⅳ. ①F125

中国版本图书馆 CIP 数据核字(2018)第 296549 号

YIDAI YILU RENWEN JIAOLIU DASHUJU BAOGAO(2018)
一带一路人文交流大数据报告(2018)

出版发行：大连理工大学出版社
　　　　　（大连市软件园路 80 号　邮政编码：116023）
印　　　刷：上海利丰雅高印刷有限公司
幅面尺寸：185mm×260mm
印　　张：16.5
字　　数：381 千字
出版时间：2018 年 11 月第 1 版
印刷时间：2018 年 11 月第 1 次印刷
策　　划：金英伟
责任编辑：于　泓
责任校对：白　璐
封面设计：奇景创意

ISBN 978-7-5685-1817-8
定　　价：238.00 元

电　话：0411-84708842
传　真：0411-84701466
邮　购：0411-84708943
E-mail：dutp@dutp.cn
URL：http://dutp.dlut.edu.cn

本书如有印装质量问题,请与我社发行部联系更换。

# 编委会

编委会主任：张 江

编委会副主任：赵 磊

编 委：（按姓氏音序排列）

常 颖 蒋正翔 李嘉珊

刘 迪 秦明利 王 辉

严 庆 翟 崑

# 序 言

　　2013 年秋，习近平主席正式提出"一带一路"倡议。从 2013 年 9 月开始，我深入研究与调研"一带一路"，并主持了中央党校"一带一路"重点研究课题。2015 年 5 月，我推动成立了"一带一路"百人论坛，这是国内少有的专注于"一带一路"研究的网络型智库。多年来，我一直在国内调研，从西北地区的新疆、陕西、甘肃、宁夏、青海到西南地区的云南、广西、四川、重庆，从沿海省份的辽宁、山东、浙江、江苏、福建、广东、海南到内陆省份的内蒙古、山西、河北，从北端的满洲里、二连浩特，到西端的红其拉甫、霍尔果斯，"一带一路"使我有了深入了解中国的机会。我是多部委与省市"一带一路"规划的特聘专家，为数十个省市委中心组、央企中心组讲授"'一带一路'与中国跨越式发展""文化经济学的'一带一路'"，完成数十篇"一带一路"研究报告并上报中央。

　　与此同时，从澳大利亚、美国，到欧洲的俄罗斯、英国、意大利、捷克、波兰，再到亚洲的以色列、韩国、日本、新加坡、柬埔寨等，"一带一路"也使我有了深入了解国际社会的机会。很多国外政要由衷地为中国的倡议点赞，他们承认："一带一路"不仅是"路"，更是"道"；中国不是一个"小富即安"的国家，而是一个文化共同体，正在帮助国际社会打造利益共同体、责任共同体和命运共同体，"一带一路"是大道之行。在澳大利亚，我了解到了中医药非常受欢迎，以至于澳大利亚成为首个以立法方式承认中医合法地位的西方国家。的确，"一带一路"创造了中国与国际社会相互了解与相互欣赏的机会，创造了打通己学和彼学的机会。

　　2018 年是"一带一路"倡议提出的五周年，我应大连理工大学出版社和大连瀚闻资讯有限公司的邀请，参与编纂了《一带一路人文交流大数据报告（2018）》，为"一带一路"倡议提出五周年记录下精彩的一笔。我曾撰写过两本有关"一带一路"的专著，主编过一部有关"一带一路"的年度报告。两本专著分别是《"一带一路"：中国的文明型崛起》和《文化经济学的"一带一路"》，年度报告是《"一带一路"年度报告》。两本专著都是我对"一带一路"倡议提出以来的调研和学习的阶段性总结，一本是从文明的角度谈崛起，一本是从文化的角度谈经济。《"一带一路"年度报告》是依托"一带一路"百人论坛，由论坛专家及"一带一路"先行企业撰稿。

　　不同于以往的书籍，《一带一路人文交流大数据报告（2018）》是基于大连瀚闻资讯有限公司的海量数据和大数据分析技术，融合了研究"一带一路"各领域的权威专家的分析和论点，多方汇聚而成的智慧结晶。本书是国内少有的"一带一路"相关的大数据报告，也是迄今为止国内首部从大数据角度诠释人文交流的著作。

报告分为总篇、人文交流领域篇、文化产品贸易篇和附录,力求全景展现"一带一路"倡议提出前后,"一带一路"国家间人文交流各个领域的现状、成果和变化。人文交流领域篇涉及教育、科技、体育、文学·艺术、医疗·卫生、旅游·美食、语言、智库、媒体九大人文领域,涵盖二十多个数据库,总数据超过 1 亿条。报告综合运用了文本挖掘、数据清洗、聚类分析、数据可视化等多种大数据分析方法。此外,报告调用的基础文化贸易产品种类达268 种,并以附录的形式展现各类基础数据以便查询;调用的基础贸易数据近 1 亿条,对"一带一路"文化产品贸易的总体格局、合作现状及发展态势做出了全面系统的分析。

在互联网、移动端、大数据时代,世界各国的人文交流和商贸交易有了更加便捷、全面、直达的网络新渠道。2017 年 5 月 14 日,习近平主席在"一带一路"国际合作高峰论坛开幕式演讲中特别提道:"推动大数据、云计算、智慧城市建设,连接成 21 世纪的数字丝绸之路。"依托大数据技术汇集人文交流要素,可以把中国的、"一带一路"沿线国家的各种动态信息、创新发展经验、历史人文知识等,进行大规模汇集、传播、共享。大数据的归集、挖掘、分析和可视化技术,提升了报告的准确性、客观性、全面性。

"无数铃声遥过碛,应驮白练到安西。"这是唐代诗人张籍对古丝绸之路辉煌的真实写照,折射出古丝绸之路已经超越了中外丝绸贸易和陆海商路的局限,凸显出世界文明沟通和交流的精神气质。"一带一路"建设既需要经贸合作的硬支撑,也离不开人文交流的软助力。文化交流使人们相互了解、相互欣赏、相互尊重,具有不可替代的作用。在新的时期,"一带一路"建设的重点和核心不仅是经济合作与贸易往来,更是增强沿线国家、地区和人民间友好互信,而人文交流将在推进"一带一路"进程中发挥举足轻重的作用。提升国家软实力是开展人文交流的理论发展逻辑,打造人类命运共同体则是开展人文交流的实践发展逻辑。

要实现世界经济再平衡,必然要处理好经济与人文的关系。未来的风向是经济文化化、文化经济化,经济文化一体化的趋势越来越明显,文脉与商脉相辅相成。企业以及城市要很好地适应未来发展的风向,即从功能定位走向人文定位。人文交流是"通心工程"。中国在推进"一带一路"的进程中,要善于学习,要善于从别人的有益经验中获取完善自身的知识、视角和思路。

相信本书的出版,能够为读者了解"一带一路"人文交流提供更多的数据,为国内外各界参与"一带一路"建设提供更丰富的信息,为"一带一路"建设行稳致远做出积极贡献。希望有更多的国人能够参与"一带一路"的建设,在服务国家的同时,实现自我价值;有更多的国家能够参与"一带一路"合作项目,实现共同繁荣!

赵 磊

2018 年 10 月

# 说 明

## 一、概念解释

### (一)"一带一路"国家

本报告所涉及的"一带一路"国家,包括中国以及国家信息中心发布的《"一带一路"大数据报告(2017)》中所列出的"一带一路"沿线 64 个国家,共 65 个国家。

### (二)"一带一路"沿线国家

本报告所涉及的"一带一路"沿线国家为"一带一路"国家中除中国以外的 64 个国家,以下简称沿线国家。详见表 1。

表 1                                   "一带一路"沿线国家

| 区域(国家数量) | 国家名称 |
| --- | --- |
| 东北亚地区(2) | 蒙古、俄罗斯 |
| 中亚地区(5) | 哈萨克斯坦、乌兹别克斯坦、土库曼斯坦、塔吉克斯坦、吉尔吉斯斯坦 |
| 东南亚地区(11) | 新加坡、印度尼西亚、马来西亚、泰国、越南、菲律宾、柬埔寨、缅甸、老挝、文莱、东帝汶 |
| 南亚地区(7) | 印度、巴基斯坦、斯里兰卡、孟加拉国、尼泊尔、马尔代夫、不丹 |
| 西亚北非地区(20) | 阿拉伯联合酋长国、科威特、土耳其、卡塔尔、阿曼、黎巴嫩、沙特阿拉伯、巴林、以色列、也门、埃及、伊朗、约旦、叙利亚、伊拉克、阿富汗、巴勒斯坦、阿塞拜疆、格鲁吉亚、亚美尼亚 |
| 中东欧地区(19) | 波兰、阿尔巴尼亚、爱沙尼亚、立陶宛、斯洛文尼亚、保加利亚、捷克、匈牙利、马其顿、塞尔维亚、罗马尼亚、斯洛伐克、克罗地亚、拉脱维亚、波斯尼亚和黑塞哥维那、黑山、乌克兰、白俄罗斯、摩尔多瓦 |

### (三)贸易金额

本报告所涉及的贸易金额均为当年美元名义金额,增长率为名义增长率,未进行平减。

## 二、企业类型划分

### (一)国有企业

国有企业即海关统计中的国有企业。

## （二）外资企业

外资企业包括海关统计中的中外合作企业、中外合资企业和外资企业。

## （三）民营企业

民营企业包括海关统计中的集体企业和私营企业。

## （四）其他企业

其他企业包括海关统计中除上述企业类型以外的企业。

# 三、中国四大区域划分（表2）

表2　　　　　　　　　　　　　　　　中国四大区域划分

| 省区市（个） | 省、自治区、直辖市名称（文中简称省区市） |
| --- | --- |
| 东部地区（10） | 北京市、福建省、广东省、海南省、河北省、江苏省、山东省、上海市、天津市、浙江省 |
| 中部地区（6） | 安徽省、河南省、湖北省、湖南省、江西省、山西省 |
| 西部地区（12） | 甘肃省、广西壮族自治区、贵州省、内蒙古自治区、宁夏回族自治区、青海省、陕西省、四川省、西藏自治区、新疆维吾尔自治区、云南省、重庆市 |
| 东北地区（3） | 黑龙江省、吉林省、辽宁省 |

注：此表未统计港澳台数据。

# 目　录

## 总　篇

一、打通文脉　共享价值 ·········································· 3
　(一)人文交流是"一带一路"的软联通 ···················· 3
　(二)"大数据"助力"一带一路"人文交流 ················· 5

二、"一带一路"要打造人文格局 ······························· 6
　(一)文明交流互鉴是人文格局的动力 ···················· 6
　(二)民心相通是人文格局的基础 ························· 7
　(三)文化自信是人文格局的前提 ························· 7
　(四)文化软实力是人文格局的目标 ······················ 8

三、"一带一路"人文交流的现状 ······························· 10
　(一)"一带一路"人文交流成果显著 ····················· 10
　(二)"一带一路"人文交流问题犹存 ····················· 11
　(三)"一带一路"人文交流的建议 ······················· 12

## 人文交流领域篇

一、教　育 ······················································· 17
　(一)"一带一路"国家教育情况概览 ····················· 17
　(二)"一带一路"沿线各地区的教育投入情况 ············· 23
　(三)中国与"一带一路"沿线国家的教育交流与合作 ······· 24
　(四)经典案例 ········································· 28
　(五)数据分析 ········································· 30

二、科　技 ······················································· 32
　(一)"一带一路"国家知识产权情况 ····················· 32
　(二)"一带一路"国家科技研发实力 ····················· 36

（三）"一带一路"国家科技创新情况 ………………………………………… 38

（四）"一带一路"国家信息技术情况 ………………………………………… 40

（五）经典案例 ………………………………………………………………… 43

（六）数据分析 ………………………………………………………………… 44

三、体　育 ……………………………………………………………………… **46**

（一）"一带一路"国家参与国际体育情况 …………………………………… 46

（二）"一带一路"国家体育赛事获奖情况 …………………………………… 48

（三）"一带一路"国家民间体育运动情况 …………………………………… 51

（四）经典案例 ………………………………………………………………… 52

（五）数据分析 ………………………………………………………………… 54

四、文学·艺术 ………………………………………………………………… **56**

（一）"一带一路"国家文学相关情况 ………………………………………… 56

（二）"一带一路"国家综合艺术情况 ………………………………………… 60

（三）中国与"一带一路"沿线国家艺术品交流情况 ………………………… 64

（四）经典案例 ………………………………………………………………… 68

（五）数据分析 ………………………………………………………………… 70

五、医疗·卫生 ………………………………………………………………… **72**

（一）"一带一路"国家人口健康情况 ………………………………………… 72

（二）"一带一路"国家公共卫生情况 ………………………………………… 76

（三）"一带一路"国家医疗卫生资源情况 …………………………………… 81

（四）"健康丝绸之路"成果丰硕 ……………………………………………… 85

（五）经典案例 ………………………………………………………………… 87

（六）数据分析 ………………………………………………………………… 89

六、旅游·美食 ………………………………………………………………… **91**

（一）"一带一路"沿线国家旅游资源 ………………………………………… 91

（二）"一带一路"国家旅客交流情况 ………………………………………… 96

（三）"一带一路"国家美食交流情况 ………………………………………… 99

（四）经典案例 ……………………………………………………………… 100

（五）数据分析 ……………………………………………………………… 107

七、语　言 ……………………………………………………………………… **109**

（一）"一带一路"国家语言情况概览 ……………………………………… 109

（二）中国的语言服务能力与汉语传播情况 ……………………………… 112

(三)"一带一路"沿线国家语言发展现状 ·················· 117

(四)经典案例 ················································· 121

(五)数据分析 ················································· 122

**八、智　库** ··················································· **124**

(一)"一带一路"国家智库发展情况 ······················· 124

(二)中国"一带一路"相关智库发展情况 ·················· 128

(三)经典案例 ················································· 132

(四)数据分析 ················································· 133

**九、媒　体** ··················································· **135**

(一)全球媒体生态环境分析 ······························· 135

(二)"一带一路"国家媒体情况分析 ······················· 137

(三)"一带一路"媒体舆情分析 ····························· 141

(四)经典案例 ················································· 147

(五)数据分析 ················································· 148

## 文化产品贸易篇

**一、"一带一路"国家与全球文化产品贸易合作** ·············· **153**

(一)"一带一路"国家与全球文化产品贸易格局 ············ 153

(二)"一带一路"国家与全球文化产品出口格局 ············ 153

(三)"一带一路"国家与全球文化产品进口格局 ············ 154

**二、中国与沿线国家文化产品贸易合作** ······················ **155**

(一)2010—2017年文化产品贸易额变化 ··················· 155

(二)中国与"一带一路"沿线国家文化产品贸易伙伴排名 ····· 156

(三)中国与"一带一路"沿线国家文化产品贸易结构 ········ 156

(四)中国与"一带一路"沿线国家文化产品贸易方式 ········ 158

(五)中国与"一带一路"沿线国家文化产品贸易主体 ········ 160

**三、中国与沿线区域文化产品贸易合作** ······················ **162**

(一)东北亚 ··················································· 162

(二)中亚 ····················································· 168

(三)东南亚 ··················································· 174

(四)南亚 ····················································· 181

（五）西亚北非 ……………………………………………………… 187

（六）中东欧 ………………………………………………………… 194

四、中国各区域与沿线国家文化产品贸易合作 ……………………… **201**

（一）东部地区 …………………………………………………… 201

（二）中部地区 …………………………………………………… 208

（三）西部地区 …………………………………………………… 214

（四）东北地区 …………………………………………………… 221

五、文化产品贸易合作的问题及建议 ………………………………… **229**

（一）现状和问题 ………………………………………………… 229

（二）对策及建议 ………………………………………………… 230

# 附　录

附表一　文化商品海关 HS8 位编码及具体商品描述对照表 …………… 235

附表二　创新评价指标体系 ……………………………………………… 242

附表三　2016 年"一带一路"国家信息技术情况 ……………………… 243

附表四　历届诺贝尔文学奖获得者、获奖作品及代表作品 …………… 245

附表五　72/144 小时免签政策口岸 …………………………………… 249

附表六　中国高校开通"一带一路"语种情况 ………………………… 250

附表七　2017 年中国与沿线国家文化商品贸易额 …………………… 252

# 总　篇

# 一、打通文脉　共享价值

"一带一路"倡议,唤起了"一带一路"沿线国家的历史记忆。古代丝绸之路是一条贸易之路,更是一条人文交流之路。这条通往西方的国际通道,是中国文化首次外传的道路,将沿途的各个国家联系起来,把古老的中国文化、印度文化、波斯文化、阿拉伯文化、古希腊文化和古罗马文化联结起来,促进了东西方文明的交流与发展。

事实上,今天"一带一路"国家数量已经超过65个,分为两类国家,一类是丝路沿线国家,一类是丝路相关国家。为了便于统计,本报告重点分析的"一带一路"国家,即最初提出的65个国家,这些国家的总人口超过46亿,约占全世界总人口的61.9%。

首先,"一带一路"需要语言铺路,文化通心。"一带一路"的核心内涵是互联互通。其中,"软联通"就是要重视语言、文化、精神和价值层面的沟通和交流。从本质来看,人心相通是最高层次、最有意义的相通,但也是最难实现的相通。

其次,"一带一路"需要"受众本位"意识,不断夯实社会和民意基础。在海外调研时,笔者发现国际社会高度关注"一带一路"。有外国朋友说,他们对中国文化十分感兴趣,但感觉中国的文化供给严重不足;甚至有些中东欧国家负责经济的领导人,依然不清楚"一带一路"还包括文化、教育、旅游等内容,他们的认知就是"'一带一路'=基建+物流+贸易+能源+投资",等等。可见,"一带一路"仍需加大对外宣传与文化交流力度。

最后,"一带一路"要从功能定位走向人文定位。这一倡议蕴含的经济规律是:能源资源总是越挖越少,但文化资源则是越挖越多。未来,要持续加强"一带一路"软联通项目的建设。

## (一)人文交流是"一带一路"的软联通

### 1.文化的含义

文化(culture)是非常广泛和最具人文意味的概念,简单来说,文化就是地区人类的生活要素形态的统称,即衣、冠、文、物、食、住、行等。给文化下一个准确或精确的定义,的确是一件非常困难的事情。对文化这个概念的解读一直众说不一,但东西方的辞书或百科中却有一个较为一致的解释和理解:文化是相对于政治、经济而言的人类全部精神活动及其活动产品。

文化和文明(civilization)有鲜明的区别:文化和文明都属于使用频率极高,又极为模糊的概念。广义的文化指人类的一切遗存,其形态有物质与精神之分,前者指客观存在的实体,后者则是信仰、艺术、道德、风俗等。文化包括文明,文明是文化的高级形态或高等形态。简单说来,文化是一个属于石器时代范畴的概念,文明是一个属于青铜时代范畴的概念,其存在于人类进入青铜时代以后的国家阶段。

文化这个单词的词根"cult-"的原始意义是"耕作",这很清楚地表明了文化这个概念属于与"农耕"相联系的原始部落时代的范畴;文明这个单词的词根"civ-"的原始意义是"市民",也同样清晰地表明了文明这个概念属于与伴随着"市民"的出现而同时产生的"城市"(city 这个单词就是从词根"civ-"的变体"cit-"演绎而来的)及工商业相联系的青铜时代的范畴。文明的几个主要要素——文字、金属冶炼术、城市国家(城邦)、宗教礼仪等,都与工商业的出现密切相关。

中国传统文化可以概括为"和合文化"。何为"和合文化"? 美美与共,天下大同,就像中国人打太极,外国人打拳击。就中国太极而言,双方无论体重、身高如何都可以同台竞技,而外国的拳击选手则需要根据体重等进行分级并制定出哪些部位打了有效,哪些地方打了扣分,最后倒地要数秒等规定。有个美国学者将中国文化概括为"淡",提出"淡色中国"的概念。"淡"字的左边是水,右边是火,象征包容与融合。笔者到以色列去,发现犹太人很喜欢中国人。犹太民族约有 1 400 万人,人才辈出,像金融大鳄索罗斯、科学家爱因斯坦、外交家基辛格等,他们创造了大量的智慧和财富。犹太人到世界任何地方都会完整地保存自身的民族性格,但唯独到了中国(宋朝的开封、第二次世界大战时期的上海等),犹太人没有被歧视,逐渐融入了中国文化之中。在当年关押犹太人的萨克森豪森集中营的墙上刻有这样一段话:"全世界都对犹太人关上了大门,上海是唯一的例外。"第二次世界大战期间,约有 600 万犹太人遭纳粹屠杀。上海这座万里之外同样饱经战火离乱的东方城市,却以宽广的胸怀庇护了约两万名犹太人。上述事例都从一个侧面展现了中国"和合文化"的包容特性。

## 2. 人文交流是"通心工程"

"人文"一词的中文,最早出现在《易经》中贲卦的象辞:"刚柔交错,天文也;文明以止,人文也。观乎天文,以察时变;观乎人文,以化成天下。"宋程颐《伊川易传》卷二释作:"天文,天之理也;人文,人之道也。天文,谓日月星辰之错列,寒暑阴阳之代变,观其运行,以察四时之迁改也。人文,人理之伦序,观人文以教化天下,天下成其礼俗,乃圣人用贲之道也。"人文原来是指人的各种传统属性。广义地讲,人文就是人类自己创造出来的文化,自然就是原始的、天然的。我国《辞海》称:"人文指人类社会的各种文化现象。"

人文交流有广义和狭义之分。广义的人文交流就是文化交流。人文一般作为人类文化的简称,或者说人文是指人类文化。文化是精神(心灵)的外化,是社会的三大领域(经济、政治和文化)之一。狭义的人文交流是指人员文化性交流,是文化交流的一种形式,是人与人、面对面和心对心(极致是心贴心)的交流。

人文交流是"通心工程",是读心、暖心、攻心的过程,也是打造经济红利与文化精品的过程。中国与国际社会的互动,要从物理反应上升到化学反应。化学反应就是不仅要实现硬联通,更要实现软联通。两千多年前,出现了一条举世瞩目的丝绸之路,但这条路可不是人们修出来的,而是人们一步步走出来的。为什么那个时候的外国人要披荆斩棘,冒着生命危险来到中国? 原因可能很简单,即那个时候的中国是有极大魅力的,有这些沿线国家最需要的东西:一个是有形的产品;另一个是无形的产品,如先进的文化、思想、理念、制度、价值等,甚至包括中国人眼中的精气神。

人文交流一般包含人员交流、思想交流和文化交流,其目的是增进各国人民之间的相互认识与了解,从而塑造区域文化认同、价值认同,最后达成区域政治合法性的支持。作为"一带一路"建设的三大支柱之一,人文交流即推进"一带一路"建设的题中应有之义,将为深化双边、多边合作奠定坚实的民意基础和社会根基。其一,人文交流是推进中国与

"一带一路"沿线国家民心相通的重要途径;其二,人文交流是促进中国与有关国家政治互信的重要基础;其三,人文交流是深化中国与有关国家经贸合作的重要保障。

## (二)"大数据"助力"一带一路"人文交流

### 1. 大数据的含义

大数据(big data),指无法在一定时间范围内用常规软件工具进行捕捉、管理和处理的数据集合,是需要新处理模式才能具有更强的决策力、洞察力和流程优化能力的海量、高增长率和多样化的信息资产。作为国家基础性战略资源,大数据的发展与应用受到了党中央、国务院的高度重视,国家大数据战略也被写入了我国"十三五"规划。

"一带一路"是新时代全球化的大布局,打通"一带一路"的血脉经络,需要积极推动全球网络基础设施建设,增强各国网络发展能力,给"一带一路"的发展插上网络的翅膀,让更多发展中国家和人民共享互联网带来的机遇。近年来,随着国际格局的演变,西方中心的单线发展史受到越来越多的质疑,中国的社会主义演进发展也逐渐被认为是大历史、大时代的产物。大数据的出现,让人类进入了万物互联的时代,对数据进行重新处理的能力也远远超过过去,对世界的认识将会提升到一个新的高度,大数据让预判和计划都成为可能。数据现如今成为最重要的生产资料之一,数据的分享与流通产生了新的价值,促成了智能革命的到来。在智能机器人代替人力的时代,人类获得了极大的自由,大部分的人从事科学、艺术、文学等创造性劳动,少数人会进行智能再创造。

### 2. 大数据助力人文交流

在互联网、移动端、大数据时代,世界各国的人文交流和商贸交易有了更加便捷、全面、直达的网络新渠道。习近平主席在"一带一路"国际合作高峰论坛开幕式演讲中特别提道:"我们要坚持创新驱动发展,加强在数字经济、人工智能、纳米技术、量子计算机等前沿领域合作,推动大数据、云计算、智慧城市建设,连接成21世纪的数字丝绸之路。""数字丝绸之路"是依托大网络开展跨国投资贸易的合作大平台,是依托大数据促进人心相通的大桥梁,也是传播中国声音、讲好中国故事的人文交流大平台。依托大数据技术汇集人文交流要素,可以把中国的和"一带一路"相关国家的各种动态信息、创新发展经验、历史人文知识等,进行大规模汇集、传播、共享。

本报告涉及教育、科技、体育、文学·艺术、医疗·卫生、旅游·美食、语言、智库、媒体等九大人文领域,涵盖二十多个数据库,总数据条数超过1亿。报告中大量综合运用了文本挖掘、数据清洗、聚类分析、数据可视化等多种大数据分析方法,力求全景展现"一带一路"国家人文交流的情况。

此外,报告调用的基础文化贸易产品种类达268种,并以附录的形式展现各类基础数据以便查询;调用的基础贸易数据超1亿条,对"一带一路"文化贸易总体格局、合作现状及发展态势做出了全面系统的分析。

# 二、"一带一路"要打造人文格局

　　中华民族在同其他民族的友好交往中,逐步形成了以和平合作、开放包容、互学互鉴、互利共赢为特征的丝绸之路精神。在新的历史条件下,我们提出"一带一路"倡议,就是要继承和发扬丝绸之路精神,把我国发展同沿线国家发展结合起来,把"中国梦"同沿线各国人民的梦想结合起来,赋予古代丝绸之路全新的时代内涵。

　　习近平主席强调,人文交流合作也是"一带一路"建设的重要内容。真正要建成"一带一路",必须在沿线国家民众中形成一个相互欣赏、相互理解、相互尊重的人文格局。民心相通是"一带一路"建设的重要内容,也是"一带一路"建设的重要基础。要坚持经济合作和人文交流共同推进,注重在人文领域精耕细作,尊重各国人民文化历史、风俗习惯,加强同沿线国家人民的友好往来,为"一带一路"建设打下广泛的社会基础。要加强同沿线国家安全领域的合作,努力打造利益共同体、责任共同体、命运共同体,共同营造良好环境。要重视和做好舆论引导工作,通过各种方式,讲好"一带一路"故事,传播好"一带一路"声音,为"一带一路"建设营造良好的舆论环境。

## (一)文明交流互鉴是人文格局的动力

　　文明是多彩的,人类文明因多样才有交流互鉴的价值。人类在漫长的历史长河中,创造和发展了多姿多彩的文明。无论是中华文明,还是世界上存在的其他文明,都是人类文明创造的成果。文明交流互鉴不应该以独尊某一种文明或者贬损某一种文明为前提。推动文明交流互鉴,可以丰富人类文明的色彩,让各国人民享受更富内涵的精神生活,开创有更多选择的未来。

　　文明是平等的,人类文明因平等才有交流互鉴的前提。人类文明各有千秋,没有高低、优劣之分。要了解各种文明的真谛,必须秉持平等、谦虚的态度。傲慢和偏见是文明交流互鉴的最大障碍。

　　文明是包容的,人类文明因包容才有交流互鉴的动力。一切文明成果都值得尊重,一切文明成果都值得珍惜。只有交流互鉴,文明才能充满生命力。只要秉持包容精神,就可以降低"文明冲突",实现文明和谐。

　　习近平主席强调,中华文明经历了五千多年历史变迁,但始终一脉相承,积淀着中华民族最深层次的精神追求,代表着中华民族独特的精神标识,为中华民族生生不息、发展壮大提供了丰厚滋养。中华文明是在中国大地上产生的文明,也是与其他文明不断交融互鉴而形成的文明。

　　从历史上看,古丝绸之路不仅是一条通商合作之路,更是一条和平友谊之路、文明互鉴之路。中国走向世界,世界了解中国,文化的桥梁作用和引领作用尤为重要。"一带一路"沿途是世界上典型的多类型国家以及多民族、多宗教聚集区域,四大文明古国诞生于此,佛教、基督教、伊斯兰教、犹太教等也发源于此并流传至世界各个角落。"一带一路"倡议为不同地区和不同文明开展对话搭建了一个重要平台,成为"一带一路"国家加强交流和增进互信的精神纽带。只有建立在民心相通、文明互鉴基础上的合作才是可持续的。

## (二)民心相通是人文格局的基础

"国之交在于民相亲,民相亲在于心相通。""一带一路"倡议为相关国家民众加强交流、增进理解搭起了新的桥梁。通过"文化先行"的方式加强中国与沿线各国在文化信仰和价值理念上的沟通,以"文化相通"推进"民心相通",对于"一带一路"倡议目标的实现具有不可替代的作用。中国国际问题研究院常务副院长阮宗泽曾说:"文化是一国的气质,是一国的颜值,是让人着迷的东西。以文化人、以德服人,方能成其久远。"

中华文化上下五千年,博大精深。中国的哲学思想更是魅力无穷,充满智慧。其中的很多精髓,指引着丝路精神从历史走到今天。中国儒家传递"和"文化,讲究"以和为贵""以和为美""以和为先"。因此,中国反对任何国家通过武力实现自身发展,"一带一路"是一条和平发展的康庄大道。"和则强,孤则弱""一花独放不是春,百花齐放春满园"……中华文化中的"和合"思想,和而不同、多元包容的价值观,奠定了"一带一路"合作共赢的思想基础,得到了越来越多沿线国家民众的共鸣和认同。

就如同人民币国际化一样,汉语、中医药、中餐等具有鲜明中国特色的文化标识也会逐渐"走出去",实现"国际化"。相信会有更多的人去学习汉语,了解中国文化,认同中国价值。在这个过程中,要用鲜活的语言、深刻的事例,讲好"一带一路"故事,让国际社会共同分享中国成长的红利。

教育合作和学术交流能够为"一带一路"倡议的执行提供科技支撑和文化支撑。旅游能够增进各国人民之间的了解,带动经济发展,而且能够促进丝绸之路文化、历史风貌的再次闪光。今天的"一带一路"倡议,秉承开放包容的丝路精神,为增进不同文明互学互鉴贡献着"中国智慧"。

## (三)文化自信是人文格局的前提

文化基因,不仅是一个民族无法割舍的血脉基因,更是破解各种难题的"钥匙"。具体来说,文化自信的基本内涵包括以下几个方面。

### 1. 文化自信要解决内心归属问题

中华文化是共同培育的民族精神,是凝聚人心的理想信念。为此,要重视中华传统文化研究,继承和发扬中华优秀传统文化。实现中华民族伟大复兴的"中国梦",必须要有中国精神,而中国精神必须在坚持社会主义核心价值体系的前提下,积极深入中华民族历久弥新的精神世界,把长期以来我们民族形成的积极向上、向善的思想文化充分继承和弘扬起来,使之为培养和践行社会主义核心价值观服务,为建设社会主义先进文化服务,为党和国家事业发展服务。人民有信仰,民族有希望,国家有力量。实现中华民族伟大复兴的"中国梦",物质财富要极大丰富,精神财富也要极大丰富。

### 2. 文化自信要解决价值认同问题

中华文化是海内外中华儿女共同的精神基因与文化烙印。时至今日,令世界倍加关注的,已不仅仅是"经济的中国",更是"文化的中国"。2016 年初,一部由英国广播公司(BBC)和美国公共电视网(PBS)联合制作的《中华的故事》火爆西方,这六集讲述中国的历史和传统的纪录片,占据 BBC 二台黄金时间。再看《琅琊榜》《芈月传》等国产电视剧在海外的热播,更是一如当年的青花瓷风靡欧洲。可以说,世界正在以更积极的态度认知"文化的中国"。从本质而言,研究文化说到底是研究价值的,传播文化说到底是传播价值的。国际社会开始关注"中国文化",本质是关注文化背后的价值理念,特别是对全球华人而言,要通过文化自信解决每一个中国人的价值认同问题。

### 3. 文化自信要解决和平与安全问题

中华文化崇尚和谐,"和合"文化源远流长,蕴含着天人合一的宇宙观、协和万邦的国际观、和而不同的社会观、人心和善的道德观。自古以来,中华文明就倡导正确的义利观,"计利当计天下利"是主流。从亚投行到"一带一路",从丝路基金到金砖银行,为何中国倡议能够如此迅速赢得众多国家的响应?因为中国没有用支配性、排他性的思维,而是坚持和衷共济、合作共赢的理念。"一带一路"所倡导的这种"和平发展""互利合作"的"和合理念",体现着中国五千多年历史文化传统的精髓。"和合理念"无疑为"一带一路"推进中处理各国矛盾与冲突提供了一种新的思维模式。

### 4. 文化自信要解决国家形象、国家声誉问题

为此,要讲清楚中华文化,阐释好中国特色。具体来说,宣传阐释中国特色,要讲清楚每个国家和民族的历史传统、文化积淀,基本国情不同,其发展道路必然有着自己的特色;要讲清楚中华文化积淀着中华民族最深沉的精神追求,是中华民族生生不息、发展壮大的丰厚滋养;要讲清楚中华优秀传统文化是中华民族的突出优势,是我们最深厚的文化软实力;要讲清楚中国特色社会主义植根于中华文化沃土,反映中国人民意愿,适应中国和时代发展进步要求,有着深厚的历史渊源和广泛的现实基础。在全球化时代,国家形象受到各国前所未有的重视。中国长期致力于构建和平、民主、团结的国家形象,并取得一定成效。但国际社会的普通民众对现实发展的中国认识仍很滞后。对此,我们应主动了解国际民众的认知喜好,要有针对性地"投其所好",根本目的是塑造国际社会对"一带一路"有利的认知偏好,营造有利于"一带一路"建设的国际舆论环境。

## (四)文化软实力是人文格局的目标

经过多年的努力,中国软实力正处在上升势头,具体表现为:世界对中国文化,特别是对汉语、中医药、中餐的兴趣在增长。

与美、日、欧等国家和地区相比,中国的软实力依然薄弱。例如,文化方面,中国虽是文化资源大国,但是文化产品与西方大国相比,仍显不足。

就世界发展史来看,国家的命运如同人生,决定成败的不是起点,而是转折点,必须在

关键节点走出"崛起困境":第一,是不是一个重要的国家,是不是一个受尊重的国家?第二,取得了令人振奋、举世瞩目的经济成就,但飞速发展的经济成就是否能转换成解决实际问题的能力?第三,如何赢得民心(民众对国家的归属和依赖)、人心(国际社会对国家的欣赏和认同)?所以,软实力建设的目的是非常明确的,即赢得尊重、解决实际问题、赢得民心和人心。

# 三、"一带一路"人文交流的现状

自"一带一路"倡议发出以来,中国秉持丝绸之路精神,积极与沿线国家开展人文交流与合作,有力推进了教育、科技、体育、文学·艺术、医疗·卫生、旅游·美食、语言、智库、媒体等领域的合作,不断拓展人文交流的宽度和深度。通过加强人文交流,中国可以全方位地向世界展现中华文明的博大精深,让世界人民了解中华优秀文化的深邃伟大,各国人民认可中华文明对构建国际新秩序以及和谐世界的巨大贡献。通过加强人文交流,中国将越来越走向讲述好中国故事、传播好中国声音、阐释好中国特色的战略引领方向,中国的软实力将日益提升,"一带一路"倡议也将走得更快、更远。

## (一)"一带一路"人文交流成果显著

### 1.政府间交流活动日益频繁

"一带一路"倡议提出以来,国家外交、文化、教育等主管部门积极响应、大力推动,在人文交流领域取得了一系列重要成果。目前,中国与巴基斯坦、柬埔寨、菲律宾等多国签订了领事条约,与泰国正在商签持普通护照人员互免签证协议,与印度尼西亚商签类似免签协议也在酝酿之中;利用高层互访的机会,与哈萨克斯坦、乌兹别克斯坦、吉尔吉斯斯坦、塔吉克斯坦、土库曼斯坦等国签订了《文化合作计划》《广播电影电视合作协定》《体育合作协议》等政府间文化合作协定和年度文化交流执行计划,为国家之间的双边文化交流活动确定了基本内容与合作方向;与中东欧国家,主要是基于中国-中东欧国家合作框架,广泛开展在教育、文化、旅游、新闻等领域的交流。

### 2.各领域文化交流成效显著

截至 2017 年底,中国已与"一带一路"沿线 61 个国家签署文化交流合作协定,在14 个沿线国家设立中国文化中心。贸易领域,2017 年,中国与沿线国家文化商品贸易额达到 179.0 亿美元,较 2016 年增长 16.4%。教育领域,2017 年中国赴沿线国家留学人数为 6.6 万人,较 2016 年增长 15.8%。截至 2017 年底,中国在沿线国家建立孔子学院134 所,孔子课堂 130 个,成为中国文化传播的窗口。文学领域,中国四大名著被翻译成20 种语言,245 个版本在沿线国家传播。艺术领域,中国电影周、中国艺术展、中国文化日等多次在国外举办,国外文化节等活动也在中国开展,为"一带一路"文化交流合作注入了新的活力。

### 3.对外文化交流平台逐步完善

在上海合作组织、中国-东盟合作框架、中国-中东欧国家合作框架、东亚峰会、亚欧会议、金砖机制、大湄公河区域机制等多边合作平台下,文化交流与合作的内容不断丰富,合作领域不断拓展,合作机制不断完善。中国-亚欧博览会(新疆)"中外文化展示周",是新疆对外文化交流的国际性平台,在提升中国国际形象、展现国家文化魅力、加强文化交流与合作、维护文化多样性方面发挥了重要作用,成为中国向西开放的重要品牌和平台。宁夏中阿博览会已成为中国与阿拉伯国家及伊斯兰世界进行经贸合作和文化交流的综合平台。同时,欧亚论坛(西安)、中国南亚博览会(昆明)、蒙中印缅论坛等都为中外文化交流搭起了良好的平台。此外,中蒙、中俄地方政府间的人文交流活动日益频繁,内容更加丰富多彩。到2017年底,黑河的中俄文化大集已连续举办八届,并上升为两国国家级文化交流项目,成为中俄文化交流的品牌活动。

### 4. 东北亚、东南亚国家与中国合作最为紧密

《"一带一路"大数据报告(2017)》的测评结果显示,我国与沿线国家的合作进展顺利,成效进一步显现。俄罗斯、巴基斯坦、哈萨克斯坦、泰国、越南分列沿线国家合作度前五位。从区域分布来看,东北亚的俄罗斯和蒙古与中国的国别合作指数均排在前十位;东南亚11个国家中,有8个排在前二十位。可见,东北亚、东南亚国家与中国合作最为紧密。蒙古与中国内蒙古地区语言相通,民俗、自然条件、文化背景、历史传统等较为相近,毗邻地区往来频繁,边民关系融洽,民间交往密切,双边外交关系良好。中国与俄、蒙两国公务护照互免签证,进一步促进了政府间人文交流。同时,政府团、演出团、展览团、部长论坛、文化政策圆桌会议以及其他文化部门和团体的互访互动也日益频繁。食品交流也是文化交流的重要载体,中国与东南亚食品贸易交流频繁,菲律宾是沿线国家中向中国出口食品最多的国家,泰国是沿线国家中自中国进口食品最多的国家。

## (二)"一带一路"人文交流问题犹存

### 1. 人文交流的方式和内容存在差异

本报告中,"一带一路"国家共有65个,超过46亿人口,占全世界人口总数的61.9%,其框架内的合作交流必然受到沿线国家风土人情的影响。沿线国家文化多样,既有社会主义国家,又有西方政党体制的资本主义国家和民族主义国家,包括中华文明、印度文明、埃及文明、两河文明、波斯文明、阿拉伯文明、古希腊文明和古罗马文明等几大文明系统,是众多民族混居之地,也是佛教、伊斯兰教、基督教、印度教、犹太教等众多宗教交会之地,存在着语言、民族、宗教、历史、经济等复杂矛盾。除了宗教,"一带一路"国家所拥有的风俗禁忌也各不相同,每一个国家的风俗禁忌都延续了百年甚至千年。如果对各个国家的宗教信仰以及风俗禁忌没有详细的了解,势必会对"一带一路"文化交流合作产生负面影响。在人文交流的过程中要淡化政治宣誓性表述,多使用倡议、合作、共享等词语,善于运用恰当的国际通行话语体系,增强传播内容对海外受众的亲和力。在"一带一路"研究和对外宣传话语中慎用"西南战略大通道""桥头堡""西进"等概念,切勿用战略甚至是军事战略的概念来描述中国的对外经贸举措。

### 2. 部分文化领域交流不足

"一带一路"沿线包括经济发达、欠发达甚至贫困地区,教育基础差异大,教育体制各

异，在一定程度上阻碍了教育交流与合作的正常开展。东南亚、南亚、西亚北非地区的教育发展水平较低。此外，不同的教育体制给教育合作与交流也带来了阻碍，双方在课程互认、学分互认、学历互认、资格互认以及师生流动方面存在诸多困难。此外，我国目前的语言人才培养模式和人才供给数量、质量均不能满足"一带一路"建设的需求。中国高校开设的通用语言本科专业以英语、俄语、阿拉伯语为主，法语、德语、泰语等非通用语言也较多，但开设其他非通用语言本科专业的高校寥寥无几，无法覆盖沿线国家所有官方语言。近年来，虽然中国国家旅游竞争力不断提升，但还有诸多因素制约着中国与沿线国家的旅游合作。一些沿线国家的旅游资源对中国游客的吸引力还不够，而这些国家的旅游者也没有将中国作为主要旅游目的国。中国与沿线国家的游客对彼此的认知还不全面，旅游景点的服务水平和质量有待提升，旅游安全等问题成为旅游交流的主要制约因素。游客身上所存在的问题也不容忽视，极少数游客由于对当地风俗习惯了解不足，触碰了当地的禁忌，对当地的环境、景点甚至文物造成了损害。在提高游客素质的同时，也需要加强"一带一路"国家相互间的文化宣传，从而避免误会。

### 3. 文化交流方式仍以传统形式为主

沿线国家与中国人文交流的主要形式为举行艺术展、互派艺术团体演出、开发旅游项目等，而在媒体、出版、学术、科技等领域的合作相对较弱，沿线国家的中文出版物数量有限，相互之间的传媒影响力较小。在电视、广播覆盖方面，中亚五国、俄罗斯当地居民只有通过卫星电视才能看到中国节目，节目内容缺少吸引力。其他各国的报纸、杂志、电视、广播在中国民间也比较少见。西方媒体对南亚多国影响力很大，而中国媒体影响力较小，缺少中国声音。目前的文化交流方式也多以传统形式为主，基于互联网的新媒体、网络化文化交流与合作较为缺乏。

### 4. 部分地区经济基础薄弱，无力进行文化交流

中亚五国除哈萨克斯坦人均收入略高于中国之外，其他四国收入水平仍然较低，基础设施落后，难以为文化交流提供支撑。南亚地区各国历史遗留问题严重，政治缺乏互信。一些中亚国家尚存在一夫多妻和男女不平等现象。中亚五国旅游基础设施较为薄弱，缺乏旅游服务及住宿等配套设施，接待能力远不能满足旅游高峰期需求，陆路交通网密度低，制约了旅游发展与合作。同时，缺乏系统、便捷的信息交流网络，尚未建立迅捷的信息共享机制，各国政府层面不能及时进行信息沟通、交流与协调，中国文化企业对沿线国家的投资环境、法律环境缺乏了解，阻碍了企业跨国投资合作。此外，南亚地区教育水平偏低，国际体育赛事的参与度也较低。

## (三)"一带一路"人文交流的建议

### 1. 加强"一带一路"人文研究

加强沿线国家人文研究，要加强对沿线国家政治、经济、文化、社会、宗教等的研究，弄清沿线国家人文现状和真实需求，为国家进行人文合作提供理论和政策支持。第一，在这

个过程中要进行政治学、民族学、历史学、宗教学、传播学等多学科交叉的跨学科研究,构建具有中国特色的研究体系,努力提升中国相关研究的国际影响力。第二,加强沿线国家语言研究。我国现在人文交流方面面临的突出问题就是外语人才匮乏,要加强沿线国家语言研究,培养熟悉对方国家语言、习俗、宗教、法律的综合性人才。第三,加强沿线国家风险研究。沿线国家面临着"三股势力""颜色革命"、移民难民危机、海盗、毒品等安全威胁,不同国家面临的问题又各不相同,要加强对这些问题的专题研究,为我国与沿线国家的各项合作提供一个安全的国际环境。

### 2. 积极推动各文化领域的务实合作

中国应与沿线国家在教育、文化、民间交往等领域广泛开展合作,夯实民意基础,筑牢社会根基。通过教育、科技、文化、旅游等领域的务实合作建立综合人文交流网络,以建立友好城市为契机和抓手,鼓励国内城市与沿线国家具体城市的交流与互动,推动地方层面的沟通与交流。开展签证便利化磋商,共同实施签证便利化措施,进一步便利相互人员往来。通过举办博览会、推介会等增进与沿线国家的相互了解和交流。积极推动高水平中外合作办学项目,打造"一带一路"学术交流平台,吸引各国专家学者、青年学生开展研究和学术交流,促进优质教育资源共享。支持与沿线国家互办文化年、艺术节、电影周、电视周、图书展以及重大体育比赛等活动。支持与沿线国家联合申请世界文化遗产,共同开展世界文化遗产的联合保护。积极推动成立"一带一路"国际旅游合作联盟,重点推进跨境精品旅游线路开发。

### 3. 开展多种形式的文化交流与合作

利用沿线国家民间、民族文化相连相通的优势,通过特色节庆、文化周等形式广泛开展丰富多彩的文化交流。加强在影视、出版、印刷、演艺和文化服务等文化产业方面的合作。发展会展业,共同举办具有国际影响力的会展活动。推动与沿线国家的文化团体互办展览、演出、电影节等活动,促进交流和融合。扩大媒体的作用和影响,利用新华社、中新社、中央电视台等中央媒体加大宣传力度,加快广播电视落地覆盖速度。组织策划中外媒体联合采访、跨境驾车采访等活动,有效吸引境外主流媒体参与。更加重视新媒体的作用,支持在"一带一路"沿线建立媒体网络,利用网络平台等新媒体工具,塑造良好的舆论环境。在节目互换、媒体合作、资源共享上加强互动。要特别重视新媒体的共同开发,利用互联网、社交媒体和各种新闻客户端加强彼此之间的交流与合作。

### 4. 针对不同国家和地区布局不同的文化交流重点

由于历史、政治及语言文化的原因,目前我国与中东欧和东北亚地区的文化交流较多,而与中亚、南亚各国的文化交流相对较少。与中亚五国要以世界文化遗产为基础,以丝路历史文化为主题开展更为广泛和深入的文化交流与合作。在南亚地区,如何促进我国媒体与当地媒体的合作极为重要;同时,加快与南亚相关国家友好城市的建设。俄罗斯、中东欧和巴基斯坦长期与中国文化交流较为密切,应继续保持全方位发展。此外,继续完善基础配套设施,强化对外开放服务保障,提高"一带一路"合作便利化水平。形成与沿线国家政府、企业在政策规划、经贸合作、文化交流等方面的常态化沟通机制，畅通双边合作渠道，完善与周边国家互联互通的基础设施。

## 5. 通过大数据助力"一带一路"人文交流

首先，我国应积极支持沿线国家加快建设网络基础设施，帮助这些国家改善通信条件和网络通道，让沿线国家中更多的企业、机构和百姓通过网络获取投资贸易信息和人文信息，开展跨境贸易和文化交流，贴近世界，共享全球化。要积极支持我国著名网络企业、国家高端智库、中央级主流媒体等建设服务"一带一路"的枢纽型交易平台和大数据库，夯实"数字丝绸之路"的建设载体。其次，从某种程度上说，数据内容建设比网络平台建设更加重要。"一带一路"覆盖众多国家、众多城市，涉及不同语言、文化背景的多国民众，要将沿线国家的产业、科技、文化、历史等动态数据和专题数据大量入网，让各国、各地共享大数据，这是一项细致、渐进的工作，需要建立信息来源渠道网络，需要建立多语种编译队伍，需要建立多领域和跨国合作的"一带一路"数据分析和研究队伍。

# 人文交流领域篇

# 一、教 育

教育为国家富强、民族繁荣、人民幸福之本,在共建"一带一路"中具有基础性和先导性作用。中国与"一带一路"沿线国家的教育文化交流合作由来已久,回首古丝绸之路,中国与相关国家、地区的使者、商贾、学者往来频繁,互学互鉴,习礼乐,传工艺;放眼当下,沿线国家文化资源丰富,教育整体发展水平较好,多数国家国民整体教育指数、受教育年限及教育投入均高于世界平均水平,这是发展教育合作的良好基础。沿线各国唇齿相依,教育需求旺盛,教育合作前景广阔,"一带一路"倡议的提出与践行为沿线国家开展教育合作提供了良机。教育合作是人的合作,教育交流是教育价值、内容、技术等方面的互动,教育能够促进人文交流,推动文化理解与借鉴,实现民心相通。中国与"一带一路"沿线国家的教育合作是一个多层次的系统工程,目前中国各类各级教育机构、学府纷纷行动,在教育互联互通、人才培养培训、中外合作办学、丝路机制共建等方面取得了一系列成果。

## (一)"一带一路"国家教育情况概览

### 1."一带一路"国家教育指数和受教育年限

#### (1)"一带一路"中东欧地区教育指数高于其他区域

教育指数,是联合国开发计划署发表的人类发展指数的三大成分指标之一,用成人识字率(2/3权重)及小学、中学、大学综合入学率(1/3权重)共同衡量,可在一定程度上反映世界各国教育发展水平。从"一带一路"各区域来看,南亚、东南亚、西亚北非为沿线国家中教育发展水平较低的地区,2015年教育指数分别为0.52、0.60和0.65,均低于"一带一路"国家的平均水平。中亚、东北亚(含中国)和中东欧地区教育发展水平相对较高,教育指数分别为0.71、0.73和0.80。(图2-1)

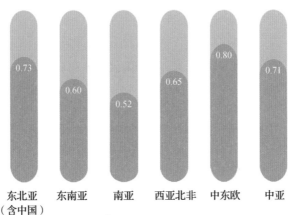

图2-1 2015年①"一带一路"各区域教育指数情况
(数据来源:联合国开发计划署)

---

① 截至本报告完稿,联合国开发计划署尚未公布2016年的数据,因此本报告使用2015年数据。

**(2)"一带一路"各区域受教育年限差距较大**

2015年"一带一路"各区域受教育年限的情况是中东欧(11.34年)、中亚(10.96年)、东北亚(含中国)(9.80年)地区受教育年限处于较高水平;西亚北非、东南亚的受教育年限低于沿线国家平均值(9.14年),分别为8.54年和7.53年;较为贫困落后的南亚地区受教育年限最低,为5.84年,几乎是中东欧地区的一半。值得注意的是,尽管改革开放以来中国人受教育水平提升的速度超过了全世界绝大多数国家,但由于历史基数较低,2015年中国的平均受教育年限仅为7.60年,尚未达到沿线国家平均水平。(图2-2)

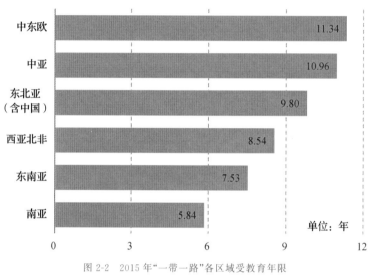

图2-2 2015年"一带一路"各区域受教育年限

(数据来源:联合国教科文组织)

## 2."一带一路"国家教育指数和成人识字率情况

**(1)"一带一路"国家成人识字率高于世界平均水平**

成人识字率是指年龄在15岁以上(包含15岁)的人口中,能够理解、阅读和书写有关日常生活短文的人口占总人口的比例。"一带一路"国家识字率平均值为91.5%。从区域来看,南亚、西亚北非和东南亚是"一带一路"国家识字率较低的地区,低于"一带一路"国家整体的平均水平,分别为73.4%、89.0%和89.7%。中亚(99.7%)、中东欧(99.1%)、东北亚(含中国)(98.2%)地区文化基础较好,识字率较高。(图2-3)

**(2)"一带一路"国家的教育指数和成人识字率呈现正相关**

"一带一路"国家中,有53个国家教育指数和成人识字率均高于世界平均值;有12个国家的教育指数和成人识字率低于世界平均值,包括老挝、伊拉克、柬埔寨、埃及、印度、也门、东帝汶、不丹、尼泊尔、孟加拉国、巴基斯坦、阿富汗,这些国家经济发展水平较低,大多为中低收入或低收入国家,主要分布在南亚和西亚北非地区。一般来看,成人识字率会随着教育指数的高低而变化,呈现正相关趋势。当然也不排除有个别案例,比如缅甸,这个国家的教育指数只有0.4,但其成人识字率可以达到93.1%。(图2-4)

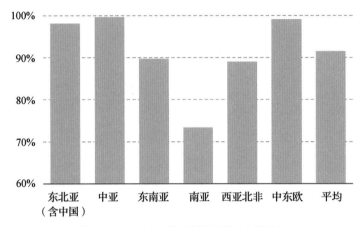

图 2-3　2015 年"一带一路"各区域成人识字率

（数据来源：联合国教科文组织）

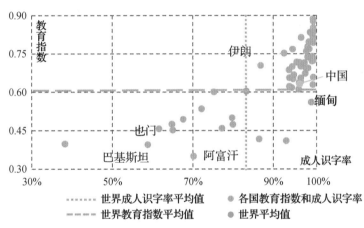

图 2-4　2015 年"一带一路"国家教育指数和成人识字率

（数据来源：联合国开发计划署、联合国教科文组织）

### 3."一带一路"国家数量及排名情况

**（1）"一带一路"国家大学主要集中在印度、中国、俄罗斯等人口大国**

高校是开展高等教育的主要场所，高校的数量和质量是一个地区高等教育发展程度的重要衡量标准之一。uniRank[①] 收录的全球 200 个国家和地区一万三千余所大学的统计数据显示，"一带一路"国家大学数量占全球大学数量的 45.3％。其中印度大学数量占"一带一路"大学总数的 14.9％；其次为中国，占比为 14.6％。"一带一路"国家大学主要集中在印度、中国、俄罗斯等人口大国。（图 2-5）

**（2）"一带一路"国家进入世界排名前一千位的大学数量**

根据 uniRank 的世界大学排名，从"一带一路"国家进入排名前一千位的大学数量来看，中国进入排名前一千位的大学数量最多，为 74 所，占"一带一路"国家入榜大学的比重

---

① uniRank 是国际领先的高等教育目录和搜索引擎，拥有 200 个国家和地区超过 13 600 所官方认可的大学和学院的评论和排名。

超过一半;俄罗斯和印度进入排名前一千位的大学数量并列第二位,均为 11 所,占比为 7.5%;波兰、以色列、伊朗、土耳其、印度尼西亚、泰国依次位列其后。(图 2-6)"一带一路" 国家经济发展不均衡,政府对教育的投入差距大,教育资源不平均等是导致大学质量差异 较大的主要原因。

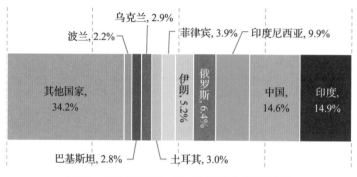

图 2-5 截至 2017 年"一带一路"国家大学数量情况

(数据来源:uniRank)

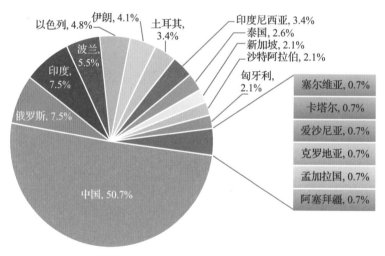

图 2-6 2017 年"一带一路"国家进入世界排名前一千位的大学数量比重

(数据来源:uniRank)

### 4."一带一路"国家图书馆数量及藏书情况

#### (1)"一带一路"国家中印度的图书馆数量最多

图书馆是收集、整理、保存图书并提供利用的教育、文化和科研机构,有参与社会教育 的职能,是公民终身教育的重要场所,更是实现教育公平的重要手段。"一带一路"国家的 图书馆数量总计达 101.7 万座,从分类上来看,高校图书馆最多,占比为 74.9%;其次是 公共图书馆,占比为 21.2%;学术图书馆和专门图书馆分别占比为 2.6% 和 1.3%。大部 分"一带一路"国家只有 1 所国家图书馆。"一带一路"国家中,图书馆数量最多的是印度, 占比为 33.1%,高校图书馆占其图书馆总量的八成以上;其次是印度尼西亚,占比为 12.1%;第三、第四位分别为俄罗斯、中国,两国图书馆总数量接近,占比分别为 11.2%、

10.8％,结构上也较为相似,主要由高校图书馆与公共图书馆组成,不同的是中国占比最高的是公共图书馆,比重接近一半。(图2-7)

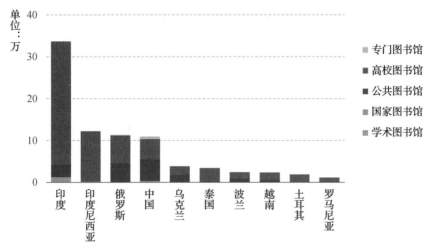

图2-7 2016年"一带一路"国家图书馆总数排名前十位的国家

(数据来源:全球图书馆统计数据库)

### (2)"一带一路"国家中俄罗斯图书馆藏书数最多

2016年"一带一路"国家图书馆总藏书数约56亿册,其中俄罗斯以约19.86亿册的藏书数居"一带一路"国家首位,占比为35.3％。中国藏书数约为10.63亿册,排名第二,占比为18.9％。乌克兰藏书数约为4.15亿册,占比为7.4％。波兰、白俄罗斯、印度、土耳其、捷克、罗马尼亚六国占比分别为5.1％、4.4％、2.9％、2.8％、2.4％、2.2％,其余各国藏书数均未超过1亿册,占比均在2％以下。(图2-8)从地区划分来看,"一带一路"国家中东北亚(含中国)地区藏书数最多,占比为54.4％;其次为中东欧地区,占比为29.3％;西亚北非地区、南亚地区、中亚地区、东南亚地区占比分别为8.1％、3.4％、2.8％、2.0％。

### (3)商务部发布的"一带一路"沿线国家图书展会信息较多

2017年,商务部环球会展网共发布了19条国际图书展会相关信息,涉及英国、德国、荷兰、土耳其、沙特阿拉伯、埃及、美国、马来西亚、克罗地亚、印度、意大利、瑞士12个国家,其中"一带一路"沿线国家有7个。2017年,中国先后在多个沿线国家举办主题图书巡回展,通过文化交流增加互动,拉近中国与沿线国家的距离(表2-1)。

表2-1　　　　　　　　　　　　　2017年国际图书展会信息

| 国家 | 图书展会名称 | 开展时间 | 举办城市 |
|---|---|---|---|
| 英国 | 贸易展览和推广书展 | 2017/1/15 | 伦敦 |
| 德国 | 斯图加特古书展 | 2017/1/26 | 路德维希堡 |
| ＊荷兰 | 荷兰鹿特丹书展 | 2017/1/26 | 鹿特丹 |
| ＊土耳其 | 萨姆松书展 | 2017/2/21 | 萨姆松 |
| ＊土耳其 | 伊斯坦布尔书展 | 2017/2/24 | 伊斯坦布尔 |
| ＊沙特阿拉伯 | 利雅得国际书展 | 2017/3/8 | 利雅得 |

（续表）

| 国家 | 图书展会名称 | 开展时间 | 举办城市 |
|---|---|---|---|
| 英国 | 伦敦书展 | 2017/3/14 | 伦敦 |
| ＊埃及 | 亚历山大国际图书博览会 | 2017/3/23 | 亚历山大 |
| 英国 | 爱丁堡书展 | 2017/3/24 | 爱丁堡 |
| 美国 | 洛杉矶图书节 | 2017/4/22 | 洛杉矶 |
| ＊马来西亚 | 吉隆坡国际书展 | 2017/4/28 | 吉隆坡 |
| ＊克罗地亚 | 蒙特莱布里克儿童书展 | 2017/5/8 | 普拉 |
| 德国 | 邮购图书交易会 | 2017/5/23 | 乌尔姆 |
| 美国 | 美国图书馆协会年会暨展览会 | 2017/6/22 | 芝加哥 |
| ＊印度 | 新德里书展 | 2017/8/26 | 新德里 |
| 意大利 | 帕多瓦书展 | 2017/11/10 | 帕多瓦 |
| 瑞士 | 瑞士法语书展 | 2017/11/18 | 弗里堡 |
| 英国 | 全国书画装饰展 | 2017/11/28 | 考文垂 |
| ＊克罗地亚 | 克罗地亚贸易展览书展 | 2017/11/30 | 普拉 |

（数据来源：环球会展网，＊为"一带一路"沿线国家。）

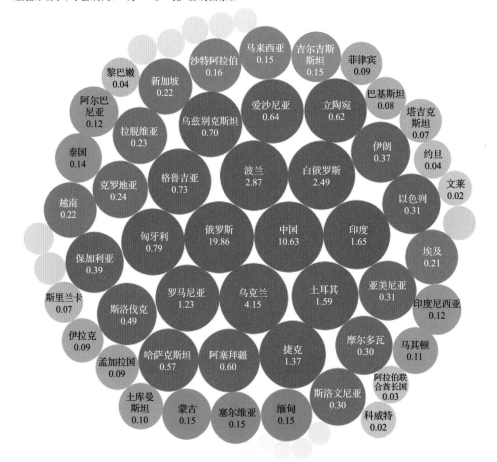

图 2-8 2016 年"一带一路"国家图书馆藏书数（亿册）

（数据来源：全球图书馆统计数据库）

### (二)"一带一路"沿线各地区的教育投入情况

#### 1."一带一路"沿线各地区的教育经费投入

教育需要充裕的资金,以支持各项活动的开展。教育经费的投入在一定程度上反映了一个地区对教育的重视程度以及发展教育的意愿。沿线国家中,南亚地区的政府对教育的投入最大。虽然南亚地区在教育指数、受教育年限和成人识字率方面均低于"一带一路"其他区域,但该地区的各国政府正努力改变这一现状,在教育方面投入的资金逐渐增多。2016年,南亚地区的政府对教育的支出占政府总支出的17.3%。中亚地区政府对教育也相当重视,其政府对教育的支出占政府总支出的百分比只比南亚地区低0.5个百分点,达16.8%。在受教育年限方面表现比较突出的中东欧地区,其政府对教育的支出占政府总支出的比例较低,只有12.1%,这一比重仅稍高于东北亚地区的12.0%。(图2-9)

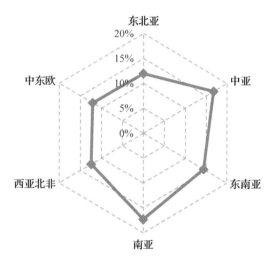

图2-9  2016年"一带一路"沿线各地区对教育的支出占政府总支出的比重

(数据来源:联合国教科文组织)

#### 2."一带一路"沿线各地区的教师投入情况

教师是重要的教育资源,是教育活动的组织者和引路者,在教育过程中起主导作用。在"一带一路"沿线各地区中,南亚地区的初等教育师生数量比为1∶30.1,中等教育和高等教育的比例也低于其他地区,分别为1∶24.0和1∶25.3。该地区对于初等、中等和高等教育教师的需求在"一带一路"的各地区中是最迫切的。而东北亚地区的初等教育师生数量比为1∶25.2,比南亚地区有所缓解,该地区的中等教育和高等教育的情况相对于其他地区处于较好的水平,师生比分别为1∶11.6和1∶10.9。东南亚地区在初等、中等、高等教育中,师生比比较接近,表明东南亚在各阶段教育的教师投入情况比较平均。中东欧地区的教师投入比例最高,中等教育的师生比达到1∶9.5。(图2-10)

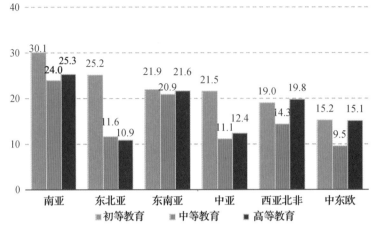

图 2-10　2016 年"一带一路"沿线各地区的教师投入情况

(数据来源:联合国教科文组织)

## (三)中国与"一带一路"沿线国家的教育交流与合作

### 1. 中国与沿线国家人才交流情况

**(1)沿线国家来华留学人数同比增速超 50%**

教育部统计数据显示,2017 年共有来自 204 个国家和地区的各类留学人员在中国 31 个省区市的 935 所高等院校学习。从区域来看,来华留学生主要来源于亚洲地区,占生源总数的 60%。而沿线国家作为新的生源增长点,从 2016 年的 20.8 万人,占比为 46.9%,提高到 2017 年的 31.7 万人,占比为 64.9%,同比增长 52.4%,较来华留学生总数增长率高出约 42 个百分点。

**(2)奖学金政策倾斜是沿线国家来华留学生数量增加的主要原因**

沿线国家来华留学生数量增长明显,主要是由于近年来中国政府奖学金吸引力不断提升,奖学金政策向周边及沿线国家倾斜。以 2016 年为例,中国政府奖学金发放人数排名前十位的国家依次为:巴基斯坦、蒙古、俄罗斯、越南、泰国、美国、老挝、韩国、哈萨克斯坦和尼泊尔,沿线国家占了 8 个。教育部统计数据显示,2016 年沿线国家获奖学金的学生占比为 61.0%,比 2012 年"一带一路"倡议提出前提高了 8.4 个百分点。(图 2-11)

**(3)中国出国留学规模持续增长,生源领跑世界**

中国出国留学规模持续增长,2017 年出国留学人数首次突破 60 万大关,达 60.84 万人,同比增长 11.74%,是世界留学生生源大国。(图 2-12)从留学比例来看,2017 年继续保持了以公派留学为引领、自费留学为主体的留学格局。国家公派留学全年派出 3.12 万人,分赴 94 个国家,其中访问学者 1.28 万人,占派出总人数的 41.03%,硕博研究生超过 1.32 万人,占比约 42.31%。单位公派留学人数达到 3.59 万人。2017 年出国留学人员中,自费留学人数共 54.13 万人,占出国留学总人数的 88.97%。

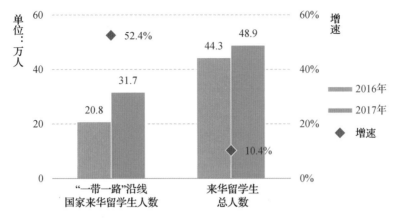

图 2-11　2016—2017 年沿线国家来华留学生及全球来华留学生总人数对比

（数据来源：中华人民共和国教育部）

图 2-12　2010—2017 年中国出国留学总人数变化情况

（数据来源：中华人民共和国教育部）

**（4）沿线国家成为中国赴海外留学人员的新选择**

虽然目前我国出国留学人员目的地仍相对集中，多数为欧美发达国家和地区，但沿线国家已成为中国赴海外留学人员的热门留学国。以 2017 年为例，赴沿线国家留学人数为 6.61 万人，较上年增长 15.8%，超过整体出国留学人员增速，占出国留学总人数的10.9%，较上年增长 0.4 个百分点。（图 2-13）其中国家公派 3 679 人，去往 37 个沿线国家。

**2. 中国与沿线国家合作办学情况**

**（1）东中部地区与沿线国家合作办学数量较多**

从区域分布来看，中国与沿线国家合作办学省份相对集中，主要分布在东中部地区。黑龙江省对外合作办学项目最多，与沿线国家合作办学数量也最多，合作项目为 85 个（表 2-2），占总合作数量的近一半；位居第二的河南省与"一带一路"沿线国家合作数量为 19 个，

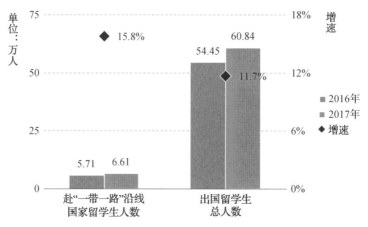

图 2-13  2016—2017 年中国赴沿线国家留学生与出国留学生总数对比

（数据来源：中华人民共和国教育部）

占比为 18.3％；位居第三的吉林省，合作项目 12 个，占比为 21.8％；其他省区市与沿线国家合作办学数量均不超过 10 个。重庆、福建、安徽、山西、贵州、甘肃、宁夏、青海和西藏尚未与沿线国家有合作办学项目。我国高校在与沿线国家合作办学方面，区域差距较大，沿海及经济发达省份未发挥出办学优势。

表 2-2　　　　截至 2017 年各省区市与沿线国家合作办学数量及占比

| 省区市 | "一带一路"项目 | 合作项目总数 | "一带一路"项目占比 |
|---|---|---|---|
| 黑龙江 | 85 | 178 | 47.8％ |
| 河南 | 19 | 104 | 18.3％ |
| 吉林 | 12 | 55 | 21.8％ |
| 江苏 | 7 | 105 | 6.7％ |
| 上海 | 4 | 108 | 3.7％ |
| 云南 | 3 | 16 | 18.8％ |
| 广东 | 3 | 24 | 12.5％ |
| 内蒙古 | 2 | 11 | 18.2％ |
| 湖南 | 2 | 29 | 6.9％ |
| 辽宁 | 2 | 43 | 4.7％ |
| 山东 | 2 | 77 | 2.6％ |
| 北京 | 2 | 96 | 2.1％ |
| 新疆 | 1 | 1 | 100.0％ |
| 海南 | 1 | 4 | 25.0％ |
| 陕西 | 1 | 13 | 7.7％ |
| 广西 | 1 | 17 | 5.9％ |
| 四川 | 1 | 20 | 5.0％ |
| 河北 | 1 | 26 | 3.8％ |
| 江西 | 1 | 27 | 3.7％ |
| 天津 | 1 | 37 | 2.7％ |

（续表）

| 省区市 | "一带一路"项目 | 合作项目总数 | "一带一路"项目占比 |
|---|---|---|---|
| 浙江 | 1 | 60 | 1.7% |
| 湖北 | 1 | 65 | 1.5% |
| 重庆 | 0 | 24 | 0.0% |
| 福建 | 0 | 19 | 0.0% |
| 安徽 | 0 | 16 | 0.0% |
| 山西 | 0 | 2 | 0.0% |
| 贵州 | 0 | 6 | 0.0% |
| 甘肃 | 0 | 2 | 0.0% |
| 宁夏 | 0 | 0 | 0.0% |
| 青海 | 0 | 0 | 0.0% |
| 西藏 | 0 | 0 | 0.0% |
| 总计 | 153 | 1 185 | 12.9% |

（数据来源：中华人民共和国教育部中外合作办学监管工作信息平台）

**（2）沿线国家参与中外合作办学的较少**

参与中外合作办学的沿线国家共有 9 个，其中俄罗斯与中国合作办学项目数量达 130 个，占比为 83.9%；其他参与国家及数量分别为新加坡 6 个、印度 4 个、白俄罗斯 4 个、波兰 4 个、乌克兰 4 个、马来西亚 1 个、阿拉伯联合酋长国 1 个、泰国 1 个。（图 2-14）合作的大学中，有 3 所高校进入 2017—2018 年《泰晤士报》世界大学排名四百强，分别为新加坡国立大学、新加坡南洋理工大学、圣彼得堡国立大学。

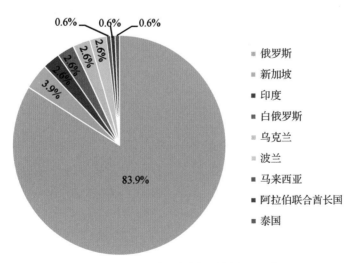

图 2-14　截至 2017 年沿线国家参与中外合作办学数量比重

（数据来源：中华人民共和国教育部中外合作办学监管工作信息平台）

## 3. 2017 年中国"一带一路"教育交流合作大事件

2017 年"一带一路"相关教育合作会议频繁召开，对《推进共建"一带一路"教育行动》

的解读不断深入。一方面确立高层次的定期往来机制,构建全方位、多层次、深领域的协商模式,从而促进沿线国家教育交流与合作。另一方面,鼓励中国与沿线国家高校间的学分转换和学历互认,积极探索跨国跨境人才培养模式,减少沿线国家留学生交流与互换的障碍也成为 2017 年教育部门的重点工作。(表 2-3)

表 2-3 　　　　　　　2017 年中国"一带一路"教育交流合作大事件

| 时间 | 主题 | 主要内容 |
| --- | --- | --- |
| 2017 年 2 月 5—7 日 | 李晓红率团出席联合国教科文组织 2030 年教育部长级会议 | 李晓红在会上做了发言,重点介绍推进 2030 年教育中国战略与行动。围绕"一带一路"将教育合作与经济文化合作紧密结合等建议,会议最后通过成果文件《达卡宣言》 |
| 2017 年 4 月 19 日 | 与 46 个国家和地区学历学位互认;"一带一路"教育在行动 | 教育部召开新闻通气会,教育部国际司司长许涛介绍推进共建"一带一路"教育行动取得的先期成果和未来的行动规划等 |
| 2017 年 5 月 11 日 | 国新办发布会介绍"一带一路"沿线国家民心相通情况 | 出席人员:<br>国新办新闻局副局长、新闻发言人　袭艳春<br>中宣部副部长　庹震<br>教育部副部长　田学军<br>文化部副部长　丁伟<br>国家新闻出版广电总局副局长　童刚 |
| 2017 年 6 月 20 日 | 杜占元会见东盟教育高官代表团 | 教育部副部长杜占元高度评价中国与东盟在教育交流方面取得的成绩,并就商签《中国-东盟教育合作行动计划》事宜与东盟方深入交换意见 |
| 2017 年 6 月 28 日 | 中俄教育合作分委会第十七次会议在莫斯科举行 | 双方一致认为,此次会议是落实 2017 年 5 月"一带一路"国际合作高峰论坛期间两国元首关于人文和教育合作重要共识的具体举措,同时也为习近平主席 7 月访俄在人文和教育领域进行预热,具有特殊而重要的意义 |
| 2017 年 7 月 28 日 | 第十届中国-东盟教育交流周开幕 | 第十届中国-东盟教育交流周开幕式在贵阳举行。国务院副总理刘延东出席并发表主旨演讲。刘延东说,中国-东盟教育交流周举办十年,成为教育合作和人文交流的高端平台,成为双方互学互鉴、合作共赢的坚实桥梁 |
| 2017 年 9 月 11—13 日 | 首届中国北京国际语言文化博览会在京举办 | 教育部副部长、国家语言文字工作委员会主任杜占元,北京市副市长、北京市语言文字工作委员会主任王宁以及 19 位"一带一路"节点国家大使、公参等出席首届语博会开幕活动,并见证了 64 个"一带一路"沿线国家的留学生代表共同发出《"一带一路"语言文化交流合作倡议》 |
| 2017 年 11 月 27 日 | "一带一路"教育对话:研究、决策与创新在京开幕 | 在会议期间,与会代表围绕"21 世纪素养与课程创新""学生流动与跨境教育"等 6 个主题进行深度研讨。据悉,来自"一带一路"沿线国家、嘉宾国约 60 个国家(地区)和部分国际组织的外方代表出席会议 |

## (四)经典案例

2017 年,中国与沿线国家教育交流合作形成多点开花、多地结果的喜人局面。教育之花妍在当下,香及未来。

### 1. 2017 亚洲教育论坛为"一带一路"教育合作增色

2017 年 10 月,"2017 亚洲教育论坛年会暨'一带一路'教育合作大会"在成都举行,几十个国家和地区的政界领袖、高校校长、专家学者、驻华使节、国际组织代表人员,以及科技、教育、文化、经济领域的领军人物如约现身年会现场,围绕智库合作、科学普及、国际教育、青少年创意发明、互联网＋教育等热点议题展开研讨交流,把脉和展望亚洲教育发展的未来。此次年会还邀请到了国际顶尖学者助阵,例如诺贝尔化学奖获得者、以色列人文和自然科学院院士阿龙·切哈诺沃。

论坛设有五大平行分论坛,包括"一带一路"高校智库论坛、科技文化与科普教育论坛、国际教育交流与合作论坛、互联网＋教育论坛和创意发明-中国青少年崛起之路论坛。

各种论坛成为国家层面画出"一带一路"教育合作交流画卷的调色盘。2017 年 7 月 28 日,第十届中国-东盟教育交流周在贵阳开幕,"一带一路"人才培养校企联盟揭牌;9 月 11—13 日,首届中国北京国际语言文化博览会(简称语博会)在中国国际展览中心举办,64 个沿线国家的留学生代表共同发出《"一带一路"语言文化交流合作倡议》;2017 年 11 月 27 日,由中国教育科学研究院主办的"一带一路"教育对话:研究、决策与创新在北京举行,来自"一带一路"沿线国家、嘉宾国约 60 个国家(地区)和部分国际组织的外方代表出席会议。

### 2. 中国各省教育系统积极服务"一带一路"

自"一带一路"倡议提出以来,海南省政府积极参与,在教育上重点加强与海上丝路国家及中东欧国家和中亚国家在人文交流、双向合作办学和双向留学等方面的合作。

人文交流方面,利用中国-东盟教育培训中心、教育部教育援外培训基地和东南亚汉语推广师资培训基地,面向沿线国家开展旅游、热带农业、海洋、热带疾病防治等方面管理和专业技术人员培训。海南还发挥其区位、环境及侨乡优势,与东盟国家、友好城市建立青少年人文交流常态机制。开展大、中学校结对子活动,建设友好学校,密切师生交流;组织开展学生文艺、体育及科技创新交流活动,通过冬、夏令营等方式组织"海上丝路"国家青少年到海南游学。

双向合作办学和双向留学方面,利用"博鳌亚洲论坛"公共外交平台举办教育交流活动,支持海南大学与柬埔寨皇家农业大学、密克罗尼西亚大学合作新建两所孔子学院。统筹规划建设海南教育国际园区,吸引沿线国家高水平、高层次大学到海南开展合作办学,2017 年 5 月海南大学与美国亚利桑那州立大学合作创办的海南大学亚利桑那州立大学联合国际旅游学院获得教育部批准设立,2017 年 9 月实现首届招生,学院的创立结束了海南没有中外合作办学机构的历史。另外,海南还鼓励高校与沿线国家相关机构共同开展科研课题申报、共建联合实验室、加大科技成果转化利用等。并且还形成了三级国际学生奖学金体系,在原有政府国际学生奖学金的基础上,设立省政府"一带一路"国际学生专项奖学金,各高校设立校级奖学金。不仅逐步加大政府奖学金支持力度,而且逐年增加沿线国家学生奖学金名额,2017 年省政府国际学生奖学金达 1 000 万元,新招录国际学生二百余人。

像海南省一样,其他省区市也在行动:陕西省高校率先发起并成立的"丝绸之路大学联盟",已吸引来自 35 个国家和地区的 135 所高校参与,形成了跨世界五大洲的高等教育合作平台,引领并深化了沿线国家的高等教育合作;截至 2017 年夏季,福建省内的厦门大学、华侨大学、福州大学、福建师范大学、福建警察学院、福建中医药大学、福建医科大学、福建幼儿师范专科学校和福建工业学校以及福州、厦门、泉州市与沿线国家开展教育交流合作有成效的主要项目近 80 项。

### 3. 多所高校积极参与"一带一路"教育建设,成果颇多

北京师范大学发挥优势特色,积极服务"一带一路"。其联合金砖国家四十余所知名高校,牵头成立金砖国家大学联盟,建设成员高校间师生互访互换、开展联合研究和政策咨询的重要平台。举办"一带一路"倡议下文化与教育高端论坛,成立"一带一路"开放教育资源国际联盟,协助沿线国家规划开放教育资源发展方向,依托共创共享资源平台,实现开放教育资源的国际协同创建与发展。通过"看中国·外国青年影像计划"、"活化汉字"研讨、"汉字之美"全球青年设计大赛等项目,助推与沿线国家的相互交流。在美国出版发行《今日中国文学》(*Chinese Literature Today*)杂志,向世界推介中国文学。在大学生电影节设立"一带一路"主题影展,通过影像展现沿线国家和中国的亲密关系,促进"一带一路"国家人文交流。

目前北京师范大学在"一带一路"建设参与过程中已取得一系列的成果,例如组建中国教育与社会发展研究院,成立"一带一路"开放教育资源国际联盟,建成"一带一路"国家教育发展研究数据库,出版《"一带一路"国家教育发展研究》等著作,完成《"一带一路"国家教育信息化发展报告》和《国际开放教育资源发展研究报告》,为"一带一路"倡议下的开放教育资源建设提供参考及建议。

高校是开展教育合作交流的主体,在"一带一路"教育行动项目中,还有许多高校在行动:电子科技大学组织了海外交流学习实践队 53 支,达到六百多人的规模,其中,"丝路筑梦"团队专门前往"一带一路"沿线的斯里兰卡、尼泊尔、新加坡、马来西亚、柬埔寨等国家开展社会实践;北京交通大学承担国内外各类铁路相关培训项目 38 项,培训全球 36 个国家和地区的政府官员、技术工程师、管理人员和高校教师累计一千四百余人次,为"一带一路"沿线国家培养了一批铁路专业人才;西安外国语大学积极打造"一带一路"多语种语言服务平台,建成了"丝绸之路语言服务协同创新中心",共同筹建了"一带一路"语言服务及大数据平台,采用"计算机智能与人工相结合"的方式,面向丝绸之路沿线国家单位和个人用户,提供便捷高效的多语种的语言服务和大数据分析服务;上海交通大学信息技术与电气工程研究院主动服务"一带一路"合作发展倡议,助力沿线国家和地区经济社会发展,为沿线国家的优秀人才度身定制精准有特色的课程体系,充分发挥学科优势,设置了卫星导航与遥感 B&R 留学生项目,通过 3S 专业课程体系和设置双导师制实现产业链实践"上中下游"全覆盖;北京大学依托 46 个区域国别研究中心、50 种外语及跨境语言资源,形成支持"一带一路"相关领域的优质学科群,为"一带一路"研究提供语言工具、一手材料等支撑。

## (五)数据分析

### 1. 中国与沿线国家教育合作持续升温

自"一带一路"倡议提出以来,在沿线国家的共同努力下,很多项目纷纷落地生根,苗

壮成长,推动了国际教育资源的共建共享,在人才交流、人才培养、合作办学等方面均取得一定的成果。随着"一带一路"倡议的推进,沿线国家成为中国学生留学的新热点国,留学人数 2017 年较 2016 年增长超过 15%;同时,沿线国家来华留学人数也持续增长,2017 年较 2016 年同比增长 52.4%,其中,泰国、印度、巴基斯坦、印度尼西亚和老挝等国家留学人数增幅较大。目前,中国的孔子学院已覆盖"一带一路"沿线 51 个国家;中国先后与 24 个沿线国家签订了学历学位互认协议;教育部已与 14 个省区市完成签约,基本形成省部推进"一带一路"教育行动网络;中国与沿线国家合作办学项目达到 153 个,涉及沿线 9 个国家。自"一带一路"倡议提出以来,中国各界与沿线国家积极携手发展教育,各层次积极开展教育的交流与合作,推动了区域教育的大开放、大交流和大融合。

### 2. "一带一路"部分国家教育发展水平偏低

"一带一路"国家中,教育指数的区域差异程度很大,教育指数较高的中东欧地区达到 0.8,而相对落后的南亚地区教育指数仅为 0.5,东南亚和西亚北非地区的教育指数也只达到 0.6。评价教育指数的一个很重要的指标是成人识字率,其能反映出一个国家教育普及的程度。从成人识字率来看,南亚、西亚北非和东南亚地区的成人识字率相对较低,尤其是南亚地区的成人识字率仅为 73.4%,远低于世界平均水平。从各地区的平均受教育年限来看,中东欧地区受教育年限较高,达到 11.34 年,而南亚地区的受教育年限仅有 5.84 年。由此可见,"一带一路"国家中,部分地区的教育水平有待提升,这为相关国家加强在教育领域的合作提供了巨大空间。

根据 uniRank 统计的全球 200 个国家一万三千余所大学的数据,"一带一路"65 个国家大学数量占全球大学数量的 45.3%,而排名前一千位的大学中仅有一百四十余所来自"一带一路"国家,说明虽然"一带一路"国家拥有的大学数量非常多,但是绝大部分大学的综合实力不足,因此各国在办学方面不仅要考虑办学的数量,更要注重提高办学的质量。

### 3. 完善合作办学顶层设计,鼓励各层次积极参与

合作办学是"一带一路"教育行动的关键之一,通过中外合作办学,可以相互传播文化思想,促进中外民众的文化认同。"一带一路"倡议提出以来,中国与沿线国家教育合作多点开花,在合作办学方面取得一定成果,但是仍存在规模较小、层次不高、分布不均匀、中国高校整体参与度低、合作对象单一等问题。为进一步提升"一带一路"中外合作办学水平,首先,国家层面应积极强化机制体制构建,国家教育主管部门应根据当前世情、国情,制定新时期中国高校境外办学管理办法,加强对相关办学活动的监管、引导和扶持;组建具有中国特色的第三方教育认证机构,积极与沿线国家及国际教育质量认证接轨;另外还要积极发起、倡导沿线国家建立教育双边、多边合作机制及跨境教育质量保障协调机制。其次,省市区层面,各地政府教育主管部门应积极加强与沿线国家的联系,建立中外教育合作交流常态机制,为区域高校之间的深度合作搭建联络平台。最后,高校层面,拥有比较优势的重点高校应在沿线国家积极开展境外办学,与境外高校合作建立国际联合科研平台及智库机构,注重高端人才的培养;地方普通高校应充分发挥其专业特色优势和区位优势,实行差异化策略,加大对应用型、技术型人才的培养力度。

# 二、科　技

科技是国家强盛之基,创新是民族进步之魂。习近平主席曾指出:"科技是国之利器,国家赖之以强,企业赖之以赢,人民生活赖之以好。"科技是第一生产力,用科技促进经济社会发展已成为国际共识。知识产权能够促进科技成果的转化,对科技创新起到创值与增值、激励、规范、评价和保护的作用;国家科技研发实力、科技创新能力体现了科技的可持续性;信息技术是各国不可缺少的科技力量,对科技的进步具有推动作用。从知识产权、研发实力、创新能力和信息技术这几个方面来看,"一带一路"国家科技资源较为丰富,但各国间科技发展水平差异较大,各国通过优势互补开展科技合作是大势所趋。科技创新合作是共建"一带一路"的重要内容以及提升中国与沿线国家合作水平的重点领域,为中国推进"一带一路"重大工程项目顺利实施提供技术保障,有利于促进"一带一路"人文交流和民心相通。"一带一路"倡议提出以来,科技人文交流、联合实验室共建、科技园区合作、技术转移等四项行动顺利推进,国际科技创新合作不断深化,科技创新合作成果逐渐涌现。

## (一)"一带一路"国家知识产权情况

### 1."一带一路"国家知识产权收支情况

**(1)"一带一路"国家知识产权总支出小幅回升,总收入逐年攀升**

知识产权尤其是专利,是一个国家的科技名片,是一个国家参与国际竞争的重要保障。从"一带一路"国家知识产权总体支出来看,2010—2013年,总支出呈持续上升趋势,在2013年达到近年来最高峰,为763.0亿美元,2014年、2015年总支出持续下降,2016年不降反升,回升至725.5亿美元,其中中国知识产权支出为239.8亿美元,沿线国家知识产权支出为485.7亿美元。(图2-15)从"一带一路"国家知识产权总体收入来看,2010年以来,总收入呈持续攀升的趋势,平均增速为10.6%,2016年达到123.2亿美元,其中中国知识产权收入为11.6亿美元(图2-16),沿线国家知识产权收入为111.6亿美元。从支出与收入的对比来看,支出远大于收入。

**(2)中国知识产权支出最高,新加坡知识产权收入最高**

从"一带一路"国家来看,2016年中国、新加坡、印度、俄罗斯、波兰、匈牙利、以色列、捷克的知识产权支出与收入均大于"一带一路"国家的均值。其中新加坡的知识产权收入最高,达到53.4亿美元,知识产权支出仅次于中国,为192.8亿美元;中国的知识产权支出最高,为239.8亿美元,而收入低于新加坡、匈牙利(17.8亿美元)、以色列(12.7亿美元)位居第四;泰国、印度尼西亚、马来西亚的知识产权支出高于均值,而收入低于均值;在其他知识产权收入低于均值的国家中,其支出也低于均值;"一带一路"大部分国家知识产权的支出和收入均较低。(图2-17)

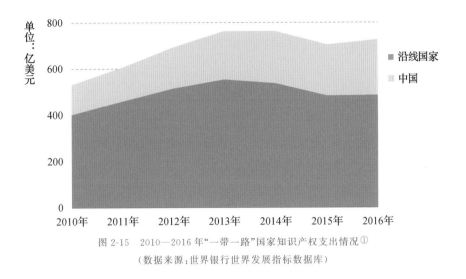

图 2-15　2010—2016 年"一带一路"国家知识产权支出情况①
（数据来源：世界银行世界发展指标数据库）

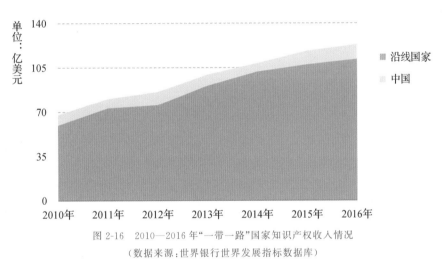

图 2-16　2010—2016 年"一带一路"国家知识产权收入情况
（数据来源：世界银行世界发展指标数据库）

## 2."一带一路"国家专利申请情况

### (1)中国专利申请数量居全球首位

专利申请是一个国家科技实力的重要体现。2010 年以来，"一带一路"国家专利申请数量呈逐年增长的趋势，中国是增长的主力军，随着创新驱动发展战略的不断推进及国家知识产权战略的深入实施，中国专利申请量增长迅猛，已处于全球领先地位；沿线国家每年专利申请数量较稳定，在 16 万～18.5 万件波动。2016 年，"一带一路"国家专利申请数量为 152.3 万件，其中，中国专利申请数量为 133.9 万件，较 2015 年增长 21.5％，占"一带一路"国家专利申请总数量的 87.9％，专利申请数量不仅在"一带一路"国家中排名第一，且居世界首位；沿线国家专利申请数量为 18.4 万件，较 2016 年增长 5.3％，占比为12.1％。（图 2-18）

---

① 截至本报告完成，世界银行世界发展指标数据库尚未公布 2017 年的数据，因此本报告使用 2016 年数据。

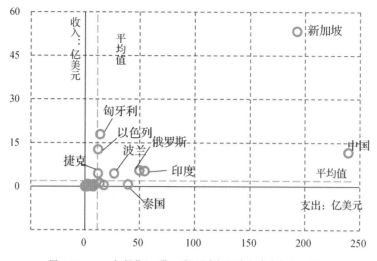

图 2-17　2016 年部分"一带一路"国家知识产权支出与收入情况

（数据来源：世界银行世界发展指标数据库）

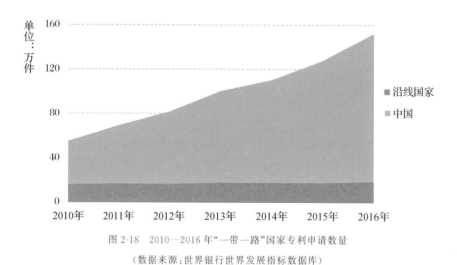

图 2-18　2010—2016 年"一带一路"国家专利申请数量

（数据来源：世界银行世界发展指标数据库）

### （2）沿线国家中，印度专利申请数量最高，俄罗斯位居第二

2016 年，在沿线国家中，印度专利申请数量最多，为 4.5 万件；其次是俄罗斯，为 4.2 万件；伊朗、新加坡的专利申请数量均超过 1 万件，分别为 1.6 万件、1.1 万件，这 4 个国家专利申请数量占沿线国家专利申请数量的 62.0%；印度尼西亚、泰国、马来西亚、土耳其、以色列、越南专利申请数量分别为 0.9 万件、0.8 万件、0.7 万件、0.7 万件、0.6 万件、0.5 万件；沿线国家中，大部分国家专利申请数量较低，约 70% 的国家低于 1 000 件。在专利申请数量排名前十位的国家中，土耳其的专利申请数量增速最快，达 17.2%；从整体来看，大部分国家专利申请数出现不同程度的负增长。（图 2-19）

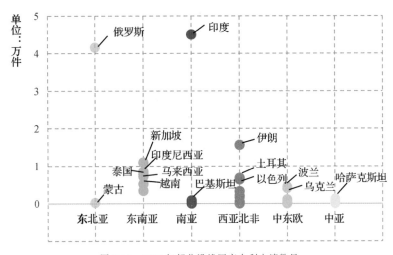

图 2-19　2016 年部分沿线国家专利申请数量

（数据来源：世界银行世界发展指标数据库）

### 3. "一带一路"国家商标申请情况

#### (1)"一带一路"国家商标申请数量持续增长

2010 年以来，"一带一路"国家商标申请数量呈逐年增长的趋势，其中中国增速较快，沿线国家增速较缓慢。2016 年，"一带一路"国家商标申请数量达 482.6 万件，其中中国商标申请数量为 369.1 万件，较 2015 年增长 28.3％，占"一带一路"国家商标申请总数的 76.5％；沿线国家商标申请数量为 113.5 万件，较 2015 年增长 6.3％，占比为 23.5％。（图 2-20）

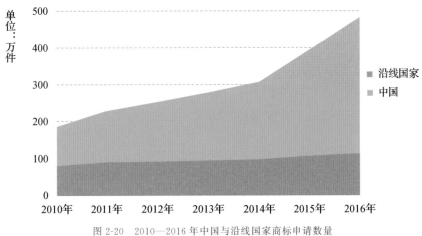

图 2-20　2010—2016 年中国与沿线国家商标申请数量

（数据来源：世界银行世界发展指标数据库）

#### (2)沿线国家中,印度商标申请数量遥遥领先

商标是用来区别一个经营者的商品或服务和其他经营者的商品或服务的标识,商标申请意味着商品与服务的推新。2016 年,在沿线国家中,印度商标申请数量最高,达到

29.6万件,占沿线国家商标申请总数的26.1%;其次是土耳其,商标申请数量为10.8万件;俄罗斯、印度尼西亚、伊朗、泰国的商标申请数量均超过5万件,分别为6.6万件、6.3万件、5.7万件、5.2万件。在商标申请数量排名前十位的国家中,印度尼西亚商标申请数量增速最快,达32.4%,其次是巴基斯坦、乌克兰;土耳其、伊朗、泰国增速出现不同程度的下降。(图2-21)

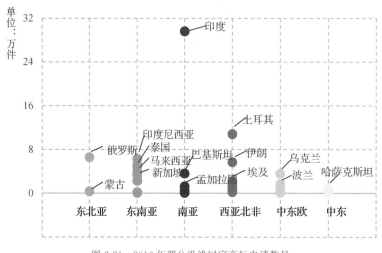

图2-21 2016年部分沿线国家商标申请数量

(数据来源:世界银行世界发展指标数据库)

## (二)"一带一路"国家科技研发实力

### 1."一带一路"国家研发支出情况

在"一带一路"国家中,以色列的研发支出占GDP的比重最高,达到4.3%;其次是斯洛文尼亚、新加坡、中国,分别为2.2%、2.2%、2.1%;捷克、爱沙尼亚的研发支出占GDP的比重分别为1.9%、1.5%;排名前十五位的国家研发支出占GDP的比重均高于0.9%,大部分是位于中东欧地区的国家。从增速来看,排名前十五位的国家中,斯洛伐克的研发支出占GDP的比重较2015年增长最快,增速达到33.7%;以色列、捷克、斯洛文尼亚的研发支出占GDP的比重均较2015年有所下降,其中降幅最大的是斯洛文尼亚,下降7.2%。(图2-22)

### 2."一带一路"国家科技期刊文章发表情况

2010年以来,"一带一路"国家科技期刊文章发表数量呈逐年攀升的趋势。2016年,"一带一路"国家科技期刊文章发表总量达到88.4万篇;在"一带一路"国家中,中国的科技期刊文章发表量遥遥领先,达到42.6万篇,占"一带一路"国家科技期刊文章发表总量的48.2%,在全球范围也属于领先者;其次是印度,为11.0万篇;俄罗斯的科技期刊文章发表量居第三位,为5.9万篇。(图2-23)

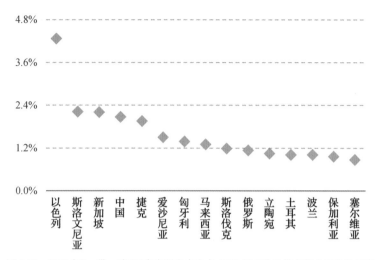

图 2-22　2016 年"一带一路"国家中研发支出占 GDP 的百分比排名前十五位的国家
（数据来源：世界银行世界发展指标数据库）

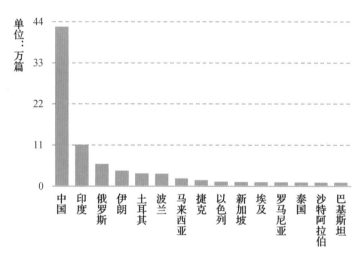

图 2-23　2016 年"一带一路"国家中科技期刊文章发表数量排名前十五位的国家
（数据来源：世界银行世界发展指标数据库）

### 3. "一带一路"国家科技品牌情况

英国品牌评估机构 Brand Finance[①] 发布的"2018 全球 100 个最有价值的科技品牌榜"的数据显示，"一带一路"国家中有 23 个科技品牌上榜，但这 23 个品牌仅分布在中国、印度、新加坡 3 个国家，且主要集中在中国。中国有 18 个品牌上榜，其中阿里巴巴、腾讯、华为进入全球十强行列，分别排名第七位、第八位和第九位；印度有 4 个品牌上榜，分别是塔塔咨询服务（第二十五位）、印孚瑟斯（第四十五位）、HCL（第五十四位）、威普罗（第八十一位）；新加坡仅有 1 个品牌上榜，为博通，排名第四十八位。（表 2-4）

---

① Brand Finance 是国际五大品牌价值评估权威机构之一。

表 2-4　　　"一带一路"国家进入"2018 全球 100 个最有价值的科技品牌榜"的品牌

| 品牌名称 | 排名 | 国家 | 品牌名称 | 排名 | 国家 |
|---|---|---|---|---|---|
| 阿里巴巴 | 七 | 中国 | 海尔 | 五十二 | 中国 |
| 腾讯 | 八 | 中国 | HCL | 五十四 | 印度 |
| 华为 | 九 | 中国 | 海康威视 | 六十 | 中国 |
| 微信 | 十三 | 中国 | 联想 | 六十四 | 中国 |
| 百度 | 十五 | 中国 | 格力 | 六十六 | 中国 |
| 京东 | 十六 | 中国 | 小米 | 六十八 | 中国 |
| 网易 | 二十二 | 中国 | 携程 | 七十四 | 中国 |
| 塔塔咨询服务 | 二十五 | 印度 | 中兴 | 七十六 | 中国 |
| 台积电 | 三十八 | 中国 | 威普罗 | 八十一 | 印度 |
| 美的 | 四十一 | 中国 | 微博 | 八十四 | 中国 |
| 印孚瑟斯 | 四十五 | 印度 | 360 | 九十五 | 中国 |
| 博通 | 四十八 | 新加坡 | — | — | — |

（数据来源：Brand Finance 发布的"2018 全球 100 个最有价值的科技品牌榜"）

## （三）"一带一路"国家科技创新情况

### 1."一带一路"国家创新投入情况

2017 年，在"一带一路"国家中，新加坡的创新投入指数最高，为 74.23，不仅领跑"一带一路"国家，且领跑全球；其次是以色列，创新投入指数为 62.76，在全球排名第十九位；阿拉伯联合酋长国、爱沙尼亚、中国、捷克在全球排名均居前三十位，分别为第二十四位、第二十六位、第二十七位、第三十位，创新投入指数分别为 56.80、55.64、55.13、54.26。（图 2-24）创新投入指数排名前十五位的"一带一路"国家多数位于中东欧地区。在"一带一路"国家中，有 30 个国家的创新投入指数高于全球平均水平。

《2018 全球创新指数报告》中把创新投入指数分为五个促成支柱，包括制度、人力资本和研究、基础设施、市场成熟度和商业成熟度，促成支柱代表一个经济体中有利于创新的各个环境因素。从创新投入指数的五个促成支柱来看，新加坡优越的创新环境与政府对创新的重视和高瞻远瞩是密不可分的，其制度指数达到 94.7，领跑全球，另外其人力资本和研究指数也雄踞全球榜首，达到 73.3。

### 2."一带一路"国家创新产出情况

2017 年，在"一带一路"国家中，中国的创新产出指数最高，为 50.98，全球排名第十位；其次是以色列，创新产出指数为 50.83，全球排名第十一位；全球排名前三十位的国家还有新加坡、爱沙尼亚、捷克、匈牙利、斯洛文尼亚，分别居第十五位、第十七位、第二十位、第二十五位、第二十九位。（图 2-25）创新产出指数排名前十五位的"一带一路"国家大多数位于中东欧地区。在"一带一路"国家中，有 27 个国家的创新产出指数高于世界平均水平。

《2018 全球创新指数报告》中，把创新产出次级指数分为两个支柱：知识和技术产出及创意产出。中国的创新产出指数在"一带一路"国家中居首,从创新产出两个支柱来看,中国的知识和技术产出要优于创意产出,两个支柱的指数值分别为 56.5 和 46.4。在全球各国中,中国在知识和技术产出上属于领先者,全球排名第五位,创意产出在全球排名第二十一位。

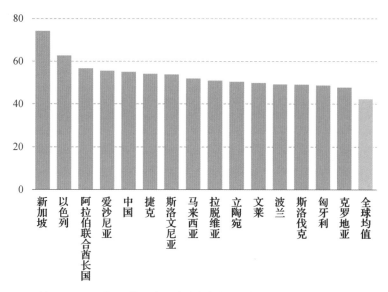

图 2-24  2017 年"一带一路"国家中创新投入指数排名前十五位的国家

(数据来源:《2018 全球创新指数报告》)

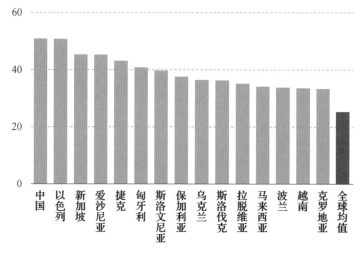

图 2-25  2017 年"一带一路"国家中创新产出指数排名前十五位的国家

(数据来源:《2018 全球创新指数报告》)

## 3. 中国与沿线国家科技创新合作情况

创新全球化成为新一轮全球化的最突出标志,创新合作使创新要素在全球范围内快速流动。2009 年以来,中国与"一带一路"沿线区域先后启动了"中非科技伙伴计划""中国-东盟科技伙伴计划""中国-中东欧国家合作""中国-南亚科技伙伴计划""中国-阿拉伯国家科技伙伴计划""上海合作组织科技伙伴计划",合作双方期望通过开展科技与创新合作,共享科技发展经验,增强区域内各国科技能力,助力地区经济增长、社会进步和文化发展。同时,中国也与沿线的区域建立了多个技术转移中心,搭建信息共享、资源对接和配套服务平台,促进中国和沿线区域的企业、科技园的合作对接。目前,中国不仅与东盟建立了中国-东盟技术转移中心,且与东盟 7 个国家分别建立了双边技术转移中心,包括中国-柬埔寨技术转移中心、中国-缅甸技术转移中心、中国-老挝技术转移中心、中国-泰国技术转移中心、中国-印度尼西亚技术转移中心、中国-越南技术转移中心、中国-文莱技术转移中心;另外,值得关注的是中国-阿拉伯国家技术转移中心协作网络成员已达 4 423 个,其中,中国 2 924 个,占比为 66.11%,国外 1 499 个,占比为 33.89%。(表 2-5)

表 2-5　　　中国与"一带一路"沿线区域科技合作计划及科技转移中心建设情况

| 合作计划名称 | 启动时间 | 建设的科技转移中心名称 | 牵头省份 |
| --- | --- | --- | --- |
| 中非科技伙伴计划 | 2009 年 | — | — |
| 中国-东盟科技伙伴计划 | 2012 年 | 中国-东盟技术转移中心 | 广西 |
| 中国-中东欧国家合作 | 2012 年 | 中国-中东欧国家技术转移中心(虚拟) | 江苏 |
| 中国-南亚科技伙伴计划 | 2015 年 | 中国-南亚技术转移中心 | 云南 |
| 中国-阿拉伯国家科技伙伴计划 | 2015 年 | 中国-阿拉伯国家技术转移中心 | 宁夏 |
| 上海合作组织科技伙伴计划 | 2015 年 | 中国-中亚科技合作中心 | 新疆 |

(数据来源:科技部网站、各技术转移中心官方网站)

## (四)"一带一路"国家信息技术情况

### 1. "一带一路"国家家庭电脑普及情况

2016 年[①],"一带一路"国家平均家庭电脑普及率为 53.2%,高于全球平均家庭电脑普及率(46.6%),其中约 65%的"一带一路"国家家庭电脑普及率高于全球平均水平。"一带一路"国家中,巴林的家庭电脑普及率最高,94.8%的家庭有电脑;其次是文莱、阿拉伯联合酋长国,家庭电脑普及率分别为 93.0%、91.0%;爱沙尼亚、卡塔尔、阿曼、新加坡、科威特、以色列、斯洛伐克、波兰的家庭电脑普及率均超过 80%;中国的家庭电脑普及率为 52.5%;孟加拉国、也门、阿富汗的家庭电脑普及率均不足 10%,其中阿富汗最低,仅为 3.4%。(图 2-26)

### 2. "一带一路"国家 3G 网络人口覆盖情况

在"一带一路"国家中,巴林、捷克、立陶宛、波兰、卡塔尔、新加坡、阿拉伯联合酋长国、保加利亚、马尔代夫、亚美尼亚、格鲁吉亚、缅甸、罗马尼亚等 13 个国家已经实现了 3G 网络全面覆盖;34 个国家的 3G 网络人口覆盖率在 90%以上,其中中国的覆盖率为 97%;仅乌兹别克斯坦、阿富汗、巴勒斯坦 3 个国家的 3G 网络人口覆盖率低于 50%。(图 2-27)

---

① 截至本报告完成,国际电信联盟尚未公布 2017 年的数据,因此本报告使用 2016 年数据。

| 巴林 | 黎巴嫩 | 沙特阿拉伯 | 中国 | 印度尼西亚 |
|---|---|---|---|---|
| 文莱 | 拉脱维亚 | 白俄罗斯 | 叙利亚 | 东帝汶 |
| 阿拉伯联合酋长国 | 匈牙利 | 塞尔维亚 | 波斯尼亚和黑塞哥维那 | 巴基斯坦 |
| 爱沙尼亚 | 哈萨克斯坦 | 乌克兰 | 乌兹别克斯坦 | 印度 |
| 卡塔尔 | 捷克 | 亚美尼亚 | 菲律宾 | 缅甸 |
| 阿曼 | 俄罗斯 | 阿塞拜疆 | 泰国 | 土库曼斯坦 |
| 新加坡 | 罗马尼亚 | 伊朗 | 伊拉克 | 塔吉克斯坦 |
| 科威特 | 马来西亚 | 保加利亚 | 阿尔巴尼亚 | 老挝 |
| 以色列 | 马尔代夫 | 黑山 | 不丹 | 尼泊尔 |
| 斯洛伐克 | 摩尔多瓦 | 土耳其 | 斯里兰卡 | 柬埔寨 |
| 波兰 | 立陶宛 | 埃及 | 蒙古 | 孟加拉国 |
| 克罗地亚 | 巴勒斯坦 | 约旦 | 越南 | 也门 |
| 斯洛文尼亚 | 马其顿 | 格鲁吉亚 | 吉尔吉斯斯坦 | 阿富汗 |

▨ 家庭电脑普及率

图 2-26　2016 年"一带一路"国家家庭电脑普及率

（数据来源：国际电信联盟）

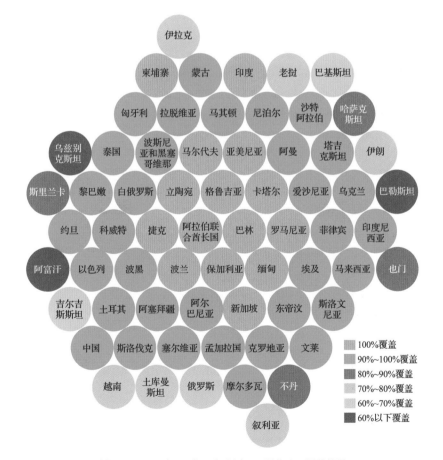

图 2-27　2016 年"一带一路"国家 3G 网络人口覆盖情况

（数据来源：国际电信联盟）

### 3."一带一路"国家拥有安全互联网服务器数量情况

2016 年,"一带一路"国家中,捷克每百万人拥有安全互联网服务器的数量最多,为 1 346.3 台;其次是爱沙尼亚,每百万人拥有 1 109.0 台安全互联网服务器;新加坡、斯洛文尼亚、波兰每百万人拥有的安全互联网服务器的数量均超过 500 台,分别为 890.3 台、768.6 台、763.7 台;排名前十位的国家中,8 个国家位于中东欧地区。(图 2-28)中国每百万人拥有的安全互联网服务器的数量仅为 20.5 台;有 17 个国家每百万人拥有的安全互联网服务器的数量不足 10 台,其中土库曼斯坦、叙利亚、也门每百万人拥有的安全互联网服务器的数量不足 1 台。(图 2-29)

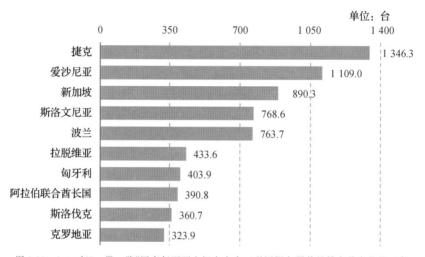

图 2-28 2016 年"一带一路"国家每百万人拥有安全互联网服务器数量排名前十位的国家

(数据来源:国际电信联盟)

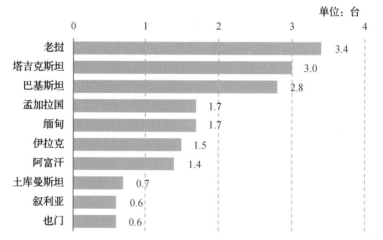

图 2-29 2016 年"一带一路"国家每百万人拥有安全互联网服务器数量排名后十位的国家

(数据来源:国际电信联盟)

## （五）经典案例

### 1.高铁技术助力中国与沿线国家交流合作

地区和国家之间的交接联通靠交通，铁路运输是路上运输的主要形式，更是"丝绸之路经济带"的主轴，因此推进"一带一路"铁路设施联通，意义重大。沿线国家数量众多，地质地貌复杂多变，修建铁路不仅需要大量的资金、人力、物资的投入，而且对建设技术的要求较高。高铁技术提升了铁路联通效率，中国的高铁经历了从"制造"到"智造"再到"创造"的发展历程，攻克了各种复杂地质、气候难题，技术水平不断提高，产品不断优化升级，形成了具有中国特色的高铁技术体系。依托高铁技术，2017年中国与沿线国家铁路工程项目合作成绩斐然。

2017年5月31日，肯尼亚蒙内铁路建成通车。蒙内铁路连接东非最大港口城市蒙巴萨和肯尼亚首都内罗毕，正线全长472千米，呈东南至西北走向，穿过肯尼亚东部地区，铁路开通后从蒙巴萨到内罗毕的时间从十几个小时缩短到四个多小时。铁路正线采用单线，为内燃机系统，设计客运时速120千米，货运时速80千米，设计运力2500万吨，是肯尼亚独立以来的最大基础设施建设项目，是中国首条海外全中国标准国铁一级铁路，是建设造福非洲的示范项目。

2017年7月15日，印度尼西亚雅万高铁瓦利尼隧道工程正式开工。雅万高铁一期工程全长142千米，连接印度尼西亚首都雅加达和第四大城市万隆，最高设计时速350千米，计划3年建成通车。雅万高铁建成后还将引入互联网售票、车上无线网络、"刷脸"进站、自助售取检票等世界先进的运输服务技术，为印度尼西亚人民提供便捷、舒适的旅行体验。另外，雅万高铁还将采用最新的地震监测预警系统技术，运用三级地震警报模式，根据地震监测数据，采取接触网断电、列车限速或停车等不同处理方式。雅万高铁是中国高铁技术服务"一带一路"倡议的首秀工程，对实现相关国家与沿线国家交通基础设施互联互通，具有十分重要的意义。

2017年11月28日，匈塞铁路塞尔维亚段开工。匈塞铁路连接匈牙利首都布达佩斯与塞尔维亚首都贝尔格莱德，该项目为电气化客货混线快速铁路，设计最高时速200千米，建设工期2年，建成通车后，两地之间的运行时间将从目前的8小时缩短至3小时以内。匈塞铁路是中国和中东欧合作的旗舰项目，也是中欧互联互通合作的重要组成部分，对于"一带一路"倡议与欧洲发展战略对接、深化中欧合作，实现共同发展具有重要意义。

2017年12月21日，中泰铁路一期工程开工。铁路全长253千米，设计最高时速250千米。中泰铁路是泰国第一条标准轨高速铁路，除了能够进一步提升泰国在中南半岛的交通枢纽地位外，中泰铁路合作项目还将惠及沿线各国。中泰铁路项目由中国负责设计，运用了高铁流线型头型、振动模态、牵引系统、智能化等科技手段。这些技术不仅适用于解决泰国这样的亚热带国家防高温、防高湿、防侵蚀的技术难题，也能解决高原、高寒、山地等各种复杂地理气候下出现的问题。这条铁路的建设，不仅将实现中国与泰国铁路的互联互通，还将有力推动东盟各国在贸易、投资、物流、旅游、科技、文化等方面的交流合作。

从蒙内铁路的开通，到雅万高铁的全面开工，再到匈塞铁路、中泰铁路的稳步推进，高铁线跨越了各种地形、地貌和气候特征，中国铁路服务不断地走出国门，走向世界，不仅为当地人们的生活带来了便捷，也促进了当地经济的发展。路多了，"一带一路"相关地区的流动性加快了，人员、物资、产品等要素被盘活了，活力、效益也随之而生。

### 2. 中国数字技术提高马来西亚商业效率

eWTP（电子世界贸易平台）是马云于 2016 年在 G20 峰会上提出的全球化构想，意在邀请全球各利益相关方加入，促进公私对话，为跨境电子商务的健康发展营造切实有效的政策和商业环境，让数字技术赋能中小企业，帮助中小企业和年轻人更方便地参与全球经济。这一构想获得世界众多国家的认同。

2017 年 11 月 3 日，马来西亚数字自由贸易区在吉隆坡全面启动运营，这是阿里巴巴首个海外 eWTP 试验区，是中国以外的第一个 eWTP 数字中枢，集物流、支付、通关、数据一体化。该试验区从提出意向、落地再到全面启动，用时仅仅 1 年。数字自由贸易区运用先进技术，对外贸、物流、金融、云计算等商业基础设施进行了全面升级，大大提高了马来西亚的商业效率。eWTP 试验区计划创造出完整的物流生态系统，降低成本并增加贸易量，预计所有包裹可通过吉隆坡国际机场及马来西亚巴生港口完善的空运及海运连接，在72 小时内送达东盟各国。而航空城将专注增加航空货运量和物流运输，目标是在 2050年之前，将马来西亚航空年货运量从目前的 72.6 万吨提高至 250 万～300 万吨。

eWTP 在马来西亚落地，是尝试构建全球性外贸数字技术基础设施的第一步。eWTP 有助于中小微企业和消费者实现利益诉求，有利于促进落后经济体的普惠发展，是推动数字经济发展的关键力量，是数字贸易时代背景下贸易新规则的诞生方式，更是消费全球化的实现路径。

## （六）数据分析

### 1. 中东欧地区科技发展相对较好，西亚北非个别国家科技发展亮眼

在科研能力、科研水平等方面，"一带一路"国家呈现出不均衡状态。在"一带一路"沿线区域中，中东欧地区的国家科技发展水平相对较高。从研发投入占 GDP 的比重来看，排名前十五位的国家中有 9 个国家位于中东欧地区，中东欧地区国家研发投入占 GDP 比重均值达到 0.9%，远高于"一带一路"国家的平均水平。"一带一路"国家中创新投入和创新产出指数排名靠前的也多为中东欧地区的国家。

在西亚北非地区，以色列、巴林等个别国家科技发展比较亮眼。以色列非常重视科技的发展，其创新指数在"一带一路"国家中仅次于新加坡，位居第二，研发支出占 GDP 的比重高达 4.3%，居世界第一，远远领先全球技术大国日本和德国，同时也大幅度领先全球经济大国美国，是全球重要的研发中心，其技术优势能够为"一带一路"国家在很多项目上提供帮助。巴林的家庭电脑普及率接近 95%，3G 网络已实现全面覆盖，两项指标在"一带一路"国家中均居首位。

### 2. 知识产权收支多为赤字，科技创新水平有待提高

科技是人类进步的阶梯，是打开未来之门的钥匙，是一个国家兴旺发达的标志之一，而科技成果的转化离不开对知识产权的保护和管理。纵观"一带一路"国家，知识产权收支绝大部分都呈现赤字现象，且支出远大于收入，其中中国的赤字最大，高达 228.2 亿美

元,其次是新加坡,知识产权赤字达到 192.7 亿美元。"一带一路"国家中,仅匈牙利、以色列及波斯尼亚和黑塞哥维那的知识产权收支表现为盈余,但盈余均较小,其中盈余最高的匈牙利也仅有 4.0 亿美元。目前,全球最大的知识产权收入国为美国,美国也是全球唯一的知识产权收入超过千亿美元的国家,2016 年其知识产权盈余达到 800.6 亿美元。在科技成果转化方面,"一带一路"国家与世界领先水平相差甚远,存在很大的提升空间。

在科技创新方面,"一带一路"国家中仅有 24 个国家的科技创新指数[①]高于全球平均水平,其中科技创新指数最高的新加坡,在世界排名第七位,其次为以色列、中国,世界排名分别为第十七位和第二十二位。从创新产出指数与创新投入指数值之比,即创新效率来看,"一带一路"国家的创新效率差异很大,创新效率高于全球平均水平的国家数量不足 50%。中国的创新效率非常亮眼,是唯一超过 0.9 的国家,创新效率达到 0.94,在全球中仅次于卢森堡和瑞士,排名第三位;而白俄罗斯、阿尔巴尼亚、文莱等一些国家的创新效率不足 0.4。

### 3. 对接"一带一路"国家需求,优化科技服务

"一带一路"国家多为新兴经济体和发展中国家,都面临经济转型的需求和任务,而国际科技合作是各国发展经济和提高综合国力的重要方式,"一带一路"国家科技发展水平参差不齐,科技合作不仅可以促进国家间要素流动,优化国家间要素配置,还能帮助合作国突破低端锁定,实现价值链攀升和产业升级。中国科技服务"一带一路"既要充分发挥其优势科学技术的作用,又要契合沿线国家的科学技术需求。应开展针对沿线国家科学技术需求的调研和国别研究,制定区域,甚至分国别的科学技术合作发展规划,让中国的科学技术更好地服务"一带一路"。

中国的农业技术服务"一带一路"建设就是中国优势科技与沿线国家需求对接的最好例证。中国在水稻杂交育种、作物高产栽培、动保、植保、农机、太阳能利用与沼气等技术与产品研发上具有明显优势,在农业信息技术和品种资源等研究利用上几乎与世界先进水平同步。而"一带一路"沿线大部分国家对解决饥饿和贫困问题、保障粮食安全与营养的愿望强烈,中国的这些农业技术优势恰恰是"一带一路"沿线大部分国家的弱势,与沿线国家的需求高度契合。然而中国农业科技助推"一带一路"建设仍存在上升空间,例如需进一步加强国家层面的农业科技战略部署和协调机制,提高建设、管理经验以及风险控制能力,加大力度培养国际化的科技管理人才,建立可持续发展运营的海外科研合作平台等。

---

① 《2018 全球创新指数报告》中各国家科技创新指数值为创新投入和创新产出指数的简单平均数。

# 三、体 育

体育是国之交往的桥梁、民之相亲的枢纽和心之相通的媒介。在建设"一带一路"的进程中,体育起到不容忽视和至关重要的作用。首先,在"一带一路"的历史长河中,体育交流一直是文化交流的重要组成部分。蹴鞠、摔跤、木射、马球等运动在丝路上的传播和引进,为现代运动提供了雏形的同时,也促进了各地区之间的体育、文化交流。其次,体育是促进民心相通的最好方式,因为它具有跨民族性、跨宗教性。它使不同民族、不同宗教、不同文化的人们通过体育文化相互交流。最后,不同地区和国家的运动员在体育活动中相互模仿和学习,有利于增加认同感和亲密感,有助于在"一带一路"的建设中,为构建一个互惠互利的利益、命运和责任共同体打下良好的人文基础。

## (一)"一带一路"国家参与国际体育情况

### 1."一带一路"国家举办国际体育赛事情况

#### (1)从区域来看,中东欧地区举办的国际体育赛事最多

2017 年,"一带一路"地区共举办了 354 场[①]国际体育赛事。其中,中东欧地区举办的国际体育赛事达到了 184 场,是"一带一路"各地区中举办赛事最多的地区,占比约为52.0%;东北亚(含中国)地区举办的国际体育赛事总数为 73 场,占比约为 20.6%;西亚北非地区举办的国际体育赛事数量为 64 场,占比约为 18.0%,其他地区举办的国际体育赛事数量相对较少。(图 2-30)

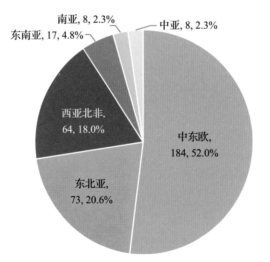

图 2-30　2017 年"一带一路"各地区举办国际体育赛事的数量及比重

(数据来源:全球国际体育赛事数据库)

---

① 同一赛事名称在同一国家不同时间、不同地点举办仅统计 1 次。

**(2)从国家来看,中国举办的国际体育赛事最多**

2017 年,"一带一路"国家中,中国举办的国际体育赛事数量最多,达到 43 场;其次为俄罗斯,举办国际体育赛事 30 场。中东欧地区举办国际体育赛事数量较多的国家为捷克、匈牙利和波兰,举办赛事的数量分别为 27 场、25 场和 24 场。西亚北非地区的阿拉伯联合酋长国和卡塔尔举办的国际体育赛事的数量在该地区中相对较多,分别为 14 场和 10 场。南亚地区的印度举办过 8 场国际体育赛事。(图 2-31)

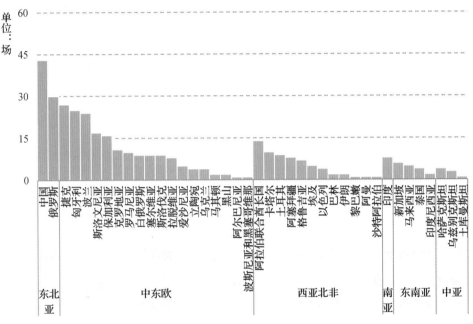

图 2-31　2017 年"一带一路"国家举办国际体育赛事的数量

(数据来源:全球国际体育赛事数据库)

### 2. "一带一路"国家参与国际体育组织情况

**(1)"一带一路"国家参与排球和国际象棋组织的热情最高**

在"一带一路"国家中,参加国际排球联合会(FIVB)和世界国际象棋联合会(FIDE)的国家数量最多,分别有 60 个和 59 个国家参与,均占"一带一路"国家总数的 90% 以上。其次为世界摔跤联盟(WWF),"一带一路"国家中有 56 个国家参与。国际大学生体育联合会(FISU)、国际柔道联盟(IJF)和国际射击运动联合会(ISSF)均有 55 个"一带一路"国家参与。国际残疾人奥林匹克委员会(IPC)、国际赛艇联合会(FISA)、国际体育记者协会(AIPS)和世界跆拳道联合会(WTF)均有不少于 50 个"一带一路"国家参与。(图 2-32)

**(2)印度、波兰和俄罗斯参加国际体育组织的活跃度较高**

"一带一路"国家中,印度参加的国际体育组织数量为 44 个,是"一带一路"国家中参加国际体育组织数量最多的国家,波兰参加了 43 个,俄罗斯参加了 42 个。中国、捷克、匈牙利和以色列参加国际体育组织的数量相同,均为 41 个。其余国家(如马来西亚、斯洛文尼亚、土耳其)参与的国际体育组织数量均不足 40 个。(图 2-33)

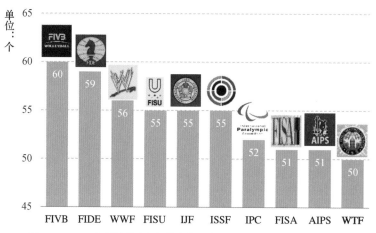

图 2-32　2017 年国际体育组织的参与国为"一带一路"国家的数量排名

（数据来源：全球体育组织数据库）

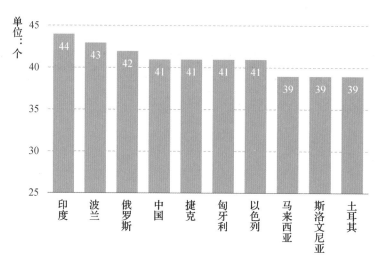

图 2-33　2017 年"一带一路"国家参与国际体育组织数量排名前十位的国家

（数据来源：全球体育组织数据库）

## （二）"一带一路"国家体育赛事获奖情况

### 1."一带一路"国家在历届夏季奥林匹克运动会①中的获奖情况

#### （1）中东欧与东北亚地区的综合体育实力远超其他地区

历届夏季奥林匹克运动会共产生出 15 213 枚奖牌（包括金、银、铜牌），其中"一带一路"国家在历届夏季奥林匹克运动会上累计获得 3 253 枚奖牌，占全部奖牌数的比例约为 21.4％。在"一带一路"国家所获得的 3 253 枚奖牌中，中东欧地区获得的奖牌总数最多，

---

① 夏季奥林匹克运动会的范围包括：从首届夏季奥林匹克运动会（1896 年雅典奥运会）到第三十一届夏季奥林匹克运动会（2016 年里约热内卢奥运会）。

为 1 724 枚,占比约为 53.0%;东北亚(含中国)地区奖牌总数为 1 020 枚,占比约为 31.4%。而其他各地区的奖牌总数约为东北亚地区(含中国)的一半。(图 2-34)

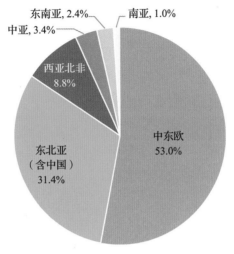

图 2-34　1896—2016 年"一带一路"各地区获得夏季奥林匹克运动会奖牌总数的比重

(数据来源:国际奥委会官网)

### (2)中国是"一带一路"国家中的体育强国

中国自 1984 年参加第二十三届夏季奥林匹克运动会以来,累计获得的金牌数(226 枚)和总奖牌数(546 枚)均远超其他"一带一路"国家。匈牙利累计获得的金牌数在"一带一路"国家中的排名仅次于中国,共获得金牌 177 枚,总奖牌数达 494 枚。俄罗斯的金牌数(1996 年至今)位列第三,其金牌数和总奖牌数分别为 150 枚和 433 枚。其他国家获得的金牌数和总奖牌数对比前三位国家有较大的差距。(图 2-35)

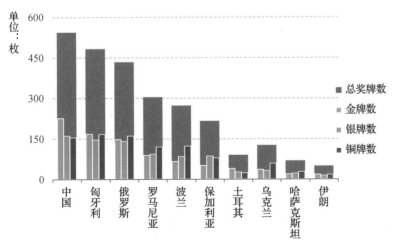

图 2-35　"一带一路"国家累计获得夏季奥林匹克运动会金牌数排名及其他奖牌情况

(数据来源:国际奥委会官网)

### 2."一带一路"国家在历届冬季奥林匹克运动会①中的获奖情况

**(1)东北亚地区的冬季运动实力远超其他地区**

历届冬季奥林匹克运动会共计产生了 3 170 枚奖牌,其中"一带一路"国家累计获得奖牌 302 枚,占比仅约为 9.5%。在"一带一路"国家获得的 302 枚奖牌中,东北亚地区(将中国统计在内)获得的奖牌总数最多,为 166 枚,占比约为 55.0%;中东欧地区奖牌总数为 128 枚,占比约为 42.4%;中亚地区所获得的奖牌数量较少,仅为 8 枚。西亚北非、东南亚、南亚地区均未有奖牌斩获。(图 2-36)

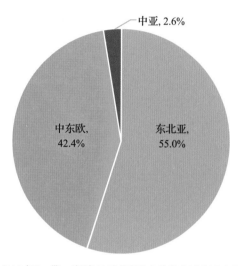

图 2-36　1924—2014 年"一带一路"各地区获得的冬季奥林匹克运动会奖牌总数的比重

(数据来源:国际奥委会官网)

**(2)俄罗斯②获得的冬季奥林匹克运动会奖牌数量在"一带一路"国家中占有绝对优势**

俄罗斯在历届冬季奥林匹克运动会中获得的奖牌数累计达到 113 枚,在"一带一路"国家冬季奥林匹克运动会奖牌榜上排名首位,超过第二位的中国(53 枚)一倍以上。在累计金牌数方面,俄罗斯以 46 枚的金牌数远超其他"一带一路"国家,为第二名中国(12 枚)的近四倍。捷克③的累计金牌数为 7 枚,排名第三位。白俄罗斯和波兰的累计金牌数都为 6 枚,其他国家的金牌数均未超过 5 枚。除图 2-37 中的 16 个国家外,其余"一带一路"国家在冬季奥林匹克运动会上均未有奖牌斩获。

① 历届冬季奥林匹克运动会的范围包括:从首届冬季奥林匹克运动会(1924 年夏慕尼冬季奥林匹克运动会)到第二十二届冬季奥林匹克运动会(2014 年索契冬季奥林匹克运动会)。
② 俄罗斯的数据为俄罗斯独立以后,不包括独联体时期的数据。
③ 捷克和斯洛伐克的数据为捷克和斯洛伐克联邦共和国解体后的数据。

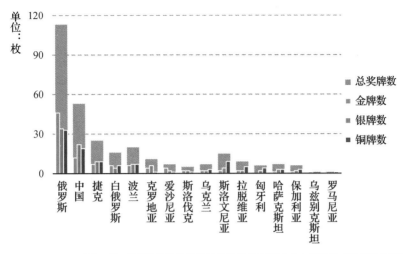

图 2-37 1924—2014 年"一带一路"国家累计获得冬季奥林匹克运动会金牌数排名及其他奖牌情况

（数据来源：国际奥委会官网）

## （三）"一带一路"国家民间体育运动情况

### 1."一带一路"国家国民喜爱的体育运动

起源于英国的现代足球运动，有着"世界第一运动"的美誉，是世界上最具影响力的单项体育运动。同时，足球运动也是推动"一带一路"国家合作的重要媒介。很多"一带一路"国家因为足球运动而获得了国家荣誉，像匈牙利、波兰、克罗地亚等国家曾在世界杯的赛场上获得过好名次。在巴林和沙特阿拉伯，足球运动被认为是民族运动，在民间颇受欢迎。很多"一带一路"国家的民众也将足球运动作为休闲时间首选的体育运动，如土耳其、乌克兰、白俄罗斯、保加利亚、捷克、爱沙尼亚、以色列、老挝、马来西亚、尼泊尔、俄罗斯等。

### 2."一带一路"国家国民擅长的体育项目

由于地理位置和其他诸多因素，有些"一带一路"国家的国民对冬季体育项目比较擅长。滑雪成为许多国家国民在冬季较为喜欢的运动，比如亚美尼亚、保加利亚、爱沙尼亚、拉脱维亚、波兰、俄罗斯、斯洛伐克、斯洛文尼亚等国。乌克兰民众对于滑冰的热情随着奥克萨娜·巴尤尔（Oksana Baiul）成功在奥运会上获得金牌后变得越来越浓。哈萨克斯坦地处天山山区，虽然天山山脉陡峭，滑雪风险高，但滑雪活动依旧受到广大滑雪爱好者的欢迎。

### 3."一带一路"国家流行的民族特色运动

"一带一路"国家中包含着众多民族，有许多民族依旧保留着他们独具特色的民族体育活动。在西亚北非和中亚地区（伊朗、阿富汗、巴基斯坦、吉尔吉斯斯坦、哈萨克斯坦和乌兹别克斯坦等国）流行着一种骑在马背上的团队运动，叫马背叼羊（buzkashi）。马背叼羊是一种双方队员在马背上争夺处理过的无头羊体，并将其丢到场地两端的圆圈中得分的运动。由于争夺的过程非常激烈，因而人们对于这项运动一直保持着高亢的热情。在印度、巴基斯坦和孟加拉国等国家中流行着一种叫卡巴迪的运动（双方队员轮流进入对方半场通过碰触对方队员并安全返回己方半场而得分）。巴基斯坦和孟加拉国是传统的卡巴迪强国，而印度队更是卡巴迪的梦之队，连续五次在卡巴迪项目上获得亚运会金牌。

## （四）经典案例

### 1. "一带一路"马拉松系列赛开启体育外交新模式

"一带一路"马拉松系列赛是由中国田径协会和智美体育集团共同推出的中国首个国际级 IP① 赛事，旨在深化中国与沿线国家的体育合作，搭建中国与沿线国家、城市交流的桥梁和纽带，扩大中国体育赛事的国际影响力。

"一带一路"马拉松系列赛在"一带一路"国家的主要城市举办，陆续登陆马来西亚、希腊、捷克、哈萨克斯坦、阿拉伯联合酋长国、印度、新加坡、印度尼西亚、泰国、菲律宾、越南、马尔代夫等国家。中国国内首场比赛于 2016 年 12 月 4 日在深圳宝安举行，国外首场比赛于 2018 年 4 月 21 日在塞尔维亚首都贝尔格莱德举行。

有分析认为，"一带一路"马拉松系列赛有三大意义：一是通过"走出去""请进来"，不断融入世界最高水平的马拉松比赛舞台中。马拉松运动的发展要与国际上的赛事融合发展，相互交流和沟通，形成具有中国特色的马拉松文化，这也是中国马拉松发展的必由之路。二是参与的城市之间还可以通过设立积分制度、开设经贸论坛、进行文化表演交流等多种形式进行赛事互通联动，寻求经济方面的合作共赢。三是构建一个新的赛事平台，打造全新的赛事组织运营模式，突出举办城市的地域文化融合和人文交流，最终的落脚点是形成独有特色的"一带一路"马拉松赛事。

### 2. 国际拳击联合会建"一带一路"排名体系

2017 年 8 月 7 日，国际拳击联合会（IBF）正式宣布在中国成立 IBF B ＆ R 区域组织（IBF Belt and Road Region），以促进"一带一路"国家间及中国与世界多国之间的体育文化交流，IBF 由此成为首个响应并参与"一带一路"倡议的世界专业体育组织。

随着 IBF B＆R 区域组织的正式成立，IBF 将着手为"一带一路"国家的拳手建立专属的职业排名体系，由 IBF B＆R 区域组织排名委员会负责评估，每个季度发布一次，原则上各个国家的冠军拳手或该国职业排名最高的拳手根据其综合实力进入每个级别的"IBF B＆R 排名"，每个级别的冠军将自动进入 IBF 世界排名。同时，IBF 还将设立 IBF B＆R 区域组织专属金腰带。

2017 年 10 月 27—28 日，IBF 丝路冠军联赛揭幕战在澳门东亚运动会体育馆隆重举行。此次联赛是世界四大职业拳击组织中唯一由中国人掌控的比赛，覆盖七十余个国家，也是国际拳击联合会（IBF）建立 IBF B＆R 区域组织之后在全球的首次亮相。IBF 希望借此计划为"一带一路"国家的职业拳手开辟一条问鼎世界拳王的新通道，同时也吸引该区域内有潜质的拳手加入该组织的专业体系中，不断提升其职业排名和个人价值。

IBF B ＆ R 区域组织的成立和 IBF 丝路冠军联赛的开展，是实实在在地由 IBF 中国

---

① 知识产权，intellectual property 简称 IP。赛事 IP 也就是赛事产权及其相关衍生产品，是体育产业的核心产品。

区率先提出方案,并最终获得 IBF 大家庭的广泛支持和响应,其 IBF B&R 战略联盟发起方包括中国、俄罗斯、泰国、菲律宾、日本、IBF 欧洲和 IBF 非洲等,覆盖由亚洲横跨非洲和中东直至波罗的海及欧洲的七十多个国家,其影响是巨大的。因此,IBF 丝路冠军联赛不仅在中国举行,还吸引了俄罗斯和其他沿线国家的广泛参与和申办。

有分析认为,IBF 丝路冠军联赛这个全新的赛事 IP,将促进"一带一路"国家拳击专业人才、职业拳击赛事产业链、职业拳击传播链、职业拳击受众市场的互联互通,有效推动"一带一路"国家拳击产业的全面提升和融合发展,使"一带一路"国家拳击产业的"蛋糕"做得更大。在全球化转型升级的背景下,"一带一路"国家的体育产业也面临着转型发展的新契机。因此,IBF B&R 将结合"一带一路"国家的国情,在"一带一路"国家进行体育+公益、体育+科技、体育+互联网、体育+影视、体育+音乐、体育+动漫、体育+文创、体育+旅游、体育+培训等多元化探索和发展,推动"一带一路"国家体育、文化、经济的协同发展。

### 3. "丝路杯"冰球联赛推动"一带一路"体育交流

2017 年 7 月 4 日,中国国际文化传播中心在莫斯科同俄罗斯冰球协会正式签署合作协议。在双方的推动下,俄罗斯超级冰球联赛(VHL)将在 2018—2019 赛季升级为"丝路杯"超级冰球联赛(SHL)。2017 年 9 月,来自中国黑龙江、吉林的两支俱乐部率先亮相 2017—2018 赛季 VHL。

由俄罗斯冰球协会运营的 VHL 是该国最高级别的冰球联赛,2016—2017 赛季共有 26 支球队参加了该联赛,其中 2 支来自哈萨克斯坦,其余为俄罗斯球队。VHL 被认为是横跨亚欧大陆 8 个国家的大陆冰球联赛(KHL)的梯队联赛,其水平、规模、影响力仅次于大陆冰球联赛(KHL)。VHL 升级为 SHL 后,将加大在中国及沿线国家的宣传推广力度,吸引更多俱乐部参与其中,带动这些国家之间的文化体育交流。有业内人士表示,中方参与运营俄罗斯的这一品牌赛事,有助于中国冰球在亚洲掌握话语权,并推动国内冰球产业升级。

中方参与这一赛事的运营后,该赛事的重心将向东亚转移。而升级、扩容的全新赛事 SHL,很快将于 2018—2019 赛季在中国、俄罗斯、哈萨克斯坦等"一带一路"国家的冰球俱乐部之间展开,以此加强参赛国家间的文化体育交流。升级后,比赛将分为东、西两区域进行,同时希望能够有更多中国和沿线国家的俱乐部加盟。预计到 2022 年,也就是北京冬奥会举办之年,该赛事在全球的覆盖人数将超过 20 亿。

### 4. "一带一路"中国太极文化世界之行欧洲行圆满成功

2018 年 2 月 18 日,"一带一路"中国太极文化世界之行欧洲行公益活动,从北京出发,在 12 天的时间内,途经德国柏林、意大利威尼斯、奥地利维也纳、匈牙利布达佩斯四个城市,最终圆满落幕,活动吸引了来自德国、意大利、奥地利、匈牙利、美国、俄罗斯、西班牙、荷兰、捷克、波兰、克罗地亚、秘鲁等国家的千余名学员参加。活动以"弘扬中华文明,传播太极文化"为目标,向全世界推广中华传统文化的精髓,传播和谐共赢的中国智慧,促进全球文化协调发展和构建人类命运共同体。

活动邀请国家级非物质文化遗产太极项目代表性传承人组成太极拳讲师执教团,向沿线国家太极爱好者传授中国太极文化。作为境外的支持方,柏林中国文化中心、意大利帕多瓦大学孔子学院、意大利威尼斯华侨总会、意大利 A.S.D.L 武协、奥地利中国武术协会、匈牙利禅武联盟总会等机构均为此次活动奉献出了自己的力量。

活动首次将太极拳、太极文化同时纳入教学内容,两者相辅相成,既引导学员通过太极拳体悟太极文化,又引导学员应用太极思维习练太极拳,在提高太极拳的健身价值的同时发挥太极拳的文化价值。

在太极拳文化理论课中,以"图说太极文化与太极拳"为题的专题讲座,直观地解析了太极是阴阳相互依存而又变化不止的一个整体,由阴阳运动衍生出宇宙万物;例说了太极拳健身、文化、社会三大功能有别于西方体育运动功能的特点;引导学员从太极文化的整体观、和谐观中了解中国人的思维方式,分享"一带一路"合作共赢的文化智慧。

## (五)数据分析

### 1. "一带一路"体育赛事的举办初见成效

体育赛事作为"民心相通"的重要部分,在推动"一带一路"倡议的进程中有着重要的意义。中国为支持体育赛事发展,发布了诸多政策性文件来鼓励体育赛事的开展。体育赛事在政治的角度上也有重要的价值,例如中国用"乒乓外交"缓和了当时与美国僵化的外交关系并取得了丰硕的成果。体育赛事同时也可以为举办国家带来丰厚的经济回报,为国家的经济发展创造更多的机会,为国家树立良好的国际形象提供途径,为国家开拓国际市场搭建桥梁。

自 2015 年 3 月 28 日,国家发展和改革委员会、外交部、商务部联合发布了《推动共建丝绸之路经济带和 21 世纪海上丝绸之路的愿景与行动》(以下简称《愿景与行动》)后,各地方政府和地方体育局响应国家号召,积极举办与"一带一路"相关的体育赛事。据统计,自《愿景与行动》发布后,中国共举办了 25 场"一带一路"体育赛事,其中 2015 年 9 场,2016 年 10 场,2017 年上半年 6 场。"一带一路"体育赛事陆续开展,赛事举办的频率明显加快。

### 2. "一带一路"体育赛事的发展存在不足

尽管"一带一路"体育赛事的举办初见成效,然而沿线国家举办"一带一路"体育赛事的积极性还有待提高。在"一带一路"体育赛事中,绝大多数的赛事都是在中国境内举行,只有俄罗斯和马来西亚各举办过一届"一带一路"体育赛事(中俄"一带一路"国际游钓邀请赛和"一带一路"马拉松系列赛 2017 马来西亚马拉松),形成了中国"一家独大"的局面。长此以往,"一带一路"体育赛事可能会变成中国的"独角戏",可能会使沿线国家失去举办赛事和参与赛事的积极性和主动性。

"一带一路"体育赛事的吸引力和影响力不足。尽管沿线国家举办了多项体育赛事,但是"一带一路"体育赛事缺乏对"一带一路"沿线其他国家的吸引力和影响力。比如首届"一带一路·七彩云南国际汽车拉力赛"中,只有中国与四个沿线国家(老挝、缅甸、泰国和马来西亚)参加,更多的是由中国国内的队伍参赛,在其他的比赛中也出现过这样的情况。虽然"一带一路"马拉松系列赛有一定的影响力,但其影响力相对于世界其他顶级的体育赛事(如伦敦马拉松等)还有一定的差距。原因在于,首先,"一带一路"体育赛事过多地借鉴以往的体育赛事经验,并未形成其特有的赛事风格;其次,"一带一路"体育赛事多由地方政府和地方体育局举办,举办赛事的经费紧张,导致宣传和推广的力度不足,在奖品和奖金上缺乏吸引力;最后,主办方缺乏相关体育赛事经营人才,现有人员在办赛经验和能力方面稍有不足。这些问题导致了以往"一带一路"体育赛事的吸引力和影响力的不足,未能打造出拥有体育IP的体育赛事。

"一带一路"体育赛事要努力提高赛事质量,注重赛事的宣传效应,增加体育赛事的影响力和吸引力。首先,应适当增加和优化比赛项目,举办综合性的体育赛事,以吸引更多国家的运动员参赛。其次,集中多个国家或城市的力量,借鉴不同国家和地区举办和运营赛事的经验,加上适当的创新,共同举办"一带一路"体育赛事。再次,改变传统的体育赛事宣传和营销方式。目前,众多的体育赛事已经通过PC端和手机端进入大众的视野,应积极发挥互联网上新媒体(微博、微信等)对体育赛事的宣传效应,让体育赛事从电视时代转向互联网时代。最后,应借助海外华侨及海外体育协会等的力量,加大对体育赛事的宣传,扩大体育赛事的知名度和影响力。

"一带一路"倡议提出以来,中国有意与沿线国家共同秉持和平合作、开放包容、互学互鉴、互利共赢的理念,共同打造利益共同体、命运共同体和责任共同体。中国作为此倡议的提出者,应尽可能地对沿线国家提供一定程度的帮助和扶持,调动沿线国家的积极性,增加与沿线国家体育文化的交流,共同打造协同共赢、共同发展的良好局面。

# 四、文学·艺术

古丝绸之路既是一条通商互信之路、经济合作之路,也是一条文化交流之路、文明对话之路。在古老的丝绸之路上,我们的祖先创造了辉煌的文化,留下了诸如敦煌莫高窟这样的伟大文化遗产,也为文艺工作者提供了丰富的创作素材。文学是不同国家、不同民族之间文化的使者、心灵的桥梁。文学是语言的艺术,跟音乐、绘画、建筑等艺术形式不同,文学艺术的对外交流特别倚重于翻译。帮助国外的译者深度理解中国文化,培养一批精通中国文化和中国文学的海外学者,对于中国文学的对外交流尤其必要。通过他们的译介工作,中国文学可以更顺畅地走出国门,走进海外读者的视野和生活。通过艺术的交流与合作,可以把古丝绸之路的人文精神挖掘出来,把艺术创新放到新丝绸之路的时代内涵之中,可以把沿线国家的风土人情、民族文化、特色风貌等融入艺术创造之中;通过艺术创作的方式,可以把"中国梦"同沿线国家人民过上美好生活的愿望、同地区发展的前景对接起来。艺术是无国界的,在对外交流方面,应把"一带一路"国家通过艺术的形式串联起来,联系起不同民族不同文化的人民,以共通心灵语言的对话,使每个国家的元素都得到体现,打造"一带一路"的风景工程、人文工程,给"一带一路"赋予丰富的文化内涵,使中国传统文化走出去,使"一带一路"国家在艺术上交融互鉴,创新发展,推动"一带一路"多元文化深度融合,构建文化交融的命运共同体,同时也从精神上建立起人类命运共同体。

## (一)"一带一路"国家文学相关情况

### 1."一带一路"国家文学奖项获奖情况

**(1)"一带一路"国家获诺贝尔文学奖频率逐渐上升**

"一带一路"国家中,获得过诺贝尔文学奖的国家有 10 个,分别是中国、波兰、印度、俄罗斯、以色列、捷克、埃及、匈牙利、土耳其和白俄罗斯,这些国家共计获诺贝尔文学奖15 次,占诺贝尔文学奖奖项总数的 12.8%。"一带一路"国家获得诺贝尔文学奖的频率在近 100 年间呈现出逐渐升高的趋势,1901 年至 1946 年的 45 年间,"一带一路"国家共获得诺贝尔文学奖 4 次,1947 年至 1987 年的 40 年间,"一带一路"国家共获得诺贝尔文学奖 5次,1988 年至 2017 年的 29 年间,"一带一路"国家共获得诺贝尔文学奖 6 次。(图 2-38)

**(2)"一带一路"国家中,只有印度获得过 3 次布克奖**

英国布克奖被认为是当代英语小说界的最高奖项,也是世界文坛上影响最大的文学大奖之一。自第一届布克奖在 1969 年开始颁布起到 2017 年,布克奖共给全球 52 位杰出的作家颁布了奖项。共有 11 个不同国家的作者获得了此奖项,这 11 个国家分别为英国、澳大利亚、南非、加拿大、爱尔兰、印度、美国、新西兰、日本、尼日利亚和牙买加。获得布克奖的英国作家数量最多,达到 28 位,占获奖者的一半以上。尽管布克奖对参评作品的要求不高(出版的长篇英文小说即可),但其他国家获得此奖项的作者数量不多。其中"一带一路"国家中,仅印度有 3 位作家获得了布克奖。(图 2-39)

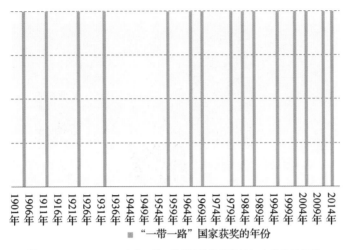

图 2-38　1901—2017 年"一带一路"国家获得诺贝尔文学奖的年份
（数据来源：诺贝尔奖官网）

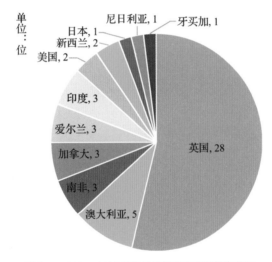

图 2-39　1969—2017 年各国获得布克奖的作家数量
（数据来源：布克奖官网）

### （3）共 3 个"一带一路"国家的作家获得耶路撒冷文学奖

耶路撒冷文学奖是以色列文学界的最高奖项，首次颁发于 1963 年，每两年颁发一次，表彰全世界在作品中涉及人类自由、人与社会和政治间关系的杰出作家。罗素、米兰·昆德拉、伊恩·麦克尤恩、村上春树等名作家都曾是该奖的获得者。耶路撒冷文学奖在世界文学界影响力较大，从该奖设立至今，获奖者分属 17 个国家，英国作家获得此奖的次数最多，共 5 次。在"一带一路"国家中，波兰作家获得过 2 次耶路撒冷文学奖，罗马尼亚、阿尔巴尼亚的作家分别获得过 1 次。（图 2-40）

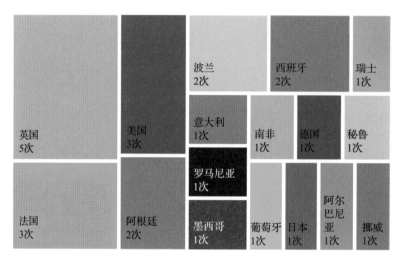

图 2-40　1963—2017 年各国作家获得以色列耶路撒冷文学奖的次数

（数据来源：耶路撒冷奖官网）

### (4)"一带一路"国家作家共获得 7 次卡夫卡文学奖

卡夫卡文学奖由捷克的弗兰兹·卡夫卡协会于 2001 年创设,只要作品被翻译为捷克文即可参与评选,因此该奖项也具有全球性。卡夫卡文学奖的评选标准为具有人文主义特征,对文化、民族、语言、宗教做出贡献,具有永恒性与普世价值,并对时代有见证意义。因 2004、2005 年连续两位诺贝尔文学奖的获得者都曾先获得卡夫卡文学奖,因此卡夫卡文学奖被称为诺贝尔文学奖的风向标。"一带一路"国家的作家共获得该奖项 7 次,约占获总奖项数的 41.2%。捷克、中国、以色列、匈牙利等国家的文学家都曾在该奖项上获奖。其中,中国作家阎连科在 2014 年获得该奖项。(图 2-14)

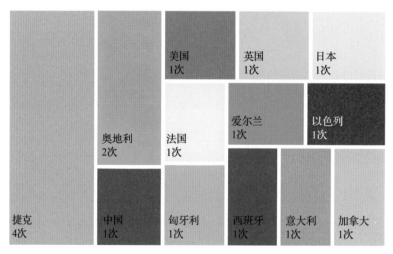

图 2-41　2001—2017 年各国获得捷克卡夫卡文学奖的次数

（数据来源：中国网）

## 2."一带一路"国家文学作品交流情况

### (1)四大名著被翻译成20种不同的沿线国家语种广泛传播

四大名著在沿线国家中受到人们的广泛接受和欢迎,在不同的国家和地区被翻译成各种不同的语言。其中,四大名著被翻译成越南语的版本数最多,累计共有102个不同的版本。版本数量排名次之的是泰语,为43个;接下来是印度尼西亚语,为25个。俄语和马来语的版本数分别为14个和10个。(图2-42)

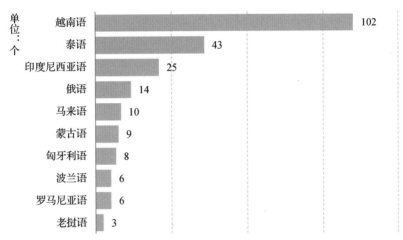

图 2-42 四大名著被翻译版本数量前十位的"一带一路"沿线国家语种

(数据来源:《人民日报》海外版)

四大名著共计被翻译成20种不同的沿线国家语种,更多的语种属于与中国邻近的亚洲国家的语种,而中东欧地区的语种涉及较少,说明四大名著主要在具有相似的宗教或文化背景的国家,或者是长期受到中华文化影响、对中华文化存在认同基础的国家中传播。因此,在传播中国文学作品的同时中华文化也需要增强其影响力。随着国家国际竞争力的不断提高以及文化传播能力的加强,中华文化对海外市场的渗透力也会不断增加,中华文化将得到更多国家的关注和接受,从而加速中国文学作品在其他国家的传播。

### (2)苏俄文学对中国文学的影响颇深

在20世纪50年代,苏联作为世界上第一个成功实践马克思主义的国家,自然成了中国共产党人心中向往的圣地,也一度成为我们模仿的对象。苏联文学在中国也得到广泛传播,其在中国思想界有着重要的地位。除了思想层面的影响,苏联文学在其他方面对中国也有深远的影响。首先,在文学体制和创作方法上为中国提供了借鉴;其次,苏联文学对当时中国人世界观的形成发挥了巨大的作用,具有代表性的作品如《钢铁是怎样炼成的》等;最后,苏联文学对中国密切和频繁的输出,对中国文学家的文学创作也有不同程度的影响。

在2016—2017年"中俄媒体交流年"活动的背景下,光明日报社举办了"在中国最有影响力的俄罗斯文学作品"评选活动,其中《假如生活欺骗了你》成为最终的赢家。《假如生活欺骗了你》由俄国诗人普希金于1825年创作,展现了诗人真诚博大的情怀和坚强乐观的人生态度。其他脍炙人口的俄罗斯文学作品也在评选中脱颖而出,如奥斯特洛夫斯基的《钢铁是怎样炼成的》、高尔基的《海燕》、列夫·托尔斯泰的《战争与和平》，等等。这些文学作品无不对中国的文学界以及当时中国整整一代人乃至几代人产生了深远的影响。（图 2-43）

图 2-43　在中国最有影响力的部分俄罗斯文学作品

（数据来源：《光明日报》）

## （二）"一带一路"国家综合艺术情况

### 1. "一带一路"国家音乐相关情况

#### （1）2017 年"一带一路"国家音乐专辑的数量出现首次下降

2010—2016 年，"一带一路"国家的音乐专辑数量整体呈现上升的趋势。在 2010 年，"一带一路"国家音乐专辑总数为 22 696 个，随后几年音乐专辑数量逐年递增。2012 年专辑数量增长的幅度最大，涨幅约为 9.3%。专辑数量达到峰值前，年涨幅在 1.5% 左右波动。经过 6 年的增长，专辑数量在 2016 年达到 27 385 个的峰值后，在 2017 年出现了首次下降，下降到 26 376 个，下降幅度约为 3.7%。（图 2-44）

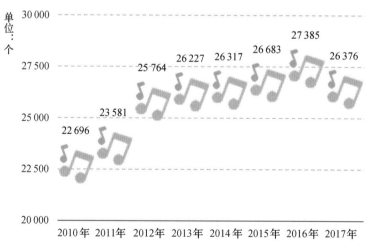

图 2-44　2010—2017 年"一带一路"国家音乐专辑数量

（数据来源："discogs"网站）

**(2)电子音乐是"一带一路"国家人民喜爱的音乐**

2017年,"一带一路"国家的各种音乐种类中,占比最大的是电子音乐,达到42.1%。其次,有相当多的"一带一路"国家的人民喜欢摇滚音乐,占比为28.0%。再次,流行音乐、嘻哈音乐和民间乡村音乐在"一带一路"国家也有相当的受众,占比分别为9.9%、5.3%和4.7%。其他种类,如爵士音乐、古典音乐、布鲁斯音乐等专辑数量在"一带一路"国家专辑总数中占比为10.0%。(图2-45)

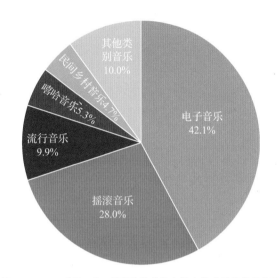

图2-45 2017年"一带一路"国家音乐专辑中各音乐种类的比重

(数据来源:"discogs"网站)

## 2."一带一路"国家电影相关情况

"电影能够跨越地域的距离、语言的障碍、文化的差异,通过视听语言传达一种直击人心的力量,拉近各国人民的距离。"电影在"一带一路"倡议中承担着文化交流的重要角色,也成为促进不同文化交流借鉴的使者。

**(1)"一带一路"国家拍摄的电影中约有三分之一为剧情片**

2010—2017年,"一带一路"国家拍摄的电影中,剧情片的数量最多,为854部,占比约为32.0%。喜剧片的数量为409部,数量不足剧情片的一半。恐怖片数量最少,拍摄了121部,占比仅约4.5%。

从各地区来看,南亚地区拍摄的剧情片数量最多,达到265部,占该地区拍摄影片总量的32.2%。南亚地区与其他地区相比,拍摄了较多的喜剧片,在该地区占比约为16.2%,数量为133部。东北亚地区拍摄的动作片的数量高于其他地区,数量达到151部,在该地区占比约为17.8%。西亚北非地区拍摄纪录片的数量高于其他地区。西亚北非地区在2010—2017年共拍摄了80部纪录片,在该地区占比约为18.7%。中亚地区拍摄的电影数量很少,只拍摄了5部电影,均为剧情片。(图2-46)

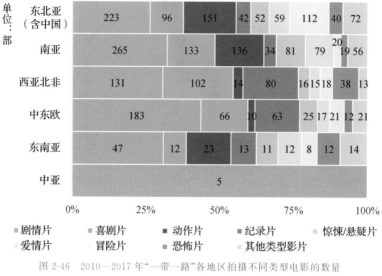

图 2-46　2010—2017 年"一带一路"各地区拍摄不同类型电影的数量

（数据来源："the-numbers"网站）

### （2）沿线国家偏爱中国拍摄的动作片

从 2010—2017 年中国向沿线国家输出的电影类型来看,中国的动作片在沿线国家最受欢迎,有将近三分之一(32.9%)的电影为动作片,这与中国功夫在世界的影响力息息相关。中国的冒险片和喜剧片在沿线国家也有一定的受众群体,占比分别为 17.3% 和17.1%。中国的剧情片在沿线国家受欢迎的程度略逊于冒险片和喜剧片,占比为16.2%。而惊悚/悬疑片、恐怖片向沿线国家输出的比例不高,占比分别为 9.2%、3.3%。其他类型的影片如混合类型片、纪录片、歌舞片和西部片的输出量都不高。(图 2-47)

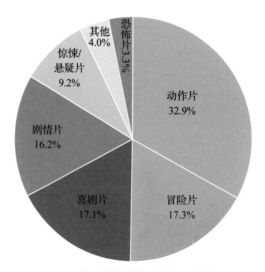

图 2-47　2010—2017 年中国向沿线国家输出的各类型影片的比重

（数据来源："the-numbers"网站）

### (3)"一带一路"国家电影票房①在全球总票房中占比不高

"一带一路"国家电影票房在全球总票房的占比只有17.1%。(图2-48)美国的电影票房数在全球的总票房中占有相当大的比例,占比超过了63.8%,而中国的票房在全球总票房中占比为10.8%。在"一带一路"国家中,中国电影的票房要远高于其他国家的总和,占比为73.6%;印度的票房总数在"一带一路"国家中列第二位,占比为17.0%。(图2-49)

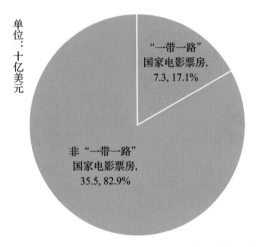

图2-48 "一带一路"国家电影票房及占全球票房的比重
(数据来源:"the-numbers"网站)

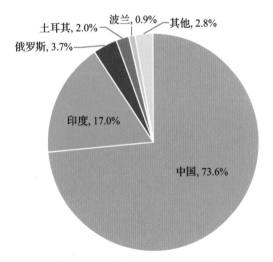

图2-49 "一带一路"国家的票房比重
(数据来源:"the-numbers"网站)

---

① 票房数据统计更新至2018年9月。

### 3. "一带一路"国家电视节目播出情况

#### (1)中国电视剧在沿线国家越来越受欢迎

国家广播电视总局的数据显示,中国生产的电视剧已走出国门,覆盖了 200 多个国家和地区;电视剧出口额占到电视节目出口总额的 60% 以上。2017 年,中国影视内容产品和服务出口超过 4 亿美元,出口规模不断扩大,出口类型不断丰富,出口的市场从东南亚向中东、非洲、欧美等地区拓展。

国家广播电视总局国际合作司副司长周继红表示:"海外观众对中国电视剧的喜爱,已经超出了中国人自己的想象。"2017 年,被译制成蒙古语的中国都市情感剧《生活启示录》,在蒙古同期播出的电视剧中收视率居首;2018 年又有都市家庭教育剧《小别离》在当地热播。反映中国改革开放初期企业家艰苦创业历程的电视剧《鸡毛飞上天》也完成译制,即将在菲律宾播出。近年来,中国以向越南等东南亚邻国销售一些都市情感电视剧的模式帮助当地翻拍本国电视剧。

2018 年,上海柠萌影业把古装电视剧《扶摇》的版权销售到新加坡、马来西亚、越南等国的电视播出平台。中国影视行业中率先布局"一带一路"业务的华策集团也发布信息称,目前已将超过 10 000 小时的影视作品发行到"一带一路"沿线 20 多个国家和地区。中国电视剧在沿线国家越来越受欢迎,中国电视业将为人类文明的交流与传播做出更多贡献。

#### (2)中国"一带一路"电视节目①中超过半数为专题类的节目

根据中国广视索福瑞媒介研究(CSM)的统计,自"一带一路"倡议提出以来,与其相关的电视节目在中国各级频道的总播出量为 1 926 个小时。其中省级上星频道的播出量最多,达到 620 个小时;其次为中央级频道,为 558 小时。这两个频道对"一带一路"相关节目的播出量在"一带一路"相关节目播出总量中占比分别约为 32% 和 29%。省级非上星频道和市级频道对此类节目的播出量分别为 379 小时和 369 小时,分别占此类节目总播出量的 20% 和 19%,占比相对较小。

与"一带一路"相关的节目内容中,有 52.6% 的节目类型为专题类节目,综艺类的节目占比为 26.8%,生活服务类的节目占比为 6.6%。其他类别,如电视剧、体育和新闻/时事等,占比分别为 5.8%、3.6% 和 3.2%。(图 2-50)

## (三)中国与"一带一路"沿线国家艺术品交流情况

### 1. 中国对沿线国家艺术品出口情况

#### (1)中国对西亚北非和东南亚地区的艺术品出口额较高

2010—2017 年,中国对沿线国家艺术品出口呈现先升后降的趋势,中国对西亚北非和东南亚地区的艺术品出口额明显高于其他区域。中国对西亚北非地区的艺术品出口额自 2010 年起逐年增长,在 2014 年达到峰值(近 24 亿美元),随后有所下降,但始终高于其

---

① 是指节目名称中包含"一带一路""丝绸之路经济带""海上丝绸之路""丝绸之路"和"BELT AND ROAD"的节目。

他区域。中国对东南亚地区的艺术品出口额也较高,但出口额在 2013 年达到峰值后逐年减少。中国对南亚地区的艺术品出口额相对稳定,年出口额在 10 亿美元左右。中国对中亚地区的艺术品出口额最低,2017 年仅 1.5 亿美元。(图 2-51)

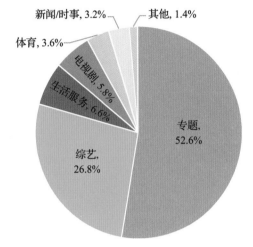

图 2-50  2013—2017 年中国"一带一路"相关电视节目类型比重
(数据来源:中国广视索福瑞媒介研究)

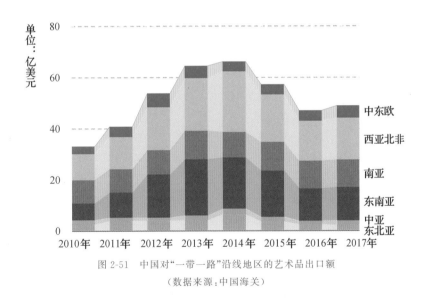

图 2-51  中国对"一带一路"沿线地区的艺术品出口额
(数据来源:中国海关)

### (2)中国的艺术品对印度出口额最高

中国的艺术品对"一带一路"沿线 64 个国家均有出口,说明沿线国家对中国艺术品的认可程度较高。2017 年,中国对印度的艺术品出口额最高,达到了 7.3 亿美元;其次,对阿拉伯联合酋长国和沙特阿拉伯的艺术品出口额分别达到 4.8 亿美元和 4.3 亿美元。(图 2-52)在 2017 年,中国对蒙古的艺术品出口额增幅最大,达到 600.1%;而中国对缅甸的艺术品出口额降幅最大,降幅为 78.0%。

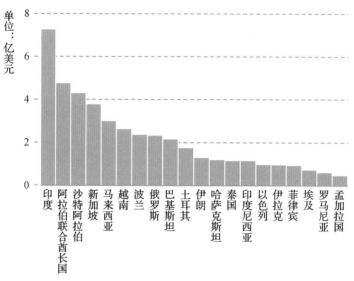

图 2-52　2017 年中国对沿线国家艺术品出口额排名前二十位的国家

（数据来源：中国海关）

**（3）中国对沿线国家出口的艺术品中，蚕丝及机织物的金额最高**

2017 年，中国对沿线国家出口的艺术品中，收藏品的出口涨幅最大，达到 144.0％。而出口额最高的是蚕丝及机织物，达到 13.6 亿美元，较 2016 年增长 28.0％。雕塑工艺品的出口额较 2016 年虽有 2.8％的下降，但出口额也超过 10 亿美元。2017 年，珠宝首饰及相关物品、园林与陈设艺术陶瓷制品、金属工艺品、地毯与挂毯等商品的出口额较 2016 年均有不同程度的下降。降幅最大的是园林与陈设艺术陶瓷制品，达 30.9％。（图 2-53）

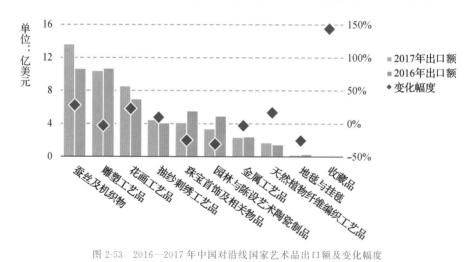

图 2-53　2016—2017 年中国对沿线国家艺术品出口额及变化幅度

（数据来源：中国海关）

## 2. 中国自沿线国家进口艺术品情况

### （1）中国自沿线国家进口的艺术品主要来自东南亚地区

随着中国对东南亚文化艺术热情的持续走高，2010—2014 年，中国自东南亚进口的艺术品金额显著增长,但此后三年有所回落,2017年为2.1亿美元。一方面是由于中国当代艺术品的价格过高,国内艺术品市场更多地将目光转向东南亚地区的当代艺术品;另一方面东南亚艺术品市场正进入快速发展的时期。中国自其他区域艺术品进口额普遍偏低,2017年,中国自其他五个区域进口的艺术品总额不足1亿美元。(图2-54)

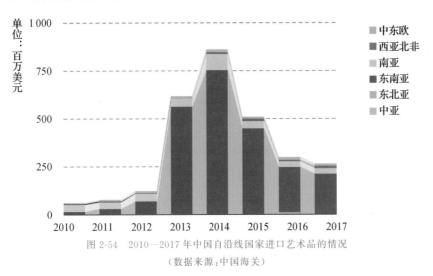

图 2-54　2010—2017 年中国自沿线国家进口艺术品的情况

(数据来源:中国海关)

### (2)中国自泰国进口的艺术品金额最高

沿线国家中,中国从55个国家进口过艺术品。中国自泰国进口的艺术品金额最高,达到1.92亿美元,中国自东南亚和南亚进口的艺术品的金额增长主要来源于泰国。其次为印度和越南,进口额分别为1 204.28万美元和1 030.27万美元。2017年,中国从吉尔吉斯斯坦进口的艺术品金额增速最快,增速达到4 459.0%。2017年,中国未从阿曼、阿塞拜疆、土库曼斯坦、也门、巴林、黑山、文莱、巴勒斯坦、科威特和东帝汶等10个国家进口艺术品。(图2-55)

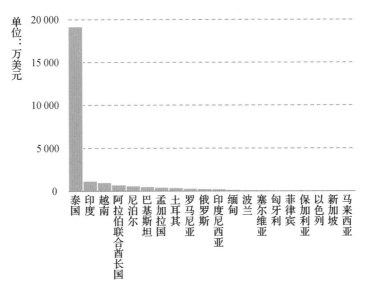

图 2-55　2017 年中国自沿线国家进口艺术品金额居前二十位的国家

(数据来源:中国海关)

### （3）中国自沿线国家进口珠宝首饰的金额最高

中国自沿线国家进口的艺术品中,除了天然植物纤维编织工艺品和地毯与挂毯的进口额有所增加外,其他品类都有不同程度的下降。珠宝首饰及相关物品是中国自沿线国家进口艺术品中进口额最高的品类,2017 年的进口额达到了 2.1 亿美元,较 2016 年有小幅度的下降,下降幅度为 9.5%。其他品类的进口额相对较少,像蚕丝及机织物、金属工艺品的进口额分别为 0.2 亿美元、0.1 亿美元,较上年均有下降,降幅分别为 12.3% 和 31.5%。（图 2-56）

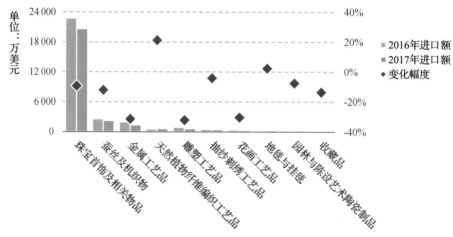

图 2-56　2016—2017 年中国自沿线国家进口艺术品的金额及变化幅度

（数据来源：中国海关）

## （四）经典案例

### 1.《西游记》被翻译成 16 种语言,60 个版本在沿线国家传播

《西游记》主要是随着华人的脚步在世界各地包括沿线国家进行传播,被翻译成各种不同语言版本的。截至 2017 年,《西游记》在沿线国家中共被翻译成 16 种语言,60 个版本（图 2-57）,是四大名著中被翻译成沿线国家使用的语言种类数最多的一本著作。其中被翻译成越南语的版本数最多,达到了 22 种;其次是泰语的版本数,有 8 个版本;俄语、印度尼西亚语和马来语各有 4 个版本;波兰语有 3 个版本;波斯语、蒙古语、希伯来语、匈牙利语和哈萨克语各有 2 个版本;阿拉伯语、罗马尼亚语、斯洛文尼亚语、老挝语和捷克语都各有 1 个版本。《西游记》因其丰富的艺术想象、性格鲜明的人物、跌宕起伏的故事情节,为沿线国家及佛教流行地区的人们所欢迎。同时,其故事情节也不断地被翻拍、改编、改写成不同国家语言的作品。

### 2.《红楼梦》被翻译成 12 种语言,32 个版本在沿线国家传播

《红楼梦》的传播途径主要是人际传播,在深受中华文化影响的亚洲周边国家传播广泛。随着《红楼梦》的文学价值被广泛认可,越来越多的国家开始着手对《红楼梦》进行译制。据统计,截至 2017 年,世界各国翻译出版《红楼梦》的语言共有 23 种,在"一带一路"

沿线国家中流通的有 12 种语言,32 个版本。(图 2-58)《红楼梦》越南语的版本数最多,有 13 个版本;其次为蒙古语,有 4 个版本;其他如捷克语、罗马尼亚语、泰语、匈牙利语、印度尼西亚语各有 2 个版本,俄语、克罗地亚语、马拉雅拉姆语、希伯来语和斯洛伐克语都只有 1 个版本。《红楼梦》全译本出现时间比较晚,起初主要是以摘译本、选译本或改写本的形式存在,其中一个主要的原因是《红楼梦》中有很多的诗词歌赋,对翻译的文字功底要求较高。比如俄语版的全译本《红楼梦》由著名汉学家帕纳秀克、孟列夫共耗时 8 年才完成。目前,在"一带一路"沿线的 64 个国家中,《红楼梦》在四十多个国家和地区的语言译本仍为空白。

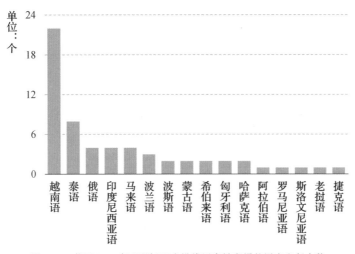

图 2-57　截至 2017 年《西游记》在沿线国家被翻译的语言和版本数
(数据来源:《人民日报》海外版)

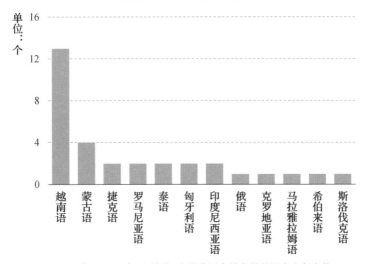

图 2-58　截至 2017 年《红楼梦》在沿线国家被翻译的语言和版本数
(数据来源:《人民日报》海外版)

### 3.《水浒传》被翻译成 11 种语言,54 个版本在沿线国家传播

据统计,截至 2017 年,《水浒传》在全球范围共被翻译成 20 种语言,196 个版本。其

中,涉及沿线国家的有 11 种语言,54 个版本(图 2-59),分别是:越南语 29 个版本,印度尼西亚语 6 个版本,俄语和匈牙利语各有 4 个版本,罗马尼亚语 3 个版本,蒙古语、泰语各有 2 个版本,阿拉伯语、马来语、斯洛文尼亚语和波兰语各有 1 个版本。《水浒传》主要以中国英雄形象的传播为主,文中的人物以其荡气回肠的英雄故事赢得了世界各国人民的喜爱。

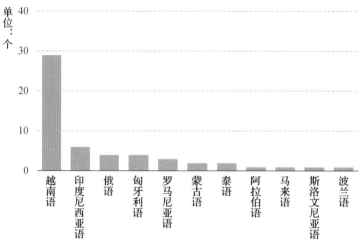

图 2-59　截至 2017 年《水浒传》在沿线国家被翻译的语言和版本数

(数据来源:《人民日报》海外版)

### 4.《三国演义》被翻译成 9 种语言,99 个版本在沿线国家传播

据统计,截至 2017 年,《三国演义》在世界范围内共被翻译成 15 种语言,版本达到 243 个,在沿线国家中共被翻译成 9 种语言,版本数为 99 个。《三国演义》在沿线国家主要依靠华人和华裔人群传播。依托精彩的故事情节以及鲜活生动的人物形象,《三国演义》这部文学经典已经在沿线国家的人民心中留下了不可磨灭的印记,深深扎根在他们的文化生活中。在沿线国家被翻译成的 9 种语言和 99 个版本(图 2-60),分别为:越南语 38 个版本,泰语 31 个版本,印度尼西亚语 13 个版本,俄语、马来语各 5 个版本,波兰语、老挝语、爱沙尼亚语各 2 个版本,蒙古语 1 个版本。在沿线国家中,依旧有四十多种语言的空白,包括使用人数以亿计的语言,如孟加拉语等。

### (五)数据分析

### 1. 中、印在"一带一路"国家中文艺交流发展较快

近些年,"一带一路"国家对外文化艺术交流发展较快,各方面的文艺交流与输出总量整体上呈现出增长态势。"一带一路"国家获诺贝尔文学奖频率逐渐上升,音乐、电影、电视等综合艺术的交流与传播均有较大进步。

"一带一路"国家中,中国及印度的文艺交流发展相对充分。文学方面,中国的四大名著被翻译成不同的语种在沿线国家传播,印度是"一带一路"国家中唯一获得过布克奖的国家。艺术方面,中国在"一带一路"国家中,电影的票房要远高于其他国家的总和,占比

超过 73.6％，印度的票房总数在"一带一路"国家中位列第二，占比为 17.0％。除中、印两国以外，捷克、波兰、俄罗斯等国在文学交流领域也取得了斐然的成果。

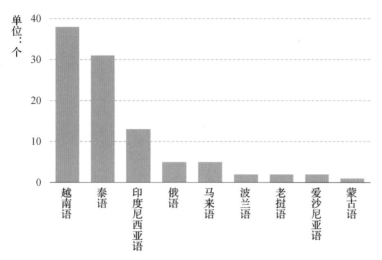

图 2-60　截至 2017 年《三国演义》在沿线国家被翻译的语言和版本数

（数据来源：《人民日报》海外版）

### 2."一带一路"国家需要进一步加强艺术产业交流

对外艺术的交流发展与国家的综合实力息息相关，尽管中、印等国的对外文艺交流发展取得了一些成绩，但是相较美、日等经济发达国家，其国际影响力还远远不够。"一带一路"国家的艺术产业在全球的地位较低，仍处于发展的初级阶段。

首先，"一带一路"国家对外文艺交流的水平偏低，经济效益不高。尽管各国对外文艺交流发展迅速，但艺术产业的附加值有待提高，尤其在艺术品贸易交流方面，缺乏交流通道，服务缺乏品牌效应。其次，各国在艺术交流和传播方面缺乏一定的创新能力、营销体系以及商业化运作人才不足，导致艺术产业商业化运作能力不够。对于知识产权的保护不够，也很大程度地影响到了艺术产业的交流发展。各国可通过设立"一带一路"文学奖等方式来培养具有国际影响力的知名企业和国际品牌，鼓励并高度重视对外艺术的交流和贸易，从而提升国家在国际上的整体形象及影响力。

### 3."一带一路"倡议为各国艺术产业发展带来新机遇

"一带一路"倡议下，"一带一路"国家可利用其地缘优势以及制定相关鼓励政策来促使各国文化艺术企业参与到"一带一路"区域内甚至全球范围的艺术产品的供应链当中来，积极开展对外文化艺术的交流和贸易，为文化艺术产业走出国门创造机会。

"一带一路"国家可以制定"一带一路"的相关政策，举办各种文化艺术活动，助推各国之间在文化艺术活动、文化艺术旅游、文化艺术贸易的交流，如互办、联办、合办影视节、艺术节等国际性文化艺术活动，推动区域间官方及民间的艺术交流与传播；利用美术、影视、动漫、演艺、文学等多种文艺形式，开展一系列以"一带一路"为主题的展示、展览、展演活动。同时，依托"一带一路"国家邻近的优势，通过文化艺术交流贸易的方式加强与周边国家的交流发展，把更多的艺术产品推广出去，进入国际市场当中，提升国际影响力。

2015 年,国家卫生计生委认真贯彻落实党中央、国务院共建"一带一路"的重大决策部署,发布《国家卫生计生委关于推进"一带一路"卫生交流合作三年实施方案(2015—2017)》,"一带一路"卫生交流合作初见成效,一条民心相通的纽带将惠及更多国家和人民。2016 年,习近平主席在乌兹别克斯坦提出了"健康丝绸之路",正式把健康作为"一带一路"倡议的重要组成部分,吹响了中国与沿线国家在医疗卫生领域全面提速交流互动的号角。2017 年 5 月,国家卫生计生委与世界卫生组织在北京联合签署《中华人民共和国政府与世界卫生组织关于"一带一路"卫生领域合作的执行计划》,进一步落实了双方于2017 年 1 月在瑞士日内瓦签署的《中华人民共和国政府与世界卫生组织关于"一带一路"卫生领域合作的谅解备忘录》。双方通过加强合作,全面提升中国同"一带一路"沿线国家人民健康水平,以多双边合作交流机制为基础,创新人文交流新模式,促进与沿线国家等重点合作伙伴在国家、区域及全球层面开展务实合作,促进我国及沿线国家卫生事业发展,携手打造"健康丝绸之路"。

## (一)"一带一路"国家人口健康情况

根据世界银行的统计,2017 年,全球共有 75.3 亿人,"一带一路"国家人口高达46.6 亿人,占全球总人口数的 61.9％。"一带一路"国家人口健康状况在很大程度上影响着全球人口健康的平均水平,因而提升"一带一路"国家人口的健康水平尤为关键。本节将选取人口构成情况(性别构成、年龄构成)、人口增长情况(预期寿命、自然增长率)、人口死亡情况(产妇死亡率、5 岁以下儿童死亡率)等各项指标对"一带一路"国家人口健康总体状况进行统计分析。

### 1. "一带一路"国家人口构成情况

#### (1)中国、印度出生人口性别比严重失衡

出生人口性别比是指活产男婴数与活产女婴数的比值,通常用女婴数为 100 时所对应的男婴数来表示,正常应为 102～107。截取"一带一路"国家前十位人口大国,并对各国出生人口性别比进行比较得知,中国作为第一人口大国,2016 年其活产男婴数与活产女婴数相差较大,出生人口性别比达 1.15。印度作为第二人口大国,其出生人口性别比仅次于中国,为 1.11。此外,越南及巴基斯坦男女比例也失衡,出生人口性别比分别为1.10、1.09。其他各国出生人口性别比均处于正常范围内。(图 2-61)

---

① 根据医疗卫生统计指标及数据的可获得性,本节数据均来源于世界银行《2018 年世界发展指标》、世界卫生组织《世界卫生统计数据(2018)》(*World Health Statistics* 2018)公开连续的统计数据及出版物,以便于系列报告的比较研究。其中,产妇死亡率、乙肝表面抗原患病率、医疗卫生支出各项指标公开数据截至 2015 年,人口老龄化指标数据截至 2017 年,其他统计指标数据均截至 2016 年。

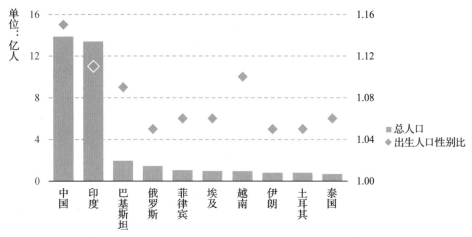

图 2-61　2016 年"一带一路"人口大国总人口及出生人口性别比情况

（数据来源：世界银行）

### （2）31 个"一带一路"国家进入老龄化社会

按照联合国的标准，一个地区 65 岁以上的人口达到人口总量的 7%，该地区即被视为进入老龄化社会。2017 年，全球 65 岁以上老人占比达 9%，总体步入老龄化社会。其中，"一带一路"国家中共有 31 个国家进入老龄化社会，保加利亚、克罗地亚、拉脱维亚因人口呈负增长态势，老龄化程度最为严重，65 岁以上的人口占人口总量的 20% 甚至以上。匈牙利、捷克、立陶宛等 5 国次之，65 岁以上人口占人口总量的 19%。中国 65 岁以上的人口占人口总量的 11%，若中国人口自然增长率继续维持在较低水平，将会进一步加速进入老龄化社会。（图 2-62）

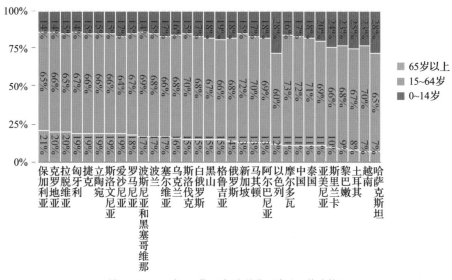

图 2-62　2017 年"一带一路"老龄化国家人口构成情况

（数据来源：世界银行）

## 2. "一带一路"国家人口增长情况

### （1）新加坡人口平均预期寿命最长

人口平均预期寿命是衡量一个国家的经济发展水平及医疗卫生服务水平的指标。总体上看,2016 年"一带一路"国家人口平均预期寿命为 73.7 岁,女性平均预期寿命比男性平均预期寿命高 5.3 岁,其中,立陶宛、白俄罗斯、俄罗斯三国女性较男性平均预期寿命高10 岁。中国人口平均预期寿命为 76.4 岁,超过了"一带一路"国家的平均水平。从"一带一路"国家人口平均预期寿命来看,新加坡人口平均预期寿命高达 82.9 岁,居首位。以色列及斯洛文尼亚紧随其后,人口平均预期寿命分别为 82.3 岁、80.9 岁。与之相比,阿富汗人口平均预期寿命仅为 62.7 岁,与新加坡相差 20.2 岁。叙利亚人口平均预期寿命为63.8 岁,其男性平均预期寿命在"一带一路"国家中最低,仅为 59.4 岁,与其女性平均预期寿命相差 9.5 岁。(图 2-63)

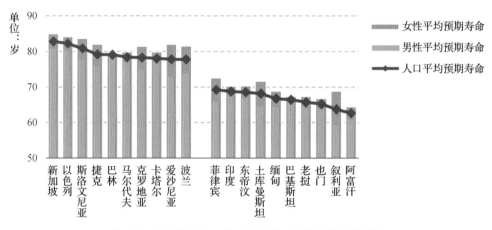

图 2-63    2016 年部分"一带一路"国家人口平均预期寿命情况

(数据来源:*World Health Statistics* 2018)

**(2)保加利亚、乌克兰、塞尔维亚等国人口呈现负增长**

2016 年,全球人口自然增长率达 11‰,略高于"一带一路"国家人口平均自然增长率(10‰)。其中,中国人口自然增长率仅为 5‰,未达到"一带一路"国家及全球的平均水平。"一带一路"各国人口自然增长率差异较大,东帝汶与巴勒斯坦人口自然增长率均高达 29‰,并列第一位。伊拉克人口自然增长率为 28‰,高于阿富汗、也门等国,位居第三,呈现出高增长态势。保加利亚、乌克兰、塞尔维亚等国人口自然增长率极低,人口呈现负增长的状态。(图 2-64)

### 3."一带一路"国家人口死亡情况

**(1)产妇死亡率有所降低**

全球女性仍然遭受怀孕和分娩期间的健康问题,2015 年,全球约有 30 万名妇女因生产而死亡。"一带一路"国家每 10 万例活产中产妇死亡平均为 62 例。阿富汗产妇死亡率最高,每 10 万例活产中产妇死亡高达 396 例。也门位居其次,产妇死亡达 385 例。尼泊尔、东帝汶产妇死亡也均超过 200 例。白俄罗斯、捷克、科威特、波兰等国该方面医疗卫生水平相对较高,产妇死亡均低于 5 例。中国每 10 万例活产中产妇死亡 27 例,低于"一带一路"国家平均水平。(图 2-65)

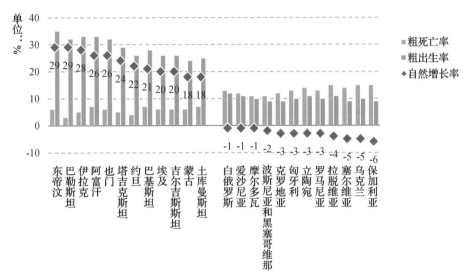

图 2-64　2016 年部分"一带一路"国家人口自然增长率情况

（数据来源："世界银行"网站）

| 阿富汗 | 396 | 吉尔吉斯斯坦 | 76 | 罗马尼亚 | 31 | 匈牙利 | 17 | 爱沙尼亚 | 9 |
|---|---|---|---|---|---|---|---|---|---|
| 也门 | 385 | 马尔代夫 | 68 | 斯里兰卡 | 30 | 阿曼 | 17 | 斯洛文尼亚 | 9 |
| 尼泊尔 | 258 | 叙利亚 | 68 | 阿尔巴尼亚 | 29 | 塞尔维亚 | 17 | 克罗地亚 | 8 |
| 东帝汶 | 215 | 约旦 | 58 | 中国 | 27 | 土耳其 | 16 | 马其顿 | 8 |
| 老挝 | 197 | 越南 | 54 | 亚美尼亚 | 25 | 巴林 | 15 | 黑山 | 7 |
| 缅甸 | 178 | 伊拉克 | 50 | 阿塞拜疆 | 25 | 黎巴嫩 | 15 | 斯洛伐克 | 6 |
| 巴基斯坦 | 178 | 蒙古 | 44 | 伊朗 | 25 | 卡塔尔 | 13 | 阿拉伯联合酋长国 | 6 |
| 孟加拉国 | 176 | 土库曼斯坦 | 42 | 俄罗斯 | 25 | 哈萨克斯坦 | 12 | 以色列 | 5 |
| 印度 | 174 | 马来西亚 | 40 | 乌克兰 | 24 | 沙特阿拉伯 | 12 | 白俄罗斯 | 4 |
| 柬埔寨 | 161 | 格鲁吉亚 | 36 | 文莱 | 23 | 波斯尼亚和塞哥维那 | 11 | 捷克 | 4 |
| 不丹 | 148 | 乌兹别克斯坦 | 36 | 摩尔多瓦 | 23 | 保加利亚 | 11 | 科威特 | 4 |
| 印度尼西亚 | 126 | 埃及 | 33 | 泰国 | 20 | 立陶宛 | 10 | 波兰 | 3 |
| 菲律宾 | 114 | 塔吉克斯坦 | 32 | 拉脱维亚 | 18 | 新加坡 | 10 | 巴勒斯坦 | — |

██ 每10万例活产

图 2-65　2015 年"一带一路"国家产妇死亡率情况

（数据来源：*World Health Statistics* 2018）

　　随着医疗卫生水平的逐步提高，大部分"一带一路"国家的产妇死亡率有所降低，2015 年，老挝产妇死亡率虽仍高达 197 例，但已较 2010 年降低 58.1％。印度尼西亚产妇死亡率为 126 例，较 2010 年降低 42.7％。柬埔寨、巴基斯坦产妇死亡率较 2010 年分别降低了 35.6％、31.5％。印度及缅甸产妇死亡率相较 2010 年降低幅度较小，仍需加强医疗卫生体系建设。（图 2-66）

### （2）阿曼 5 岁以下儿童死亡率最高

　　2016 年，全球 5 岁以下儿童死亡人数首次降至 560 万，但每天仍有约 15 000 个孩子在 5 岁生日来临之前死亡，其中急性呼吸道感染、腹泻和疟疾是死亡的主要原因。"一带一路"国家 5 岁以下儿童死亡率低于全球平均水平（41‰），为 18.3‰。阿曼、吉尔吉斯斯坦、

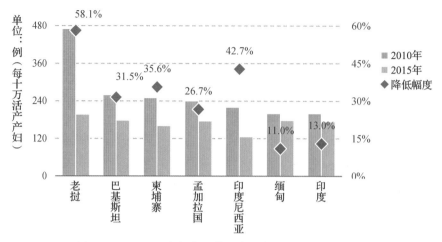

图 2-66　2010、2015 年部分"一带一路"国家产妇死亡率变化情况

（数据来源：*World Health Statistics* 2018、"世界银行"网站）

越南 5 岁以下儿童死亡率较高，分别为 78.8‰、63.9‰、55.3‰。中国 5 岁以下儿童死亡率为 9.9‰，虽低于"一带一路"国家儿童的平均死亡率，但与斯洛伐克、塞尔维亚、埃及、克罗地亚等国有一定差距，其中，斯洛伐克 5 岁以下儿童死亡率最低，为 2.3‰。印度 5 岁以下儿童死亡率为 26.4‰，作为人口大国其 5 岁以下儿童死亡人数占全球的 24％。（图 2-67）

| | | | | | | | | | |
|---|---|---|---|---|---|---|---|---|---|
| 阿曼 | 78.8 | 保加利亚 | 30.6 | 阿尔巴尼亚 | 13.4 | 马来西亚 | 8.5 | 格鲁吉亚 | 5.2 |
| 吉尔吉斯斯坦 | 63.9 | 巴基斯坦 | 27.1 | 俄罗斯 | 12.9 | 波兰 | 8.5 | 柬埔寨 | 4.7 |
| 越南 | 55.3 | 印度 | 26.4 | 东帝汶 | 12.7 | 哈萨克斯坦 | 8.4 | 菲律宾 | 4.7 |
| 土耳其 | 51.0 | 阿拉伯联合酋长国 | 24.1 | 塔吉克斯坦 | 12.2 | 立陶宛 | 8.3 | 老挝 | 4.6 |
| 黑山 | 50.8 | 捷克 | 22.8 | 泰国 | 12.2 | 拉脱维亚 | 8.1 | 孟加拉国 | 3.9 |
| 马其顿 | 49.7 | 乌兹别克斯坦 | 21.6 | 约旦 | 11.4 | 罗马尼亚 | 7.7 | 蒙古 | 3.8 |
| 叙利亚 | 43.1 | 科威特 | 21.1 | 爱沙尼亚 | 10.7 | 乌克兰 | 7.6 | 伊拉克 | 3.6 |
| 匈牙利 | 43.0 | 马尔代夫 | 17.9 | 尼泊尔 | 10.7 | 阿塞拜疆 | 7.6 | 克罗地亚 | 3.2 |
| 缅甸 | 34.5 | 以色列 | 17.6 | 波斯尼亚和黑塞哥维那 | 9.9 | 文莱 | 7.6 | 埃及 | 2.9 |
| 巴林 | 34.2 | 斯里兰卡 | 17.5 | 中国 | 9.9 | 不丹 | 6.0 | 塞尔维亚 | 2.8 |
| 白俄罗斯 | 32.4 | 卡塔尔 | 15.9 | 斯洛文尼亚 | 9.4 | 新加坡 | 5.9 | 斯洛伐克 | 2.3 |
| 伊朗 | 31.2 | 印度尼西亚 | 15.1 | 土库曼斯坦 | 9.1 | 沙特阿拉伯 | 5.8 | 也门 | — |
| 亚美尼亚 | 30.9 | 阿富汗 | 13.5 | 摩尔多瓦 | 9.0 | 黎巴嫩 | 5.3 | 巴勒斯坦 | — |

■ 每1000名活产婴儿

图 2-67　2016 年"一带一路"国家 5 岁以下儿童死亡率情况

（数据来源：*World Health Statistics* 2018）

## （二）"一带一路"国家公共卫生情况

"一带一路"国家公共卫生水平相对较低，随着"一带一路"建设不断推进，人员交流往来日益频繁，"一带一路"国家传染性疾病暴发与传播等风险将不断升高。本节将就传染性疾病、慢性非传染性疾病以及疫苗免疫接种情况对"一带一路"各国的公共卫生情况进行统计描述。

## 1. "一带一路"国家传染性疾病情况

### (1)结核病在东南亚地区流行严重

结核病是全世界的第九大死因,在传染性疾病中排名第一。2016 年,全球约有 130 万艾滋病病毒阴性的结核病人死亡,其中 90％是成年人,65％是男性,56％的患者来自印度、印度尼西亚、中国、菲律宾、巴基斯坦 5 个"一带一路"国家。耐药性患者新发 60 万人,其中 49 万人是耐多药性结核病(MDR-TB)患者,47％来自印度、中国和俄罗斯。从"一带一路"国家结核病发病率来看,东南亚地区占比最高,菲律宾每 10 万人口结核病发病率高达 554 例,东帝汶、印度尼西亚次之,每 10 万人口结核病发病率分别为 498 例、391 例。南亚地区中巴基斯坦每 10 万人口结核病发病率高达 268 例,孟加拉国、印度紧随其后,分别为 221 例、211 例。其他地区中,阿富汗、蒙古、吉尔吉斯斯坦、摩尔多瓦每 10 万人口结核病发病率均超过100 例。(图 2-68)

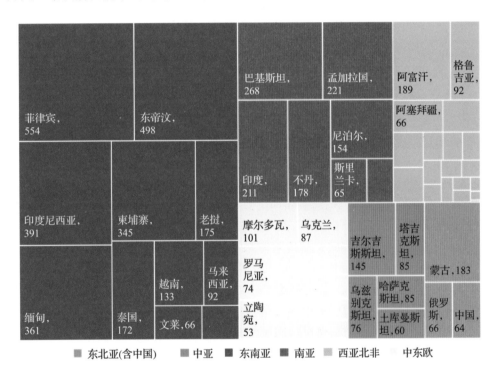

图 2-68 2016 年部分"一带一路"国家每 10 万人口结核病发病率情况

(数据来源:*World Health Statistics* 2018)

### (2)艾滋病抗逆转录病毒治疗法覆盖率偏低

2016 年,全球约有 100 万人死于艾滋病相关疾病,其中 12 万人是 15 岁以下的儿童。抗逆转录病毒治疗法(ART)使艾滋病相关死亡人数减少,但仅覆盖了艾滋病病毒感染者的 53％。从"一带一路"国家艾滋病病毒感染及治疗情况来看,2016 年,摩尔多瓦、乌克兰、格鲁吉亚、拉脱维亚、马来西亚、印度尼西亚等国处于高危区,即艾滋病病毒感染率大于 0.15‰,抗逆转录病毒治疗法覆盖艾滋病病毒感染者百分比小于 50％。克罗地亚、卡塔尔、罗马尼亚、柬埔寨等国处于相对安全的区域,即艾滋病病毒感染率小于 0.15‰,且抗逆转录病毒治疗法覆盖率大于50%。阿富汗、伊朗、孟加拉国、也门等国处于低感染区,虽然艾滋病病毒感染率小于0.15‰,但抗逆转录病毒治疗法覆盖率小于50%。各国亟须加强抗逆转录病毒治疗法的普及,防止感染率再度上升。(图2-69)

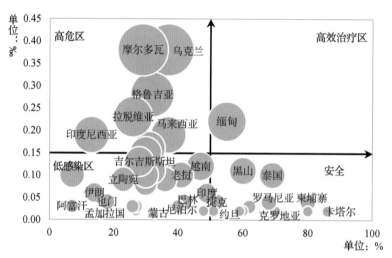

图2-69　2016年部分"一带一路"国家艾滋病病毒感染及治疗情况

(数据来源:*World Health Statistics* 2018、"世界银行"网站)

### (3)东南亚地区5岁以下儿童乙肝表面抗原患病率最高

2015年,全球大约有3.25亿人感染慢性乙肝病毒或丙肝病毒,世界卫生组织已将病毒性肝炎列为全球公共卫生面临的重要威胁之一。病毒性肝炎是全球第七大死亡原因,2015年共造成134万人死亡,与结核病和艾滋病导致的死亡人数相当。目前儿童乙肝疫苗接种覆盖率逐步上升,乙肝新发感染数也将逐步下降。2015年,东南亚地区的"一带一路"国家5岁以下儿童乙肝表面抗原患病率最高,其中,缅甸高达2.0%,老挝、越南分别为1.9%、1.2%。中东欧地区中,阿尔巴尼亚、斯洛文尼亚5岁以下儿童乙肝表面抗原患病率较高,依次为1.3%、1.0%。南亚地区中,巴基斯坦5岁以下儿童乙肝表面抗原患病率高达2.8%,在"一带一路"国家中排名第一,孟加拉国患病率为1.4%。西亚北非地区中,也门5岁以下儿童乙肝表面抗原患病率为2.5%,仅次于巴基斯坦。东北亚(含中国)及中亚地区中,仅蒙古5岁以下儿童乙肝表面抗原患病率较高,达1.7%,其他国家均不足1%。(图2-70)

### 2."一带一路"国家慢性非传染性疾病情况

2016年,全球共有5 700万人死亡,约有4 100万人因慢性非传染性疾病(NCDs)死亡,占死亡总人数的71%。而此类死亡最主要由四个非传染性疾病引起,即心血管疾病(1 790万人死亡,占所有非传染性疾病死亡人数的44%)、癌症(900万人死亡,占所有非传染性疾病死亡人数的22%)、慢性呼吸道疾病(380万人死亡,占所有非传染性疾病死亡人数的9%)和糖尿病(160万人死亡,占所有非传染性疾病死亡人数的4%)。从"一带一路"国家30~70岁人群因心血管疾病、癌症、慢性呼吸系统疾病、糖尿病死亡的可能性来

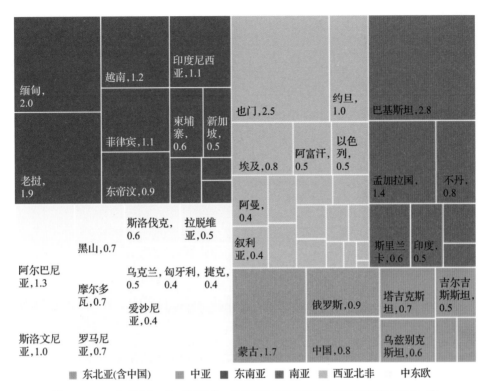

■ 东北亚(含中国)　■ 中亚　■ 东南亚　■ 南亚　■ 西亚北非　■ 中东欧

图 2-70　2015 年部分"一带一路"国家 5 岁以下儿童乙肝表面抗原患病率情况(单位:%)

(数据来源:*World Health Statistics* 2018)

看,也门该类人群因四类疾病而死亡的可能性达到了 30.6%,高居第一位。蒙古、阿富汗、土库曼斯坦、埃及该类人群因四类疾病而死亡的可能性在"一带一路"国家中比较靠前,死亡概率分别为 30.2%、29.8%、29.5%、27.7%。与之相反,新加坡、以色列、巴林、斯洛文尼亚、马尔代夫该类人群因四类疾病死亡的可能性较低,死亡概率均不足 15%。(图 2-71)

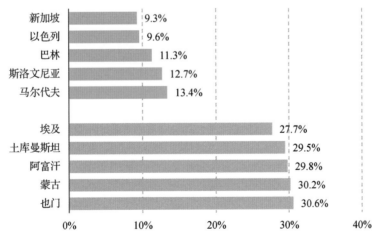

图 2-71　2016 年部分"一带一路"国家 30～70 岁人群因 NCDs 死亡可能性排名

(数据来源:*World Health Statistics* 2018)

### 3."一带一路"国家疫苗免疫接种情况

疫苗免疫接种每年能挽救 200 万~300 万儿童的生命。疫苗保护儿童免受严重疾病的威胁,在终结可预防的儿童死亡方面发挥着核心作用。目前,受疫苗保护的儿童比例达历史最高水平,但仍有近五分之一的婴儿尚未接种维持生命和健康成长所需的基本疫苗。

**(1)百日咳(DTP3)免疫接种覆盖率有待提升**

2016 年,71.9%的"一带一路"国家 1 岁儿童 DTP3 免疫接种覆盖率在 90%以上,其中,中国、马尔代夫、巴林等国的 1 岁儿童 DTP3 免疫接种覆盖率高达 99%。15.6%的"一带一路"国家 1 岁儿童 DTP3 免疫接种覆盖率达 80%~90%,包括黑山、印度、罗马尼亚等国。6.3%的"一带一路"国家 1 岁儿童 DTP3 免疫接种覆盖率为 70%~80%,另 3.1%的"一带一路"国家 1 岁儿童 DTP3 覆盖率为 60%~70%。叙利亚和乌克兰两国的 1 岁儿童 DTP3 免疫接种覆盖率低于 60%,免疫接种率分别为 42%、19%。(图 2-72)

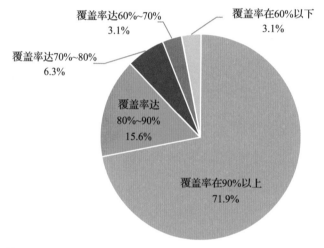

图 2-72 2016 年"一带一路"国家 1 岁儿童 DTP3 免疫接种覆盖率情况

(数据来源:*World Health Statistics* 2018)

**(2)第二剂含麻疹成分的疫苗(MCV2)免疫接种覆盖率较低**

2016 年,推荐年龄 MCV2 免疫接种率偏低,仅 65.1%的"一带一路"国家推荐年龄 MCV2 免疫接种覆盖率在 90%以上,包括中国、巴林、匈牙利等国。拉脱维亚、保加利亚等 11.1%的"一带一路"国家推荐年龄 MCV2 免疫接种覆盖率达 80%~90%。6.3%的"一带一路"国家推荐年龄 MCV2 免疫接种覆盖率达 70%~80%。3.2%的"一带一路"国家覆盖率达 60%~70%。仍有 14.3%的"一带一路"国家推荐年龄 MCV2 免疫接种覆盖率低于 60%,包括东帝汶、尼泊尔、乌克兰等国。(图 2-73)

**(3)缅甸肺炎球菌结合物第三剂量(PCV3)免疫接种覆盖率较低**

2016 年,"一带一路"国家 1 岁儿童 PCV3 免疫覆盖情况中,乌兹别克斯坦、科威特、阿拉伯联合酋长国等国 1 岁儿童 PCV3 免疫率较高,覆盖率达 99%。缅甸的免疫率最低,仅覆盖 1 岁儿童总数的 14%。俄罗斯、菲律宾、尼泊尔、斯洛文尼亚 1 岁儿童 PCV3 免疫接种覆盖率较低,均不足 60%。(图 2-74)

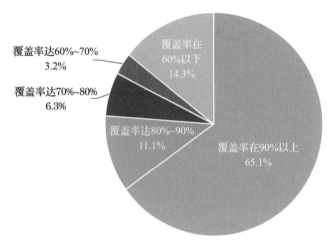

图 2-73  2016 年"一带一路"国家推荐年龄 MCV2 免疫接种覆盖率情况

（数据来源：*World Health Statistics* 2018）

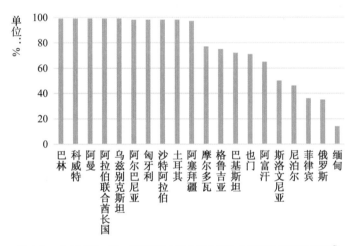

图 2-74  2016 年"一带一路"国家 1 岁儿童 PCV3 免疫接种覆盖率情况[①]

（数据来源：*World Health Statistics* 2018）

## （三）"一带一路"国家医疗卫生资源情况

"一带一路"国家多为发展中国家，医疗卫生事业发展相对滞后，医疗卫生投入相对不足。本节将从医疗卫生人力配置及医疗卫生支出情况对"一带一路"国家医疗卫生资源总体配置现状进行描述。

### 1. "一带一路"国家医生密度情况

运作良好的医疗卫生系统需要一支合格的人力队伍，可供居民公平地分配和使用。根据 2007—2016 年的数据，全球有 76 个国家报告每千人中的医生少于 1 名，其中 16 个

---

①  中国、白俄罗斯、捷克等国家数据缺失。

是"一带一路"国家。从"一带一路"国家医生密度来看,中东欧地区国家医生密度整体偏高,匈牙利医生密度高达 4.8‰,位列第一,白俄罗斯、保加利亚次之,医生密度均达到 4.0‰,仅爱沙尼亚、马其顿、拉脱维亚 3 国医生密度低于 1‰。东北亚(含中国)及中亚地区国家医生队伍也较为完善,医生密度均超过 1.5‰。东南亚、南亚、西亚北非地区医生队伍建设水平参差不齐,各国家之间医生密度差异较大。东南亚地区中,马来西亚医生密度高达 4.4‰,而印度尼西亚、柬埔寨分别仅为 0.8‰、0.1‰。南亚地区中,印度医生密度达 3.1‰,尼泊尔、孟加拉国、不丹均不足 1.0‰。西亚北非地区中,沙特阿拉伯医生密度达 4.0‰,阿富汗、伊朗、土耳其均不足 0.5‰。(图 2-75)

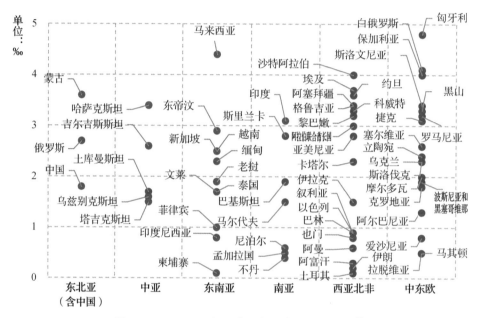

图 2-75　2007—2016 年"一带一路"国家医生密度情况①

(数据来源:*World Health Statistics* 2018)

从每千人医生数量占比情况来看,25.4% 的"一带一路"国家医生密度不足 1‰,仅 8.0% 的"一带一路"国家医生密度达 4‰ 及以上。其余国家的医生密度为 1‰～4‰。(图 2-76)

### 2."一带一路"国家护理和助产人员密度情况

根据 2007—2016 年的数据,全球有 87 个国家报告每千人中的护理和助产人员少于 3 名,其中"一带一路"国家占 27.6%。从"一带一路"国家护理和助产人员密度来看,东北亚地区中,蒙古、俄罗斯护理和助产人员密度较高,分别为 8.2‰、6.4‰,中国护理和助产人员密度偏低,仅为 2.3‰,低于"一带一路"国家的平均水平。中亚地区中,吉尔吉斯斯坦护理和助产人员密度达 7.0‰,塔吉克斯坦、土库曼斯坦均不足 3.0‰。东南亚地区中,越南的护理和助产人员队伍建设最为完善,密度高达 12.5‰,在"一带一路"国家中位

①　波兰、巴勒斯坦数据缺失。

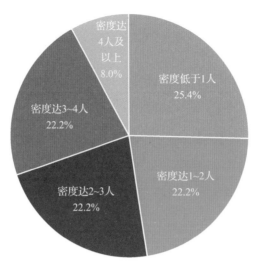

图 2-76　2007—2016 年"一带一路"国家每千人医生数量占比情况

（数据来源：*World Health Statistics* 2018）

居首位，而印度尼西亚、柬埔寨、菲律宾密度极低，分别为 2.1‰、1.0‰、0.5‰。南亚地区中，斯里兰卡护理和助产人员密度最高，为 8.8‰，不丹、尼泊尔、孟加拉国仅为 1.5‰、0.9‰、0.3‰。西亚北非地区中，沙特阿拉伯、科威特、埃及护理和助产人员密度超过了 8‰，阿富汗却低至 0.4‰。中东欧地区中，白俄罗斯护理和助产人员密度高达 11.4‰，而波兰仅为 0.2‰。（图 2-77）

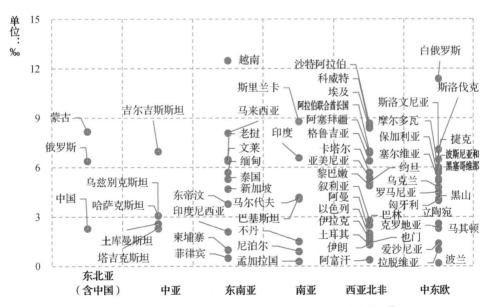

图 2-77　2007—2016 年"一带一路"国家护理和助产人员密度情况[①]

（数据来源：*World Health Statistics* 2018）

---

① 巴勒斯坦、阿尔巴尼亚数据缺失。

从每千人护理和助产人员数量占比情况来看,仅 3.2%的"一带一路"国家护理和助产人员密度达 9‰及以上。约 14.3%的"一带一路"国家护理和助产人员密度为 7‰~9‰。约 27.0%的"一带一路"国家护理和助产人员密度为 5‰~7‰。约 17.5%的"一带一路"国家护理和助产人员密度为 3‰~5‰。护理和助产人员密度低于 3‰的"一带一路"国家数量最多,占比高达 38.0%。(图 2-78)

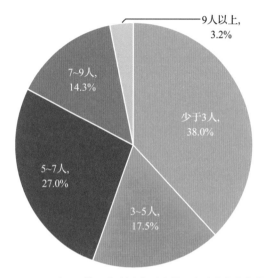

图 2-78　2007—2016 年"一带一路"国家每千人护理和助产人员数量占比情况

(数据来源:*World Health Statistics* 2018)

### 3."一带一路"国家医疗卫生支出情况

一个国家的医疗卫生费用投入是实现社会公平、保障公民健康的重要手段,也是医疗科技水平发展的体现。2015 年"一带一路"国家的医疗卫生支出占 GDP 比重差异很大(图 2-79),马尔代夫医疗卫生支出占 GDP 比重达 11.5%,居"一带一路"国家首位。阿富汗、摩尔多瓦、亚美尼亚、塞尔维亚医疗卫生支出占 GDP 比重较高,与马尔代夫共同跻身"一带一路"国家前五位。孟加拉国、文莱、巴基斯坦、老挝及斯里兰卡医疗卫生支出占 GDP 比重在"一带一路"国家中较低,均未超过 3.0%。中国医疗卫生支出占 GDP 比重仅为 5.3%,低于"一带一路"国家平均水平。

人均医疗卫生支出可衡量一个国家的经济发展程度,人均医疗卫生支出越高,则该国的发展水平常常更高。2015 年"一带一路"国家中,以色列人均医疗卫生支出高达 2 756 美元,位列第一;新加坡人均医疗卫生支出达 2 280 美元,位列第二;卡塔尔紧随其后,人均医疗卫生支出达 2 030 美元。孟加拉国、巴基斯坦、尼泊尔、老挝、缅甸与之相差较大,人均医疗卫生支出极低,均不足 60 美元。(图 2-80)

公共医疗卫生支出在医疗卫生支出中所占的比例越高,则该国的经济发展水平常常较高。若私营医疗卫生支出,特别是个人医疗卫生支出的比例很高,往往给相对贫困国家的人们带来更大的医疗负担。2015 年"一带一路"国家中,文莱的公共医疗卫生支出占比高达 94.0%,居首位。阿曼公共医疗卫生支出占比达 88.3%,仅次于文莱。卡塔尔、科威特、捷克等国的公共医疗卫生支出占比均高于 75.0％，在"一带一路"国家中位列前茅。阿富汗的公共医疗卫生支出占比仅为 5.2％。此外，孟加拉国、亚美尼亚、尼泊尔等国公共医疗卫生支出占比均低于 30.0％，国家居民医疗负担较重。（图 2-81）

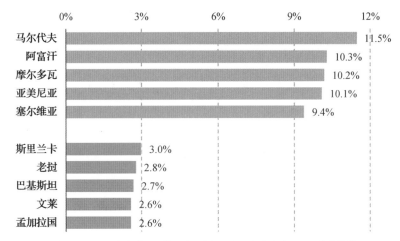

图 2-79　2015 年部分"一带一路"国家医疗卫生支出占 GDP 比重情况

（数据来源：*World Health Statistics* 2018）

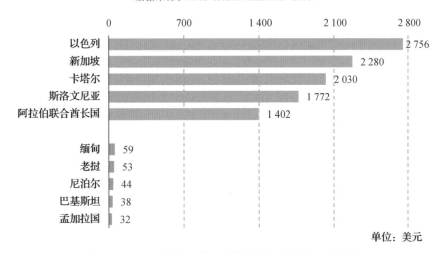

图 2-80　2015 年部分"一带一路"国家人均医疗卫生支出情况

（数据来源：*World Health Statistics* 2018）

## （四）"健康丝绸之路"成果丰硕

近年来，我国与"一带一路"国家卫生合作交流不断深化，合作领域日益扩展，特别是《国家卫生计生委关于推进"一带一路"卫生交流合作三年实施方案（2015—2017）》发布以来，促成了一批影响大、受益广、效果好、口碑佳的早期收获项目，先后实施 41 项重大项目，在合作机制建设、传染病防控、卫生发展援助等多个领域取得了突破性和示范性成果，从而增强了沿线国家的获得感，医疗卫生合作对"一带一路"倡议实施的支撑与促进作用也日益显现。

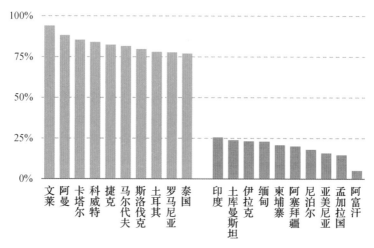

图 2-81　2015 年部分"一带一路"国家公共医疗卫生支出占比情况

（数据来源:"世界银行"网站）

### 1. 合作机制建设情况

我国加强了与沿线国家医疗卫生领域的高层互访,推动与沿线国家签署卫生合作协议,逐步形成"一带一路"建设框架下集政府间政策合作、机构间技术交流和健康产业展会为一体的系列卫生合作论坛。

2015 年,国家卫生计生委、宁夏回族自治区人民政府和阿盟秘书处等共同举办了中阿卫生合作论坛,通过大会、商务洽谈、医药展览等形式围绕论坛"加强医药技术合作推动卫生事业发展"的主题开展相关合作交流活动并讨论通过《银川宣言》。计划由宁夏医科大学总医院、宁夏回族自治区人民医院等国内近 20 家大型医疗机构与阿盟相关国家医疗机构筹备组建中阿医疗健康合作发展联盟。2016 年,在中国-东盟建立对话关系 25 周年之际,国家卫生计生委和广西壮族自治区人民政府联合举办首届中国-东盟卫生合作论坛,与"21 世纪海上丝绸之路"沿线国家围绕公共卫生领域开展政策对话与交流活动。此外,在中国-中东欧国家领导人会晤、部长级会议等合作框架下,中国与中东欧国家卫生合作领域不断拓展,内容不断丰富。在成功举办两届中捷卫生论坛的基础上,与捷克卫生部于 2015 年在布拉格共同举办中国-中东欧国家卫生部部长论坛,搭建中国-中东欧国家卫生合作平台,开拓中国-中东欧国家全方位合作新局面,促进中欧全面战略伙伴关系全面、均衡、可持续发展。

### 2. 传染病防控情况

我国逐步建立了与沿线国家的常见和突发急性传染病信息沟通机制,并强化与沿线国家的传染病跨境联防联控机制。重点加强与大湄公河次区域国家在艾滋病、疟疾、登革热、鼠疫、禽流感、流感和结核病等防控方面的合作,加强与中亚国家在包虫病、鼠疫等人畜共患疾病防控方面的合作,与西亚国家开展脊髓灰质炎消除等方面的合作,建立重大传染病疫情通报制度和卫生应急处置协调机制,提高传染病防控快速响应能力。

2015年,我国借助上海合作组织平台和新疆的地理优势,进一步拓展与中亚、西亚国家在传染病防控领域的交流合作,建立跨境传染病疫情通报制度和卫生应急处置协调机制,构建区域传染病联防联控工作网络,帮助巴基斯坦、阿富汗等国消除脊髓灰质炎,提高中亚和西亚国家重点传染病的综合应对能力。根据2015年与大湄公河次区域国家续签的《关于湄公河流域疾病监测合作的谅解备忘录》,联合广西、云南等边境省区,推进与大湄公河次区域国家开展传染性疾病的联合监测合作;并由中央财政支持,与老挝、缅甸和越南开展边境地区艾滋病、疟疾、登革热和鼠疫等传染性疾病防控合作,进一步推进与东盟国家和大湄公河次区域国家跨境传染病联防联控力度,扩大跨境疾病联防联控的涵盖病种和地域覆盖范围,形成有效的联防联控机制,帮助周边国家提高疾病防控能力。另通过开展湄公河地区青蒿素类疟疾治疗药物抗药性实时监测、研究和信息分享,进一步巩固湄公河地区青蒿素类疟疾治疗药物抗药性流域联防,监测并遏制流域青蒿素类抗疟药抗性传播,确保周边各国消除疟疾的实施进程。此外,在亚洲血吸虫病及其他重要蠕虫病防治研究网络核心国家17年合作的基础上,在血吸虫病主要流行或潜在流行的沿线国家,建立湄公河流域消除血吸虫病联合研究中心,推动了湄公河流域血吸虫病消除的策略与关键技术研究与应用。

### 3.卫生发展援助情况

半个世纪来,我国在充分调研沿线国家卫生需求的基础上,向部分欠发达国家或地区提供了多种形式的卫生援助,先后向沿线国家派遣医疗队,实施白内障手术,开展妇幼健康工程,累计派出2.4万人次,诊治患者2.8亿人次。在援助过程中,中方有51名队员因公牺牲。中国通过卫生援助推进沿线相关国家医疗卫生发展,获得了高度赞誉。

中国先后派出多支眼科医疗队赴柬埔寨、苏丹、缅甸、老挝、斯里兰卡、马尔代夫、坦桑尼亚、厄立特里亚等沿线国家开展"光明行"眼科义诊活动,累计为五千二百余名白内障患者实施免费复明手术。如云南省卫生计生委员会同云南省外事办公室,自2013年起,组织医疗队赴缅甸曼德勒开展"光明行"眼科义诊活动,已为当地白内障患者免费实施五百余例复明手术。同时,中国在沿线国家实施妇幼健康工程,推广儿科及妇产科适宜技术,有效提升了相关国家妇幼健康与救治服务能力,增进其妇女儿童健康水平。

## (五)经典案例

### 1."一带一路"倡议为中国-捷克医疗卫生合作带来机遇

"一带一路"倡议为拥有46亿人口的六十多个国家医疗卫生领域的交流合作带来了无限的契机,中医药的对外交流也随之进入了迅猛上升期。2017年,中医药已在全球183个国家和地区广泛传播,与外国政府、国际组织签订的中医药合作协议达86项,其中,在"一带一路"相关国家和地区建立了17个中医药海外中心,中国-捷克中医中心便是"一带一路"沿线中的一所。

捷克地处中东欧核心区域,是我国"一带一路"倡议中重要的合作国家之一。2013年上海市政府与捷克卫生部签署了传统医学领域合作协议,推进了中国-捷克两国在传统医学领域的合作。2015 年 4 月,上海中医药大学附属曙光医院与捷克赫拉德茨·克拉洛韦大学医院在上海共同签署了《中国-捷克传统中医药领域合作谅解备忘录》。2015 年 6 月,时任国务院副总理刘延东为中国-捷克中医中心揭牌,标志中医中心正式开业。2015 年 11 月,捷克卫生部、赫拉德茨·克拉洛韦大学医院、上海中医药大学附属曙光医院和中国华信能源有限公司在北京人民大会堂签署了《中国传统医药在捷克发展的合作谅解备忘录》,全面推动了该中心项目在捷克的发展。2016 年 3 月,习近平主席出访捷克,在捷克《权利报》发表署名文章,特别提到中东欧首家中医中心在捷克落户。两国首脑在共同发表的《中华人民共和国和捷克共和国关于建立战略伙伴关系的联合声明》中指出,双方将进一步支持中国传统医学在捷克和中东欧地区的传播、推广和应用,支持中国-捷克中医中心的不断建设和发展。作为首家由双方政府联合指导的"一带一路"中医药合作中心,肩负着中医药在中东欧地区不断深入推进发展的重要使命。

### 2. 中国-捷克医疗卫生科研与培训合作不断深入

随着中国-捷克中医中心的建立,两国在医疗卫生领域的科研与培训合作也不断深入。2016 年 6 月,在第二届中国-中东欧国家卫生部部长论坛上,根据上海中医药大学附属曙光医院与赫拉德茨·克拉洛韦大学医院、Aequa 科学平台和剑桥大学共同签署的《中医药研究合作备忘录》,合作各方将利用各自优势在中医药抗生素/抗病毒研究、阿尔茨海默病和老年性黄斑变性等疾病的中医药预防和治疗方面进行深入研究,为中国-捷克中医中心在科研方面的合作翻开新篇章。目前中国-捷克中医中心开展的课题包括针刺疗法对偏头痛患者的疗效研究、耳针疗法对子宫肿瘤手术后放化疗副作用的疗效、针灸疗法缓解支气管镜术后不适的研究等。

上海中医药大学附属曙光医院与赫拉德茨·克拉洛韦大学医院还根据双方的业务需求,结合各自的优势,不定期开展培训交流互访活动,如为捷克提供针刺麻醉和中医护理技术的观摩培训,上海中医药大学附属曙光医院派遣人员赴捷克学习先进的管理经验等。此外,中国-捷克两国正着手成立"中国-捷克中医中心"基金会,由捷克卫生部、赫拉德兹·克拉洛韦大学医院、中国华信能源有限公司和上海中医药大学附属曙光医院共同构成,以进一步推进医疗卫生事业在捷克的发展。

### 3. 中国-捷克医疗卫生交流合作效果显著

习近平主席 2016 年 3 月访问捷克期间,中捷双方举行了一系列医药卫生领域的交流活动,如中医药学术论坛、中国传统气功、太极拳、八段锦教练活动等。中国-捷克中医中心门诊部建设也运行良好,上海中医药大学附属曙光医院通过派遣高资质、高学历、富有临床经验的中医师赴捷克开展诊疗工作,日均门诊量高达 50～60 人次,预约患者排队至次年。中医对顽固性颈肩腰腿痛和各种神经系统等慢性疾病的治疗具有明显优势,其显著的疗效获得广泛的患者支持,且得到当地西医医生的认可。目前,捷克已将中医药疗法纳入国家医保系统,成为中东欧第一个也是目前唯一把中医纳入国家医保报销范畴的国家。

另一方面,捷克优质的公共服务已获得国际社会的高度认可,特别是在医疗服务方面,捷克的院前医疗急救服务已经有一百多年的历史,其中空中医疗急救也有 30 年的历史,而我国在该方面仍处于发展的初级阶段。我国正在积极推动将捷克空中医疗急救、社区卫生等医疗公共服务领域的先进实践和丰富经验"引进来",从而推动国内航空医疗救援发展,促进建设"健康中国"。目前,中国与捷克航空医疗救援服务合作项目已在北京落地,中国-捷克医疗卫生领域合作进入新阶段,未来紧急医疗服务将覆盖更多中国城市。而捷克作为连接中东欧的载体所搭建的中国-捷克中医中心,将为中医药在中东欧地区的蓬勃发展提供更有利的保障,为中捷两国、中国与中东欧地区之间搭建坚固的合作桥梁。

## (六)数据分析

### 1."一带一路"中高等收入国家医疗卫生水平较高

医疗卫生水平很大程度上取决于国家经济水平,从肺结核、艾滋病等传染性疾病的发病率及感染率来看,这些疾病主要集中在中低收入国家。全球高收入国家每十万人结核病发病率平均仅为 12 例,中高收入国家为 74 例,而中低收入国家超过 220 例。"一带一路"国家中,作为中高收入国家的阿拉伯联合酋长国、以色列结核病发病率不足 5 例,作为中低收入国家的菲律宾、东帝汶结核病发病率高达 500 例,远高于其他国家及世界平均水平(114 例)。但中高等收入水平国家并不能放松对医疗卫生防控的警惕,如马来西亚艾滋病毒感染率高达 0.19‰,远高于一些中低收入国家。此外,大部分国家经济状况较好,优质医疗卫生资源充足,国民健康水平很高。

"一带一路"国家要加强医疗卫生领域的交流合作,打破国与国之间的壁垒,共同提高公民健康水平。通过中高等收入国家帮助中低等收入国家完善国民医疗卫生政策,辅助培养医疗卫生人才,提升医疗卫生服务水平,同时向中低等收入国家提供传染病及常见病的诊疗技术和药品、医疗卫生基础设施等,尽可能提高"一带一路"国家医疗卫生的整体水平。

### 2."一带一路"国家医疗卫生资源配置不均衡

"一带一路"国家之间医疗卫生资源配置不均衡,并且显示出极大的两极分化现象。医疗卫生人力资源方面,匈牙利、马来西亚等 19 个国家医生密度高达 3.2‰～4.8‰,远高于世界平均水平(2.1‰),而土耳其、柬埔寨、伊朗等 17 个国家均不足 1‰。越南、白俄罗斯等 28 个国家护理和助产人员密度高达 5.0‰～12.5‰,远高于世界平均水平(4.4‰),而波兰、孟加拉国等国不仅远低于同期世界平均水平,甚至每千人的护士和助产人员数配比不足 1。尤其"一带一路"中政局不稳定、医疗卫生资源配置率低的国家,人群对医疗卫生资源的需求相对更高,这种供需矛盾导致医疗卫生事业发展不均衡凸显,不仅严重威胁了国民健康,也在很大程度上影响了"一带一路"国家人群的整体健康水平。

"一带一路"国家医疗卫生资源配置不充足,医疗卫生投入较低。一方面,超九成的"一带一路"国家未达到全球医疗卫生支出占 GDP 比重的平均水平(9.9%)。孟加拉国、巴基斯坦等 24 个国家未达到世界卫生组织要求的医疗卫生保健标准(医疗卫生支出占 GDP 的 5%)。另一方面,全球人均医疗卫生支出平均为 1 001 美元,超过 80% 的"一带一路"国家低于全球平均水平。此外,大部分"一带一路"国家公共医疗投入较低,个人自负比例高,超过半数的国家医疗卫生公共支出占比低于全球平均水平(59.2%),阿富汗医疗卫生公共支出仅占医疗卫生支出总额的 5.2%,国民就医负担极为沉重。综上,"一带一路"国家医疗卫生资源配置率较低,健康事业发展水平不充分。

### 3. "一带一路"国家医疗卫生事业发展水平亟待提升

由于经济环境、社会环境、自然环境、生活方式等多种因素的差异性,"一带一路"各个国家医疗卫生事业发展水平参差不齐。其中,传染性疾病主要使中低收入水平国家的负担居高不下,而慢性非传染性疾病主要令中高收入国家的负担逐渐加重,且随着全球经济的迅速发展,慢性非传染性疾病自高收入国家向中低收入国家蔓延。提升"一带一路"国家医疗卫生事业发展水平的主要途径包含以下几点:

一是提高"一带一路"中低收入国家基本卫生设施的改善率,将有助于控制该类国家传染病的发生与蔓延,从而提升区域卫生水平。二是建立"一带一路"国家良好的慢性病管理模式,效仿新加坡、以色列等国通过提高全社会对健康风险以及慢性病防控知识的普及,从而有效控制国家慢性非传染性疾病的发病率和致死率,提高人群健康水平。三是扩大"一带一路"国家之间的卫生合作,积极参与有关医疗卫生的基础设施建设项目,同时中高收入国家应加大对中低收入国家的医疗卫生援助力度。此外,"一带一路"各国应努力推动医疗卫生教育合作,扩大互派留学生规模,使各国医疗事业发展经验惠及他国,以带动"一带一路"国家医疗卫生健康事业整体发展。

## 六、旅游·美食

在"一带一路"倡议付诸实践的过程中,美食扮演着重要角色。它是文化互鉴的感染剂,是政治沟通的润滑剂,是经济贸易的黏合剂,是民心相通的亲和剂。同时,美食也牵引着食客的味蕾,食客们追随着食物的味道遍访全球。来往的食客们增加了各国间的人员往来频次,在品尝着世界各地的美食的同时,也带动了当地旅游产业发展。而旅游产业是拉动经济发展的重要动力,是传播文明、交流文化、增进友谊的桥梁,是衡量人民生活水平的一个重要指标。旅游已经成为一种超越地域、国界、阶层、种族、宗教和文明的巨大力量,增进世界各国和不同人群的交流、交往、理解和认同。"一带一路"不仅是商贸之路、文化之路、沟通之路、和平之路、发展之路,更是旅游之路和美食之路。"民心相通"是"一带一路"的重要议题之一,而旅游和美食无疑是民间交流最好的催化剂。

### (一)"一带一路"沿线国家旅游资源

#### 1.沿线国家景点数量分布

#### (1)"一带一路"沿线地区中,东南亚地区景点数居首

根据马蜂窝数据研究中心的数据,截至 2016 年底,东南亚地区共计 2 973 个景点,占比超过沿线国家景点总数的三分之一。南亚地区以 1 929 个景点数量排在东南亚地区之后,占比为 21.7%。中东欧地区与西亚北非地区的景点总数位列第三、第四位,分别占比为 17.8%、13.8%。东北亚地区的景点数量占比为 12.8%,与西亚北非的景点数量大致相当。中亚地区各国景点数量较少,共计 40 个,仅占 0.4%。(图 2-82)

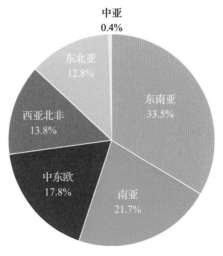

图 2-82  截至 2016 年底"一带一路"各地区景点数的占比

(数据来源:马蜂窝数据研究中心)

**（2）沿线国家中，印度的景点数量最多**

根据马蜂窝数据研究中心统计的各国的景点数量，截至 2016 年底，在沿线国家中，印度以 1 321 个景点成为沿线各国中景点数量最多的国家；其次为俄罗斯，景点的数量达 1 097 个。（图 2-83）"一带一路"沿线各国的平均景点数量为 141 个，有 17 个国家的景点数量超过平均数量，共有 39 个国家的景点数量不足 100 个，其中 12 个国家的景点数量不足 10 个。（图 2-84）

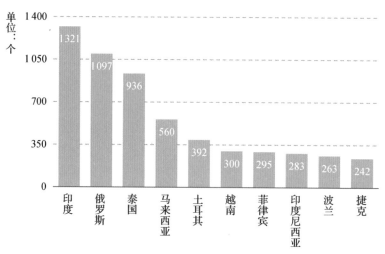

图 2-83　截至 2016 年底景点数量排名前十的沿线国家

（数据来源：马蜂窝数据研究中心）

■ 拥有景点数10~100个的国家　　■ 拥有景点数不足10个的国家

（单位：个）

图 2-84　截至 2016 年底沿线国家景点数量为 10～100 个和不足 10 个的国家

（数据来源：马蜂窝数据研究中心）

## 2."一带一路"沿线国家酒店数量分布

### (1)沿线国家特色酒店数量较多

根据猫途鹰网的数据(截至 2018 年 6 月),在沿线国家为旅客提供的酒店中,大致可以分为特色酒店、家庭式酒店和普通酒店三种类型。这三类酒店中,特色酒店的数量最多,达 36 419 所,占比为 36.7%;家庭式酒店的数量也占有较高比例,为 34 242 所,占比为 34.5%;普通酒店数量为 28 687 所,占比为 28.8%。(图 2-85)

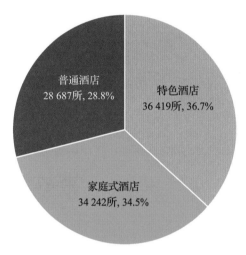

图 2-85 截至 2018 年 6 月沿线国家酒店类型及比例

(数据来源:猫途鹰网)

### (2)"一带一路"沿线各地区中,中东欧的酒店数量最多

根据猫途鹰网的数据(截至 2018 年 6 月),"一带一路"沿线各地区共有酒店99 348 所,其中,中东欧地区的各类酒店的总数最多,为 38 711 所,占比约 39.0%。东南亚地区和西亚北非地区的酒店数量占比分别约为 23.0% 和 19.5%(分别有 22 896 所和19 326 所)。中亚地区的酒店数量最少,只有 3 088 所,占比约为 3.1%。(图 2-86)

## 3. 中国与沿线国家开通空中直航航班情况

### (1)中国与 43 个沿线国家开通空中直航航班

截至 2017 年底,在沿线国家中,包括刚刚恢复的中国与塞尔维亚中断了 17 年的航线,中国共与 43 个沿线国家开通了空中直航航班。其中,中国与沿线国家互通空中直航航班的国家有 41 个(匈牙利和白俄罗斯与中国只有单向空中直航航班:只有中国到白俄罗斯和匈牙利到中国的航班)。中国尚未与阿尔巴尼亚、爱沙尼亚、保加利亚、波斯尼亚和黑塞哥维那、黑山、拉脱维亚、立陶宛、罗马尼亚、摩尔多瓦、马其顿、斯洛伐克、斯洛文尼亚、巴勒斯坦、巴林、科威特、叙利亚、亚美尼亚、也门、约旦、不丹、东帝汶这些国家开通空中直航航班。其中,未开通直航航班的国家中,中东欧地区的国家居多,东南亚地区仅东帝汶未与中国开通直航航班。

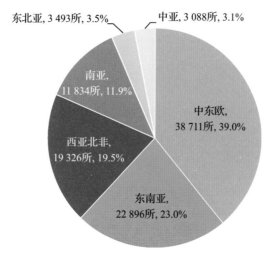

图 2-86  截至 2018 年 6 月"一带一路"沿线各地区酒店数量及占比

（数据来源：猫途鹰网）

**（2）中国与东南亚国家的空中直航航班来往最频繁**

2017 年从中国飞往沿线国家的空中直航航班数共计 257 856 次，中国到泰国的空中直航航班数最多，为 77 003 次，约占总航班数的 29.9%，中国到新加坡、越南的空中直航航班数紧随其后，分别以 30 728 次和 28 873 次，占比约为 11.9% 和 11.2%。马来西亚、菲律宾、印度尼西亚和柬埔寨航班数占比分别约为 10.9%、8.2%、5.0% 和 4.0%。空中直航航班数量占比前七名的国家均为东南亚国家，中国到这七国的航班数占中国与沿线国家航班总数的 81.1%。而中国直航到中东欧地区国家的航班数则很少，空中直航航班数占比仅为 0.5%。（图 2-87）

### 4. 中国与沿线国家签证政策情况

**（1）大部分沿线国家对中国实行落地签政策**

根据中国领事服务网上发布的其他国家对中国公民的旅游签证政策来看，在沿线国家中，对中国实行免签政策的国家有 5 个，为阿拉伯联合酋长国、波斯尼亚和黑塞哥维那、塞尔维亚、白俄罗斯、印度尼西亚，它们为中国公民到其国家旅游、走访等提供了极大的便利。其中印度尼西亚较为特殊，对持有中国护照的公民同时实行免签和落地签政策，免签入境需要提供有效期半年以上护照及离境机票，可停留 30 天，到期后不可延期。阿拉伯联合酋长国与塞尔维亚停留时间均为 30 天，波斯尼亚和黑塞哥维那政策更为宽松，每 180 天可停留 90 天，即近半年中，停留时间小于三个月都可免签。白俄罗斯每次停留时间不超过 30 天，一年内免签入境时间累计不超过 90 天。共有 22 个沿线国家对中国实行落地签政策，主要为西亚北非和东南亚地区的国家。便利的签证条件和优质的旅游资源对两国之间的旅游的发展有极大的促进作用。（图 2-88）

**（2）中国对沿线国家主要实行短期的免签政策**

沿线国家中，可免签入境中国的国家共有 6 个，其中新加坡、文莱为中国单方面免签国家，免签时间为 15 天，而阿拉伯联合酋长国、白俄罗斯、塞尔维亚、波斯尼亚和黑塞哥维那为互免国家，阿拉伯联合酋长国、白俄罗斯、塞尔维亚免签时间为 30 天，波斯尼亚和

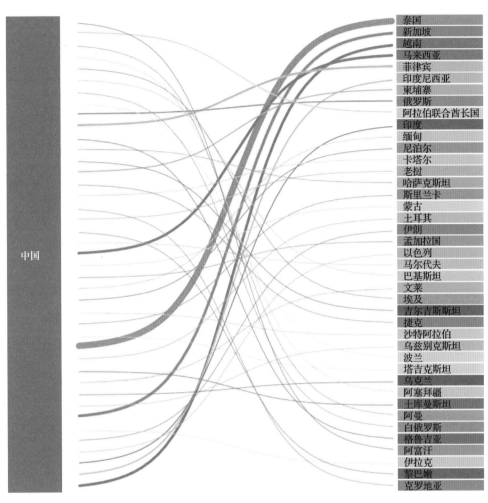

图 2-87  2017 年中国飞往沿线国家空中直航航班数

| 免签国家<br>（5国）<br>（截至2018年10月9日） | ·阿拉伯联合酋长国（互免）、波斯尼亚和黑塞哥维那（互免）、塞尔维亚（互免）、白俄罗斯（互免）<br>·印度尼西亚（单方免签） |
|---|---|
| 落地签<br>（22国）<br>（截至2018年10月9日） | ·阿塞拜疆、巴林、东帝汶、印度尼西亚、卡塔尔、老挝、黎巴嫩、马尔代夫、缅甸、尼泊尔、斯里兰卡、泰国、土库曼斯坦、文莱、伊朗、亚美尼亚、约旦、越南、柬埔寨、孟加拉国、埃及、乌克兰 |

图 2-88  沿线国家对持普通护照的中国公民入境旅游的便利待遇

（数据来源：中国领事服务网）

黑塞哥维那为 90 天。中国实行 72 小时或 144 小时免签政策,沿线国家中有 22 国列入许可名单中,但必须满足的条件为过境停留,即从某地出发过境中国,然后去往与出发地不同的另一目的地,当前这一政策的覆盖面正在逐步扩大,除去原有开放的浙江、上海、广州等地,新增了天津、北京、河北区域,未来还有可能进一步扩大。广东珠江三角洲对除不丹以外的其他所有沿线国家开放免签政策,但需要港澳合法旅行团组队,免签时间为 6 天。桂林与广东地区相似,但免签区域仅限东盟 10 国,同样需要组成旅行团(2 人以上),免签时间同样为 6 天。海南省免签的沿线国家为 28 个,停留时间为 30 天。(图 2-89)

| | |
|---|---|
| 免签国家<br>(6国) | ·文莱、新加坡<br>·阿拉伯联合酋长国(互免)、白俄罗斯(互免)、波斯尼亚和黑塞哥维那(互免)、塞尔维亚(互免) |
| 72/144小时过境免签<br>(特定省市口岸 详见附表五) | ·阿尔巴尼亚、阿拉伯联合酋长国、爱沙尼亚、白俄罗斯①、保加利亚、波斯尼亚和黑塞哥维那、波兰、俄罗斯、黑山、捷克、卡塔尔、克罗地亚、拉脱维亚、立陶宛、罗马尼亚、马其顿、塞尔维亚、斯洛伐克、斯洛文尼亚、文莱、乌克兰、新加坡、匈牙利 |
| 144小时免签<br>(广东珠江三角洲地区②) | ·建交的国家,"一带一路"沿线国家除不丹外均适用此政策 |
| 30天免签<br>(海南省③) | ·阿尔巴尼亚、阿拉伯联合酋长国、爱沙尼亚、保加利亚、波斯尼亚和黑塞哥维那、波兰、俄罗斯、菲律宾、哈萨克斯坦、黑山、捷克、卡塔尔、克罗地亚、拉脱维亚、立陶宛、罗马尼亚、马来西亚、马其顿、塞尔维亚、斯洛伐克、斯洛文尼亚、泰国、文莱、乌克兰、新加坡、匈牙利、印度尼西亚 |

图 2-89 中国对持普通护照的沿线国家公民入境旅游的便利待遇

(数据来源:国家移民管理局、中华人民共和国驻泰王国大使馆、中华人民共和国驻文莱达鲁萨兰国大使馆、中华人民共和国驻菲律宾共和国大使馆、央视网、民航资源网)

## (二)"一带一路"国家旅客交流情况

### 1."一带一路"国家入境旅客人数

#### (1)中东欧成为"一带一路"各地区中入境旅客数最多的地区

"一带一路"各地区中,2016 年中东欧地区入境旅客数最多,接近 3.2 亿人次,约占各地区入境旅客总数的 42.8%。东北亚地区(含中国)入境的旅客数量接近 1.8 亿人次,占

---

① 白俄罗斯只适用 144 小时过境免签,更新时间为 2018 年 1 月 18 日。

② 条件:持与中国建交国家的普通护照的已在香港、澳门的外国人,经在香港、澳门合法注册的旅行社组团进入广东珠江三角洲地区(指广州、深圳、珠海、佛山、东莞、中山、江门、肇庆、惠州市所辖行政区)旅游,更新时间为 2018 年 3 月 23 日。

③ 条件:持普通护照赴海南旅游,由在海南设立的旅行社接待,可从海南对外开放口岸免办签证入境,更新时间为 2018 年 5 月 1 日。

比约为 23.6%。西亚北非和东南亚地区当年入境旅客数量为 1 亿人次左右,占比分别约为 15.3% 和 14.0%。南亚和中亚地区的入境旅客较少,占比分别约为 2.7% 和 1.6%。(图 2-90)

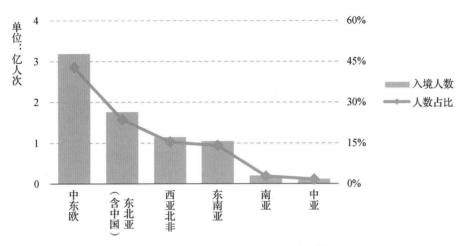

图 2-90　2016 年"一带一路"各地区入境旅客人数及比重

(数据来源:中华人民共和国商务部、中国经济网、中国国际贸易促进委员会湖州市委员会)

### (2) 中国为"一带一路"国家中入境旅客最多的国家

2016 年,中国接待的入境旅客数量达到了 1.42 亿人次,占"一带一路"国家入境总人数的 19.0%。中国成为"一带一路"国家中接待入境旅客最多的国家。波兰接待的入境旅客数量为 8 048 万人,占比为 10.8%。克罗地亚和匈牙利接待的旅客数量均在 5 000 万人以上,占比分别为 7.7%、7.1%。泰国当年接待旅客 3 500 万人次,占比为 4.7%。(图 2-91)

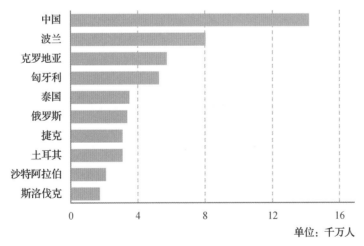

图 2-91　2016 年入境旅客数排名前十位的"一带一路"国家

(数据来源:中华人民共和国商务部、中国经济网、中国国际贸易促进委员会湖州市委员会)

### 2."一带一路"国家出行者的目的

**(1)"一带一路"国家旅客出行的目的以休闲度假为主**

2016年"一带一路"国家中以个人目的入境的人数远高于商务出行的人数,比重分别为87.6%和12.4%。以个人目的出行的旅客中,49.2%的出行者的目的是休闲度假,50.8%的出行者的目的为其他个人目的(如探亲等)。(图2-92)

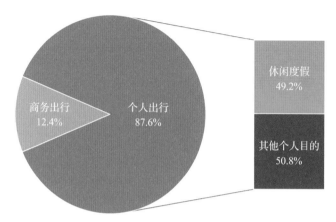

图 2-92 2016年入境"一带一路"国家旅客的目的

(数据来源:全球旅游数据库)

**(2)巴基斯坦商务入境的比例最高,马尔代夫多为个人出行**

从国家来看,入境马尔代夫的旅客几乎是个人出行。乌克兰、伊朗、埃及等国的入境旅客也多为个人出行。而入境巴基斯坦的旅客中,商务原因入境的比例最高,达到了34.5%,印度尼西亚、亚美尼亚和阿塞拜疆紧随其后,商务入境的人数比例均在30%以上。(图2-93)

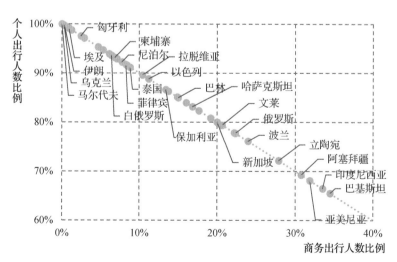

图 2-93 2016年"一带一路"各国旅客入境目的的比例

(数据来源:全球旅游数据库)

## (三)"一带一路"国家美食交流情况

### 1. 中国餐饮在沿线国家的传播情况

**(1)沿线国家中餐馆数量约占海外中餐馆总数的十分之一**

世界中餐业联合会发布的《全球中餐发展形势报告 2016》数据显示,目前海外中餐馆分布在全球五大洲,数量已超过 40 万家,市场规模超过 2 500 亿美元。海外的中餐馆以华人移居海外后出于谋生需要而开立的居多,只有极少数是国内餐饮企业到海外开设的分店或加盟店。大众点评平台收录了超过 20 万家中餐餐馆的记录信息,其数据显示,截至 2018 年 6 月,沿线国家的中餐馆的数量占海外中餐馆总数的 10.9%。(图 2-94)

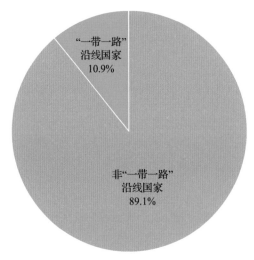

图 2-94　截至 2018 年 6 月中餐馆在沿线国家和非沿线国家的数量分布情况

(数据来源:大众点评平台数据)

**(2)沿线国家中餐馆主要集中在东南亚地区**

大众点评平台数据显示,中餐馆主要分布在"一带一路"沿线东南亚地区的部分国家。其中,马来西亚的中餐馆数量最多,共计 7 038 家,印度尼西亚拥有 4 681 家中餐馆。之后依次为泰国 2 214 家、新加坡 1 614 家、菲律宾 1 604 家。(图 2-95)

**(3)鼎泰丰等中餐品牌餐厅走向海外**

在海外餐饮品牌进入中国市场的同时,越来越多的中国餐饮企业也开始拓展海外市场。目前,鼎泰丰在日本、新加坡、印度尼西亚等国均有门店,远至美国、澳大利亚等国也有门店,海外门店总数已达 60 家,海底捞、黄记煌、全聚德海外门店数量分别为 20 家、6 家和 6 家。另外,近年眉州东坡、花家怡园、江边城外烤鱼也纷纷在海外试水成功。

### 2. 中国与沿线国家的食品贸易情况

**(1)菲律宾是中国在沿线国家中最大的食品出口市场**

从出口来看,菲律宾是中国在沿线国家中最大的食品出口市场,2017 年,出口额达到 8.5 亿美元,占中国对沿线国家食品出口额的 14.7%;其次是马来西亚,出口额为

7.0 亿美元,占比为 12.2％;对俄罗斯、泰国、印度尼西亚的出口额均超过 5 亿美元,分别为 6.6 亿美元、6.5 亿美元、5.6 亿美元。(图 2-96)

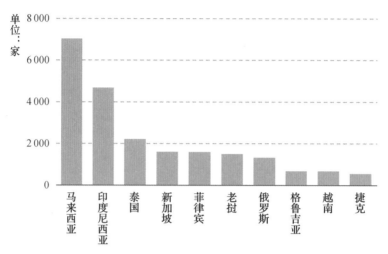

图 2-95 截至 2018 年 6 月中餐馆数量排名前十位的沿线国家

(数据来源:大众点评平台数据)

**(2)泰国是中国自沿线国家进口食品最多的国家**

从进口来看,泰国是中国自沿线国家进口食品最多的国家,2017 年,进口额为 6.3 亿美元,占中国自沿线国家食品进口额的 25.9％;其次是马来西亚,为 4.2 亿美元,占比为 17.3％;中国自印度尼西亚、越南、新加坡、菲律宾的进口额分别为 3.6 亿美元、3.0 亿美元、2.2 亿美元、1.0 亿美元;中国自其他国家的食品进口额均未超过 1 亿美元。(图 2-97)

## (四)经典案例

### 1.中泰(泰国)两国间旅游业发展稳定

中国游客赴泰选择的旅行目的地主要为曼谷、芭堤雅、普吉岛和甲米,近年来泰国的海岛游在中国游客中较受欢迎。中国游客喜欢去泰国旅游的主要原因是出行便利和性价比高,具体为距离相对近,签证便利,线路较丰富,当地旅游资源丰富且性价比高。2017 年,入境泰国外国旅客总规模超过 3 538.12 万人次,较 2016 年增长 8.6％。其中,中国游客 899.0 万人,较 2016 年增长 9.3％。中国持续保持泰国第一大入境客源国家排名,同时泰国也是中国第一大出境目的地国家。2016 年第四季度,受到泰国国内整顿旅游业及国王逝世的影响,中国赴泰人数骤减,2017 年已逐步恢复,2017 年 5 月起,中国赴泰人数连续 8 个月正增长。

泰国餐厅在中国分布较广,主要分布在中国一、二线城市的商业圈,其中:上海市 326 家,成都市 268 家,重庆市 175 家,北京市 137 家,广州市 117 家,昆明市 117 家。

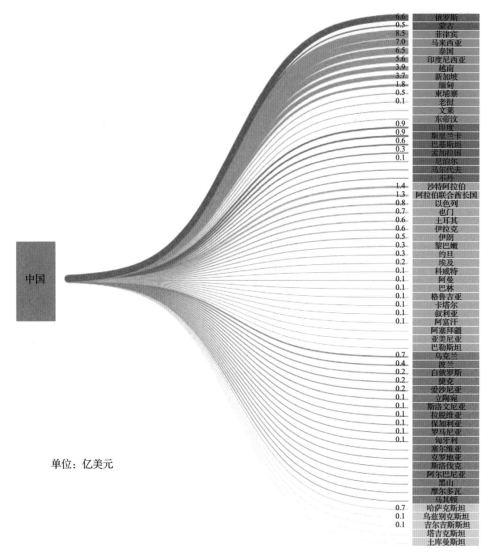

图 2-96  2017 年中国对沿线国家食品出口示意图

根据大众点评网的数据,泰国的中餐馆主要分布为:曼谷 613 家,清迈 126 家,普吉岛 111 家,素吻他尼 29 家,甲米 15 家,拜县 13 家,华欣 10 家,清莱 7 家等。主要中餐厅品牌:泰华海鲜餐厅、T&K 海鲜、和成丰、老二小厨、聚香阁、香港添好运茶餐厅等。类型主要为海鲜餐厅、川湘餐厅、潮州餐厅、港式餐厅等。

近年来中泰两国间航班量持续增长,已从 2012 年年初的每周约 500 架次增长至 2018 年 5 月的每周约 2 700 架次。中泰航线每月运力投放超过 200 万座。随着 2018 年 4 月 4 日瑞丽航空开通西双版纳—清迈航线,瑞丽航空成为最近一家开通中泰航线的航空公司。2018 年 5 月,共有 10 家泰国航空公司与 21 家中国航空公司开通中泰航线(部分数据为航班计划数据,未统计港澳台,下同)。值得一提的是,10 家泰国的航空公司中仅有泰国航空与曼谷航空为全服务航空,其余公司均为低成本航空或包机公司。

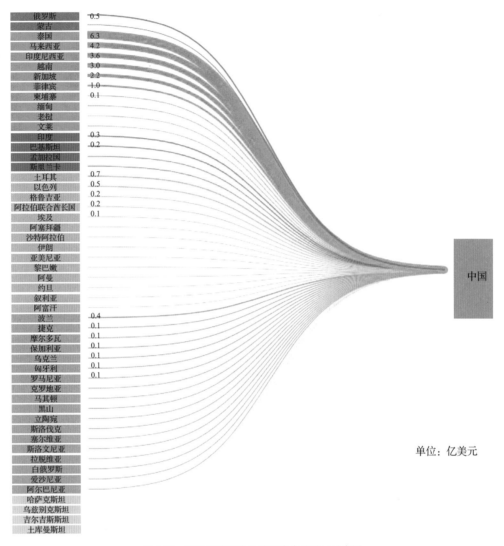

俄罗斯 0.5
蒙古
泰国 6.3
马来西亚 4.2
印度尼西亚 3.6
越南 3.0
新加坡 2.2
菲律宾 1.0
柬埔寨 0.1
缅甸
老挝
文莱
印度 0.3
巴基斯坦 0.2
孟加拉国
斯里兰卡
土耳其 0.7
以色列
格鲁吉亚 0.2
阿拉伯联合酋长国 0.2
埃及 0.1
阿塞拜疆
沙特阿拉伯
伊朗
亚美尼亚
黎巴嫩
阿曼
约旦
叙利亚
阿富汗
波兰 0.4
捷克 0.1
摩尔多瓦 0.1
保加利亚 0.1
乌克兰 0.1
匈牙利 0.1
罗马尼亚 0.1
克罗地亚
马其顿
黑山
立陶宛
斯洛伐克
塞尔维亚
斯洛文尼亚
拉脱维亚
白俄罗斯
爱沙尼亚
阿尔巴尼亚
哈萨克斯坦
乌兹别克斯坦
吉尔吉斯斯坦
土库曼斯坦

中国

单位：亿美元

图 2-97　2017 年中国自沿线国家食品进口示意图

　　2018 年 5 月共有 10 个泰国机场与 54 个中国机场参与中泰航线运营。曼谷机场与普吉机场中泰航线的运力投放明显增长。中方机场数量较 2017 年同期增加 7 个。常州、西双版纳、梅州、连云港、运城、南通、盐城、长春、宜昌进入中泰航线运营,晋江与包头暂停中泰航线运营。西安、石家庄、郑州、合肥同比运力投放增速超过 100%。浦东、广州、长沙、西安同比单向运力增长超过 2 万座。昆明、成都超越北京,其机场成为第三、第四大运营中泰航线的机场。

　　截至 2018 年 5 月,中泰之间共有 151 条航线,比上一年同期增加 30 条。上海浦东至曼谷两场单向座位数超过 10 万座,是中泰间最大城市对,在飞公司达到 8 家。在中泰市场的前十大航线上,浦东至泰国航线占据 3 条。运力投放最多的浦东—曼谷航线在飞公司达到 6 家,每日平均超过 13 班,座位投放超过 80 万座。此外,广州—曼谷航线每日平均近 10 班。

从航线数量观察,长沙、昆明拥有 7 条泰国不同机场航线,在中国机场中数量最多。曼谷、廊曼、普吉分别拥有 38 条、36 条、28 条中国航线。

对比 2018 年 4 月、5 月,中泰间新开航线 8 条,其中飞鸟航空复航 4 条,分别是芭堤雅乌塔保—海口、芭堤雅乌塔保—银川、芭堤雅乌塔保—南昌、芭堤雅乌塔保—梅州,新开廊曼—宜昌。深航开通运城—曼谷,南航复航武汉—普吉,新时代航空开通南宁—甲米。飞鸟航空的西安—普吉与深航的运城—芭堤雅乌塔保停飞。

泰国菜以酸、辣、咸、甜、苦五味的平衡为特点,用料以海鲜、水果、蔬菜为主。

泰国菜有四大菜系,分别为泰北菜、泰东北菜、泰中菜与泰南菜,反映泰国四方不同的地理特点和文化,而各地使用的食材往往与邻近国家的一样。招牌菜有冬阴功汤(酸辣海鲜汤)、椰汁嫩鸡汤、咖喱鱼饼、绿咖喱鸡肉、芒果香饭等。

以清迈为代表的北部地区,是旧时的古都所在,因此有许多当时流传下来的文化与艺术。北部地区的传统主食是以米浆制成的米糕,而在菜肴方面,则以具有中国西南风味的腌生猪肉、咖喱、色拉为主要特色。

邻近柬埔寨的东北部地区地处偏僻,是泰国环境最原始也较穷困的地区。因此,东北部的菜肴便以口味浓郁且辛辣闻名,但有些东北部的菜肴对于泰国菜也有很深远的影响,例如:泰北辣肉便是一道极为出名的泰国东北美食。

以泰国首都曼谷为代表的中央平原,不但正对着印度洋,而且气候湿温,适合耕作,加上湄公河亦流经此处,因此便成为泰国饮食文化最丰富的地区。由于曼谷本身是一个港口,因此,在吸收了许多外来的文化后,也发展出一系列独特的美食文化。中央平原的传统主食是米饭与各类的米制品、炒饭,加上当地的海鲜、肉类以及各种丰美的水果、蔬菜,使曼谷不仅是泰国的首都,更是泰国的美食之都。更值得一提的是,泰国有名的调味品鱼露与虾酱,都是中央平原的特产。

菜肴特色除了口味重、辣椒多之外,运用了大量的咖喱、热带椰子(椰奶、椰糖、椰肉)来烹调,更由于其拥有丰富的海鲜来源,因此这一地区的特色菜式以咖喱烹海鲜为主。

### 2. 中俄(俄罗斯)两国间旅游业日趋火热

中国游客赴俄主要选择的旅行目的地为莫斯科、圣彼得堡及近年来热门的西伯利亚。由于干净的空气和自然环境,西伯利亚成为中国游客热门旅游目的地,较多中国游客前往伊尔库茨克及贝加尔湖观光游览。2018 年上半年,中国游客人数在赴俄外国游客人数排名中居首位。2018 年上半年,俄罗斯接待中国游客 44.8 万人次,占外国游客总数的 28.5%。游客人数排名其次的国家依次是德国(16.37 万人次,占 10.4%)、韩国(11.68 万人次,占 7.4%)、美国(9.01 万人次,占 5.7%)和以色列(5.85 万人次,占 3.7%)。2017 年,中国赴俄旅游人数达 150 万人次,中国成为俄罗斯的最大外国客源地,其中九十多万名中国游客通过免签的方式到俄罗斯旅游;同时,中国位列最受俄罗斯游客欢迎的第三大国家。中国 2017 年接待俄罗斯游客达 230 万人次,较 2016 年增长 19.5%。

根据大众点评网的数据,俄罗斯特色餐馆在中国主要分布在东北和新疆,以黑龙江省哈尔滨、满洲里等靠近中俄边境的城市为主,如哈尔滨市 125 家,呼伦贝尔市 97 家,北京市 47 家,牡丹江市 25 家,大连市 22 家,阿勒泰地区 20 家。在俄罗斯的中餐馆共 842 家,其中,莫斯科 240 家,圣彼得堡 180 家,符拉迪沃斯托克 61 家,伊尔库茨克 33 家。中餐品牌主要有你好餐馆、新时代中餐馆、川香阁、梦东方、北京烤鸭店等;位于圣彼得堡的你好餐馆是连锁店。在俄中餐馆主要为川湘菜、北京菜及东北菜。

中俄两国在 2000 年就已签署团队旅游互免签证协议,根据该协议,人数在 5~50 人的旅游团队可以在 15 个工作日内进行免签旅游。俄罗斯已于 2017 年 8 月 8 日起,在符拉迪沃斯托克自由港区域,对包括中国公民在内的有关国家公民实行电子签证制度。中国公民前往俄罗斯远东五个地区(堪察加边疆区、滨海边疆区、萨哈林州、哈巴罗夫斯克边疆区、楚科奇自治区)可申请免费电子签证,有效期为 30 天,自签证颁发之日起一次有效,单次停留 8 天。只能从以下 11 个口岸出入境:

1 个空港口岸:符拉迪沃斯托克航空港(克涅维奇机场);

3 个铁路口岸:波格拉尼奇内、哈桑、马哈利诺;

2 个公路口岸:波尔塔夫卡、图里罗格;

5 个海运口岸:符拉迪沃斯托克海港(商业港部分)、扎鲁比诺、彼得罗巴甫洛夫斯克-堪察加、科尔萨科夫、波西耶特。

中国有十多个主要城市开通了直飞俄罗斯 8 个城市的航班。内地有 12 个城市开通了至莫斯科的直航航班,其中北京和上海每日航班 4 个,广州每日 3 个。其他直辖市和省会城市每周有 2~4 个航班,三亚每日 1 个航班。北京、上海、成都、乌鲁木齐可直飞圣彼得堡。乌拉尔航空开通了每周 4 班由北京和哈尔滨往返叶卡捷琳堡的直飞航班。北京、上海、哈尔滨、乌鲁木齐开通了与俄罗斯中部城市新西伯利亚的直飞航班。共有 6 个航空公司的航班从北京、上海、沈阳、哈尔滨和满洲里出发前往伊尔库茨克。北京、上海、哈尔滨、长春开通了飞往远东地区符拉迪沃斯托克(海参崴)的直航航班。此外,还有北京、哈尔滨至哈巴罗夫斯克等地的直航航班。南京至莫斯科的直飞航班于 2018 年 9 月 5 日开通,首航客座率 100%,南京至莫斯科航线每周 1 班,机型为 A330,航班号 I4 9545/ I4 9546,共 311 个座位。(表 2-6)

俄罗斯领土横跨欧亚,菜系除深受欧亚两洲影响,还融合当地物产、俄罗斯民族自由饮食习惯及烹饪方式,形成丰富多变、口味独特的俄罗斯美食。由于冬季长、气候寒冷,俄罗斯菜常添加较多油脂或佐以酸奶油补充热量,采用煎、炒、烤等烹调方式,搭配酸、甜、咸、辣等重口味促进食欲,装盘时常撒时萝或香菜点缀。有趣的是,虽然口味、食材差别很大,但不少菜色,如冷盘小菜、汤、饺子、糕饼等,与中餐颇有异曲同工之处。

黑面包是俄罗斯人餐桌上的主食,价格通常比白面包高。因为发酵黑面包用的酵母含有多种维生素和生物酶,所以黑面包营养丰富,又易于消化。罗宋汤起源于俄罗斯,是俄罗斯的经典菜肴,罗宋汤颜色通红,所以又称为红菜汤,微辣的口感搭配汤里地道的俄罗斯红菜头,可用大列巴蘸着吃。

在俄罗斯,酸黄瓜是很多凉菜的配菜,俄式酸黄瓜口感酸辣,非常脆,有开胃的效果。

表 2-6 国内主要城市与俄罗斯 8 个城市的航班情况

| 俄罗斯目的地 | 国内出发地 | 航空公司 | 频次 |
| --- | --- | --- | --- |
| 莫斯科 | 北京 | 国航 | 每日 1 班 |
| | | 海航 | 每日 1 班 |
| | | 俄航 | 每日 2 班 |
| | 上海 | 东航 | 每日 2 班 |
| | | 俄航 | 每日 2 班 |
| | 广州 | 南航 | 每日 1 班 |
| | | 俄航 | 每日 2 班 |
| | 西安 | 东航 | 周二/周四/周六 |
| | 深圳 | 南航 | 周一/周四 |
| | 武汉 | 南航 | 周三/周五/周日 |
| | 乌鲁木齐 | 南航 | 周一/周二/周四/周六 |
| | 成都 | 川航 | 周二/周四/周六 |
| | 重庆 | 天津航空 | 周一/周三 |
| | 天津 | 天津航空 | 周四/周五 |
| | 青岛 | 首航 | 周四/周五 |
| | 三亚 | Utair | 周日 |
| | 南京 | 俄罗斯艾菲航空 | 周三 |
| 圣彼得堡 | 北京 | 海航 | 周三/周五/周日 |
| | | 乌拉尔 | 周二/周三/周四 |
| | 上海 | 东航 | 每日 1 班,其中周三/周五经停西安 |
| | 西安 | 东航 | 周三/周五 |
| | 乌鲁木齐 | 南航 | 周一/周二/周四/周六 |
| | 成都 | 川航 | 周三/周五 |
| 叶卡捷琳堡 | 北京 | 乌拉尔 | 周二/周四/周五/周日 |
| | 哈尔滨 | 乌拉尔 | 周一/周四/周五/周日 |
| 新西伯利亚 | 北京 | S7 | 周一/周二/周三/周日 每日 1 班<br>周四/周五/周六 每日 2 班 |
| | 上海 | S7 | 周一/周四 |
| | 哈尔滨 | 乌拉尔 | 周三/周五 |
| | 乌鲁木齐 | S7 | 周一/周二/周四/周六 |
| | | 南航 | 周四/周日 |
| 伊尔库茨克 | 北京 | S7 | 每日 |
| | | 海航 | 周三/周六 |
| | 上海 | 吉祥 | 周一/周四 |
| | 沈阳 | 南航 | 周二/周四/周日 |
| | 哈尔滨 | 乌拉尔 | 周三/周日 |
| | | 伊尔 | 周一/周五 |
| | 满洲里 | 伊尔 | 周三/周日 |
| 乌兰乌德 | 北京 | S7 | 周三/周五 |

(续表)

| 俄罗斯目的地 | 国内出发地 | 航空公司 | 频次 |
|---|---|---|---|
| 符拉迪沃斯托克<br>(海参崴) | 北京 | 俄航 | 周二/周六 |
| | | 乌拉尔 | 周一/周三/周五 |
| | | S7 | 周二/周日 |
| | 上海 | S7 | 周一/周五 |
| | 长春 | 乌拉尔 | 周二/周五 |
| | | 南航 | 周一/周五 |
| | 哈尔滨 | 俄航 | 周二/周四/周日 |
| | | 乌拉尔 | 周三/周六 |
| 哈巴罗夫斯克 | 北京 | 俄航 | 周一/周四 |
| | 哈尔滨 | 俄航 | 周一/周三/周五 |

布林饼就是俄式薄饼,是俄罗斯人过节时餐桌上必不可少的食物。它是用面粉、黄油、牛奶等原料制作而成,口感绵软。传统俄式馅饼有带馅的包子、大圆面包、奶渣饼以及布林饼等,有各式甜咸口味、各种造型,是俄罗斯传统节庆——谢肉节——的应景食品。

伏特加被视为俄罗斯的国酒。因气候原因,俄罗斯人以嗜酒著称,所以,伏特加的需求量极大。俄罗斯人对它情有独钟,伏特加一般是 40 度。

鱼子酱是用鱼卵制作而成,其实严格地讲,只有用鲟鱼卵制成的酱才能叫鱼子酱。鱼子酱是俄罗斯的顶级美食,其尊贵程度很高。鱼子酱分为红鱼子酱和黑鱼子酱两种,黑色的产于鲟鱼,红色的产于鲑鱼,而更珍贵的是黑鱼子酱。正宗的吃法是将贝壳作为汤匙,舀起一匙,直接入口,或佐以烤面包、苏打饼。

### 3. 中土(土耳其)两国间旅游业潜力巨大

在土耳其,中国旅客主要选择的旅行目的地是伊斯坦布尔、安塔利亚、费特希耶、格雷梅、伊兹密尔等城市。土耳其是中国游客近年来热衷的新兴目的地,特别是有"我想要带你去浪漫的土耳其"歌词的流行歌曲《带你去旅行》和小视频,使得土耳其成为 2018 年旅游新"网红",受到年轻群体的欢迎。2018 年是中国"土耳其旅游年",土耳其文化和旅游部的统计数据显示,2018 年 1—5 月,访问土耳其的中国游客为 15.9 万人次,比上一年同期增长 96.1%。借助"土耳其旅游年"这一有利契机,2018 年中国赴土耳其旅游人数有望超过 40 万人次。2017 年入境土耳其的中国游客数量约为 25 万人。

根据大众点评网的数据,土耳其餐厅在中国主要分布在以下城市:上海市 126 家,西安市 117 家,沈阳市 105 家,北京市 88 家,广州市 84 家,烟台市 74 家。土耳其共有中餐馆 229 家,其中伊斯坦布尔 94 家,安卡拉 18 家,伊兹密尔 17 家,安塔利亚 5 家。主要中餐馆品牌为梅花中国餐厅、格雷梅北京饭店、Ozbay Hotel Restaurant、中国长城饭店、中国宫餐厅等。菜式主要为川湘菜、北京菜、东北菜、粤菜等。

目前,中国—土耳其航线仅有土耳其航空一家承运人,经营包括北京、上海、广州、香港、台北直飞伊斯坦布尔的航线。随着北上广机场航班时刻越来越紧张,土耳其航空逐渐将目光投向了二线城市,希望增开更多的直航航班,并与中国的航空公司开展更多合作。

伊斯坦布尔每天均有一班航班往返北京、上海和广州,每周除周三外每天均有航班往返香港。

土耳其美食相当著名,烤架上香气四溢的烤肉是标志性的美味。土耳其饮食最开始从亚洲中部的平原发展起来,之后随着奥斯曼帝国的兴起,逐渐吸收了希腊、波斯、阿拉伯和巴尔干半岛的饮食精华,形成了独具特色的土耳其菜系。土耳其的早餐包括新鲜出炉的白面包、果酱和蜂蜜、黑橄榄、黄瓜片或番茄、煮熟的鸡蛋、白奶酪,以及清香的恰伊茶,十分丰盛。午餐和晚餐花样没有那么多,通常第一道是汤,最常见的是红色小扁豆炖米汤和番茄汤,也会有鱼汤、蔬菜汤以及薄荷酸奶汤。之后是一些小菜、主菜(通常含肉类),最后是甜点。

在土耳其餐厅最常见的是牛肉,其次是羊肉。肉的烹制方式主要有肉丸、炖肉和烤肉,最常见的是烤肉串。此外,各种带有馅料的蔬菜也很受欢迎,将米饭、葡萄干、各种香料、松子等材料塞到辣椒、番茄、卷心菜和葡萄叶里面,再加上一点碎羊肉,热气腾腾地端上来。在土耳其的饮食中,甜点是必不可少的,有花样繁多的糕饼、点心以及布丁。

旋转烤肉或许是中国人最熟悉的土耳其烤肉类型,有牛肉和鸡肉,里面通常加薯条和蔬菜,再挤上酱,用饼卷起来吃。土耳其烤肉有将近十种,其讲究可见一斑。

土耳其薄比萨是一种圆形薄面饼,上面撒有很多肉末,是一道比较常见的土耳其美食。吃的时候可以用比萨卷上生菜、荷兰芹,上面挤点柠檬汁。跟传统的比萨不一样的是,土耳其薄比萨中没有奶酪。尽管如此,土耳其薄比萨的美味却丝毫不减,特别是新鲜出炉的时候,口感松脆可口,香气四溢。

软糖是非常有名的土耳其特产。无论在商店橱窗里还是巴扎(市场)的摊子上,都可以看到非常漂亮的土耳其软糖。与其他甜点不同的是,这种软糖软软糯糯,一点不腻。它通常用玫瑰香水、乳香树脂与柠檬调味,玫瑰香水赋予其淡粉红的色泽。质地柔软有弹性,类似果冻,且带有一定的黏稠度。通常包装精美,并制成小正方体,撒上糖粉或椰仁干以避免粘黏。有的土耳其软糖会添入微量坚果,如开心果、榛子或核桃。另外,肉桂与薄荷也是较为普遍的口味。

## (五)数据分析

### 1. "一带一路"国家旅游交流合作初见成效

"一带一路"沿线地区贯穿欧亚大陆,东连亚太经济圈,西入欧洲经济圈,涉及众多国家和地区,涵盖了具有差异性的地理环境,拥有多种独特的自然环境,从热带到寒带,从雨林到沙漠,从海洋到内陆,使得"一带一路"沿线地区拥有丰富的自然景观。"一带一路"国家历史悠久,拥有形形色色的历史遗迹和璀璨的人文景观,也是四大发明、五大宗教的发源地。

东南亚凭借着良好的地理位置和优质的旅游资源,依旧是最受中国游客欢迎的出境游目的地。俄罗斯、中东欧等新兴的旅游目的地也越来越多地受到中国游客的关注。自"一带一路"倡议提出以来,"一带一路"国家为其他国家的游客提供了更便利的签证政策,同时,国家间不断增加的直飞航线,进一步激发了中国游客赴沿线国家,尤其是中东地区、西亚北非地区这些冷门旅游目的地的热情。中国目前已经成为很多沿线国家旅游业重要的旅游客源国,随着不断深化的旅游合作,旅游业的交流规模将会进一步扩大。原中国国家旅游局预计,"十三五"期间(2016—2020 年),中国将为沿线国家输送 1.5 亿人次的游客和超过 2 000 亿美元的旅游消费。

### 2."一带一路"沿线旅游业还需进一步发展

旅游业不但能给一个国家和地区带来经济收益,同时也是一项重要的综合性产业。"一带一路"沿线旅游业发展迅速,阿拉伯联合酋长国、土耳其、俄罗斯以及东南亚和南亚的部分国家成为热门旅游区域,但旅游业的发展还有一些短板。首先,旅游产业的资源开发依旧不足。旅游产业作为居民消费行业,应该得到大力的开发和发展,而目前中亚地区的旅游业并未得到足够的开发,也并未形成特色旅游区域,不利于该地区的经济发展和文化交流。其次,个别沿线国家对旅游业的重视不足。国家政策对旅游发展有很大的影响,开放的旅游政策将会吸引更多的游客,带来更多的经济收益。国家政局的稳定也会对旅游的发展产生积极的促进作用,战乱、恐怖袭击等将会威胁到旅游安全,从而阻碍旅游业的发展。再次,宗教是旅游业发展的一把双刃剑。一方面,宗教的因素会为某些国家和地区吸引更多的人来参观和膜拜,比如佛教发源地会吸引佛教徒前来膜拜;另一方面,不了解情况的游客可能会触犯各种宗教不同的禁忌,产生不必要的摩擦,在一定程度上阻碍旅游业发展和文化交流。最后,"一带一路"国家间旅游行业合作还存在不足。跨境旅游有助于国家间和地区间旅游业的发展,同时也需要两地旅游行业的深度配合和沟通,需要旅游企业实地考察、合理规划、制订营销方案等。中国同东南亚以及中东欧等地区的跨境游的合作发展势头迅猛,但与中亚等地区的合作尚未完全开展,两地间的合作还需要进一步加强。

### 3."一带一路"沿线旅游业的未来发展方向

随着"一带一路"进程的推进,沿线国家旅游业需要进一步协调发展,从而在推动"一带一路"合作中发挥重要作用。旅游业的发展要结合如下几个方面:第一,国家和政府需要颁布相应的政策,扶持旅游业的发展。"一带一路"各国需要深度交流和加强合作,在旅游行业的发展上形成共识并推行相应的举措,吸引国外企业与本土企业合作共赢,带动本土旅游企业的发展,利用政策来引导企业的发展,企业也应顺应政策的方向制订公司发展策略,培养团队以应对不断变化的市场,在激烈的市场竞争环境中增强自身的竞争力。第二,各国联合设立"一带一路"旅游行业协会等类似的组织,以方便国家间的交流和沟通。在"一带一路"国家关系日渐紧密的前提下,旅游行业在"一带一路"国家间要形成行业协会,来提供国家间良好的沟通渠道,使得国家间的旅游市场、旅游企业、游客等有更好的交流,使得各国之间在旅游行业上有深入的了解,深度开发游客需求,形成更具特色和吸引力的旅游产品,从而推动"一带一路"沿线旅游业的发展。

# 七、语　言

　　语言与文化相伴而行,语言是文化的重要依托。《教育部　国家语委关于印发〈国家语言文字事业"十三五"发展规划〉的通知》(教语用〔2016〕3号)指出,语言文字事业具有基础性、全局性、社会性和全民性的特点,是国家综合实力的重要支撑力量,事关国民素质提高和人的全面发展,事关国家统一和民族团结,事关历史文化传承和经济社会发展,在国家发展战略中具有重要地位和作用。2013年,习近平主席在哈萨克斯坦首谈"丝绸之路经济带"时,就高瞻远瞩地提出"五通",即政策沟通、设施联通、贸易畅通、资金融通、民心相通。实现"五通",则需要语言互通,语言互通是"一带一路"互联互通的基础,更是民心相通的前提条件。"一带一路"文化交流的所有愿景与规划的实现,都需要以语言沟通为基础。

## (一)"一带一路"国家语言情况概览

### 1."一带一路"国家语言总体情况

　　语言是人类最基本、最重要的交际工具,也是传承人类文明、促进文化交流的主要载体,是国家重要的战略性资源。强国必须强语,强语助力强国。当前,全球化和信息化使语言的文化承载功能得到空前拓展,语言在文化领域的作用日益突出。"一带一路"国家纷纷推出国家语言战略,提升语言战略层次,拓展战略视域,推出重大举措,努力占据语言文化传播的制高点。

**(1)"一带一路"国家中,英、汉、俄、阿四种语言使用人数最多**

　　社会科学文献出版社出版的《"一带一路"国家语言状况与语言政策》中的统计数据显示,"一带一路"国家使用的官方语言共计53种。除汉语外,英语、阿拉伯语和俄语是"一带一路"国家的另外三大语种——有23个国家通用英语,11个国家通用俄语,14个国家通用阿拉伯语。三大语种覆盖的总人口分别约为20.4亿、2.7亿和2.6亿。(图2-98)

**(2)"一带一路"国家使用语言繁多,小国往往是"语言大国"**

　　大多数国家的民族语言较多,语言资源丰富。"一带一路"国家间,甚至国家内部不同民族、不同地区的语言种类纷繁复杂。根据《"一带一路"沿线国家语言国情手册》的数据,"一带一路"国家使用的各种民族语言达两千四百余种。这些民族语言多属于非通用语言,使用范围仅限于本地区或本民族内部。这些民族语言使用的地域分散,民族文化特点不同,导致发音、语法、词汇、语意和书写差异较大。

　　以菲律宾为例,除了国语和官方语言外,至少还有100种民族语言,其中使用人口超过百万的民族语言就有他加禄语、宿务语、伊洛卡诺语、希利盖农语、比科尔语、瓦雷语、卡片片甘语、邦阿西楠语、马罗瑙语和马京达瑙语等;再如尼泊尔,从人口和国土幅员来看是一个小国,但语言种类却有118种之多,涵盖印欧、汉藏、南亚和达罗毗荼四大语系。这对中国的"一带一路"语言服务能力和跨文化交际能力构成极大挑战。东帝汶作为"一带一路"中最小的国家之一，其国土面积仅有 14 874 平方公里。其境内虽有十多个民族，但少数民族语言仍然有 17 种之多，包括 12 种南岛语系的语言和 5 种非南岛语系的语言。这些少数民族语言的使用，极大地丰富了东帝汶的语言生态。

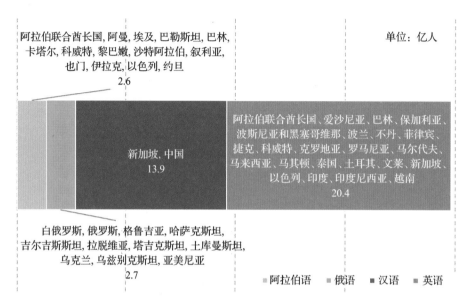

图 2-98　英语、汉语、俄语和阿拉伯语覆盖国家及总人口情况

（数据来源：《"一带一路"沿线国家语言国情手册》）

## 2. "一带一路"国家主要官方语言情况

### (1)"一带一路"国家使用的官方语言共计 53 种

官方语言是各国为适应管理国家事务的需要，在国家机关、正式文件、法律裁决及国际交往等官方场合中规定使用的有效语言。（表 2-7）

表 2-7　　　　　　　　　　"一带一路"国家官方语言统计表

| 区域 | 国别 | 官方语言 | 区域 | 国别 | 官方语言 |
|------|------|----------|------|------|----------|
| 东北亚 | 俄罗斯 | 俄语 | 西亚北非 | 格鲁吉亚 | 格鲁吉亚语 |
| 东北亚 | 蒙古 | 喀尔喀蒙古语 | 西亚北非 | 卡塔尔 | 阿拉伯语 |
| 东北亚 | 中国 | 汉语 | 西亚北非 | 科威特 | 阿拉伯语 |
| 中亚 | 哈萨克斯坦 | 哈萨克语 | 西亚北非 | 黎巴嫩 | 阿拉伯语 |
| 中亚 | 吉尔吉斯斯坦 | 俄语 | 西亚北非 | 沙特阿拉伯 | 阿拉伯语 |
| 中亚 | 塔吉克斯坦 | 塔吉克语 | 西亚北非 | 土耳其 | 土耳其语 |
| 中亚 | 土库曼斯坦 | 土库曼语 | 西亚北非 | 叙利亚 | 英语、法语 |
| 中亚 | 乌兹别克斯坦 | 乌兹别克语 | 西亚北非 | 亚美尼亚 | 亚美尼亚语 |
| 东南亚 | 东帝汶 | 德顿语、葡萄牙语 | 西亚北非 | 也门 | 阿拉伯语 |
| 东南亚 | 菲律宾 | 英语 | 西亚北非 | 伊拉克 | 阿拉伯语、库尔德语 |
| 东南亚 | 柬埔寨 | 高棉语、英语、法语 | 西亚北非 | 伊朗 | 波斯语 |

（续表）

| 区域 | 国别 | 官方语言 | 区域 | 国别 | 官方语言 |
|---|---|---|---|---|---|
| 东南亚 | 老挝 | 老挝语 | 西亚北非 | 以色列 | 希伯来语、阿拉伯语 |
| 东南亚 | 马来西亚 | 英语 | 西亚北非 | 约旦 | 英语 |
| 东南亚 | 缅甸 | 缅甸语 | 中东欧 | 阿尔巴尼亚 | 阿尔巴尼亚语 |
| 东南亚 | 泰国 | 泰语 | 中东欧 | 爱沙尼亚 | 爱沙尼亚语 |
| 东南亚 | 文莱 | 英语 | 中东欧 | 白俄罗斯 | 白俄罗斯语、俄语 |
| 东南亚 | 新加坡 | 马来语、汉语、泰米尔语、英语 | 中东欧 | 保加利亚 | 保加利亚语 |
| 东南亚 | 印度尼西亚 | 印度尼西亚语 | 中东欧 | 波斯尼亚和黑塞哥维那 | 波斯尼亚语、克罗地亚语、塞尔维亚语 |
| 东南亚 | 越南 | 越南语 | 中东欧 | 波兰 | 波兰语 |
| 南亚 | 巴基斯坦 | 英语 | 中东欧 | 黑山 | 黑山语 |
| 南亚 | 不丹 | 不丹语（菩堤亚语，又名宗卡语） | 中东欧 | 捷克 | 捷克语 |
| 南亚 | 马尔代夫 | 迪维希语 | 中东欧 | 克罗地亚 | 克罗地亚语 |
| 南亚 | 孟加拉国 | 英语 | 中东欧 | 拉脱维亚 | 拉脱维亚语 |
| 南亚 | 尼泊尔 | 尼泊尔语 | 中东欧 | 立陶宛 | 立陶宛语 |
| 南亚 | 斯里兰卡 | 僧伽罗语、泰米尔语 | 中东欧 | 罗马尼亚 | 罗马尼亚语 |
| 南亚 | 印度 | 印地语、英语 | 中东欧 | 马其顿 | 马其顿语 |
| 西亚北非 | 阿富汗 | 达里语、普什图语 | 中东欧 | 摩尔多瓦 | 摩尔多瓦语 |
| 西亚北非 | 阿拉伯联合酋长国 | 阿拉伯语 | 中东欧 | 塞尔维亚 | 塞尔维亚语 |
| 西亚北非 | 阿曼 | 阿拉伯语 | 中东欧 | 斯洛伐克 | 斯洛伐克语 |
| 西亚北非 | 阿塞拜疆 | 阿塞拜疆语 | 中东欧 | 斯洛文尼亚 | 斯洛文尼亚语 |
| 西亚北非 | 埃及 | 阿拉伯语 | 中东欧 | 乌克兰 | 乌克兰语 |
| 西亚北非 | 巴勒斯坦 | 阿拉伯语 | 中东欧 | 匈牙利 | 匈牙利语 |
| 西亚北非 | 巴林 | 阿拉伯语 | 总计 65 个国家 | | 53 种官方语言（排除重复语言） |

（数据来源：《中国大百科全书（第二版）》）

从表 2-7 中可看出，大部分沿线国家法律规定以单一的官方语言为主，只有东帝汶、菲律宾、新加坡等 10 个国家采用两种或两种以上的官方语言。其中新加坡是沿线国家中官方语言数量最多的国家，共有英语、汉语、马来语和泰米尔语 4 种官方语言。

**（2）以阿拉伯语为官方语言的国家数量最多**

"一带一路"国家中，以阿拉伯语为官方语言（或之一）的国家数量最多，主要集中在西亚北非地区的 14 个国家，包括黎巴嫩、伊拉克、叙利亚、阿曼、阿拉伯联合酋长国、埃及、沙特阿拉伯、巴勒斯坦、也门、巴林、约旦、卡塔尔、科威特和以色列。东南亚和南亚有 6 个国家将英语作为官方语言之一，分别是新加坡、巴基斯坦、不丹、菲律宾、孟加拉国和印度。虽然俄语在"一带一路"国家中使用范围较广，但真正以俄语为官方语言的国家只有俄罗斯、白俄罗斯和吉尔吉斯斯坦 3 个国家，主要集中在中东欧和中亚。

### 3. "一带一路"国家外语及跨境语言使用情况

**(1)英语及俄语是沿线国家使用最广泛的外语**

目前尚没有沿线国家把汉语作为主要外语来广泛使用。按使用人口统计,"一带一路"国家使用人数最多、应用最广泛的外语当属英语。沿线国家纷纷意识到,英语是世界通用语言和最重要的商业语言,一个国家的英语水平直接关乎其国际化程度和竞争力优势,英语对沿线各国的对外文化交流和经济发展都有极大的现实意义。据统计,65个国家中共有47国国民把英语作为主要外语来使用。多数东南亚和南亚国家中,无论是作为一种官方语言还是一种外语,英语都具有重要的地位。英语甚至在一些西亚国家如阿拉伯联合酋长国、巴林等国也非常重要。以阿拉伯联合酋长国为例,阿拉伯联合酋长国属于阿拉伯国家,其官方语言是阿拉伯语。由于外来人口众多等因素,阿拉伯联合酋长国中小学大多以英语为统一教学语言,英语在阿拉伯联合酋长国教育领域中的地位十分突出。

地位仅次于英语的语种是俄语。在俄罗斯之外,俄语被多个苏联加盟共和国作为主要外语或通用语使用,包括白俄罗斯、格鲁吉亚、哈萨克斯坦、吉尔吉斯斯坦、拉脱维亚、塔吉克斯坦、土库曼斯坦、乌克兰、乌兹别克斯坦和亚美尼亚等国,阿塞拜疆和爱沙尼亚也有部分人把俄语作为第一外语。但这些国家脱离苏联独立后,都强调发展本国主体民族的语言,保护本国文化传承,增强国民民族独立意识。所以,这些国家陆续开展一系列"去俄罗斯化"运动,压缩俄语的使用空间,减少俄罗斯文化的传播和影响范围。据初步统计,上述国家俄语的实际使用人口不到1亿。

由于大部分国家的外语使用人口无法统计,我们按覆盖总人口统计沿线国家外语地理分布情况。(图2-99)

**(2)中国与中亚及东南亚国家共用跨境语言数量最多**

根据美国世界少数民族语文研究院(简称SIL)统计数据,我国与沿线国家共有跨境语言较多的主要是中亚的哈萨克斯坦、吉尔吉斯斯坦、乌兹别克斯坦、塔吉克斯坦4国和东南亚的泰国、越南、缅甸、老挝4国,跨境语言达40种。中国与中亚4国的共用跨境语言包括哈萨克语、鞑靼语、维吾尔语、塔吉克语、东干语、乌兹别克语、吉尔吉斯语、俄语、瓦罕语等。中国与东南亚4国的共用跨境语言或方言包括京语、哈尼语、阿卡哈尼语、拉祜语、毕苏语、布朗语、汉语-客家话、汉语-闽东语、汉语-闽南语、汉语-粤语、克木语、怒苏语、阿依语、景颇语、独龙语、载瓦语、勒期语、浪速语等。

## (二)中国的语言服务能力与汉语传播情况

### 1. 中国对沿线国家的语言服务能力

**(1)中国的语言服务能力面临新的需求和考验**

中国作为"一带一路"倡议发起国,是一个本土语言资源丰富,但外语资源相对缺乏的国家。目前世界上的语言有七千多种,而中国所了解的为一百多种,能够较好使用的有20种左右,高校能够开设的外语课程有七十多种。面对"一带一路"国家五十多种官方语言,以及达两千四百多种的民族语言(多数是非通用语言),中国的语言服务能力远不足以支撑"一带一路"建设。

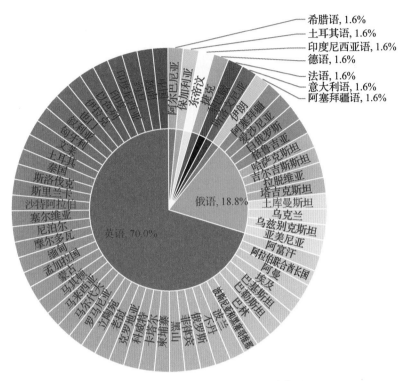

图 2-99 "一带一路"国家使用外语种类情况

（数据来源：《"一带一路"沿线国家语言国情手册》）

中国要想与沿线国家实现"民心相通"，要把具体项目、政策落到实处，必须加快推进国家语言能力建设这一基础性工作。随着"一带一路"建设的深入拓展，中国的国家语言能力面临新的紧迫需求和严峻考验。详细调查、了解沿线国家语言背景、分布、特点和趋势，有针对性地培养复合型多语种人才，着力增强中国面向沿线国家的语言服务能力，建设跨区域语言强国，可以为推进"一带一路"建设奠定坚实的基础。

**（2）针对沿线国家非通用语言服务能力匮乏的问题，发展人工智能翻译助力"一带一路"倡议推进**

中国的语言服务业作为新兴服务业的重要组成部分，已具相当规模，但语言服务业企业绝大多数规模较小、语种单一。如语言服务业态中的语言教育培训领域，全国仅语言培训机构就达五万余家，但大多数只开设英语课程。受小语种教师严重不足等因素影响，只有极少数机构开设了少量其他语种课程。在语言翻译领域，由于缺乏熟练使用非通用语言、熟悉当地民俗的高级翻译人才，中国企业、机构难以深入沿线国家民间进行贸易合作与文化交流。全国 5 万多家旅游企业，只有 15 家走出国门开展业务，正是整体语言服务能力匮乏的明证。

"一带一路"建设跨越语言障碍，单靠人力短期内显然不能完成如此艰巨的任务。通过提升机器语言能力实现语言互通，克服短期内语种能力不足的短板成为可行选择。如百度机器翻译目前覆盖 24 个外语语种，涵盖了 33 个沿线国家的 12 种官方语言，占沿线国家全部官方语言的 25％（图 2-100）。科大讯飞作为国家新一代以语言交互为核心的人工智能开放平台，在语音合成、语音识别、口语评测、自然语言处理等多项技术上拥有国际领先的成果,科大讯飞翻译机 2.0 可根据客户行业领域,按需定制翻译语种,目前支持 33 种语言的即时互译。中译语通科技股份有限公司自主研发推出了多语言机器翻译平台,目前可实现 37 种语言与汉语互译,包含多个沿线国家的官方语种,准确率和流畅度很高。随着互译语种的持续增加,将更多人工智能技术成果与沿线国家共同分享,可有效打破我国与沿线国家之间的语言壁垒,跨越信息获取的障碍。

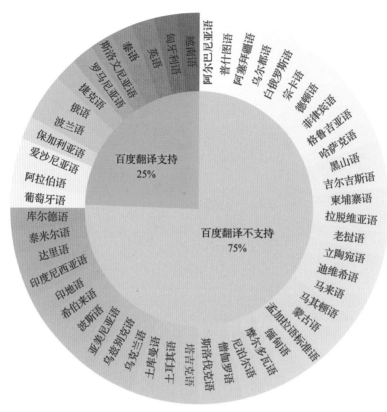

图 2-100　百度机器翻译针对沿线国家通用语言的支持情况
（数据来源：《"一带一路"沿线国家语言国情手册》）

## 2. 中国的沿线国家语言人才培养情况

虽然人工智能翻译技术短时间内能促进语言服务能力突飞猛进,但机器翻译只能达意,难以表情;只能通事,难以通心。欲表情、通心,还需重视语言人才的培养。截至 2017 年底,全国 14 所外国语大学经教育部备案或审批同意的外语本科专业共覆盖 83 个外语语种,比 2016 年增加 11 个,据国家语言能力发展研究中心统计,中国已覆盖欧盟国家 24 种官方语言和东盟 10 国官方语言。

**（1）中国高校开始加大"一带一路"语言人才的培养力度**

结合"一带一路"建设的需求,国内各院校开始加大语言人才的培养力度,主要体现在两个方面:一方面是中国部分高校已逐步新增涉及沿线国家语言的专业。自"一带一路"倡议提出以来,中国大部分外语院校新开设了多种语言专业。其中 2016 年新增外语专业最多,仅北京外国语大学就新增了 11 种语言专业。另一方面,一些院校开始优化语言人才培养方案,"语言＋X"综合型人才成为培养新重点,例如广东外语外贸大学推进专业与外语深度结合,外语类专业学生实行"语种＋专业方向"或"小语种＋英语"的培养模式;上海外国语大学在 2016 年本科招生时新增英语(教育)、德语(经济学)、西班牙语(企业管理)等"语言＋X"复合型人才培养方向。

**(2)沿线国家积极开展语言人才培养合作项目**

孔子学院是教授汉语和传播中国文化的非营利性教育机构,截至 2017 年底,我国已在"一带一路"沿线 51 个国家和地区开设了 134 所孔子学院和 127 个孔子课堂,已实现欧盟 28 国、中东欧 16 国全覆盖,成为沿线国家语言交流学习的重要平台。此外,各国孔子学院也积极与中国各大学合作,共同培养语言人才。以匈牙利语为例,此前我国只有北京外国语大学、中国传媒大学和上海外国语大学设了这一语种专业,近两年,四川外国语大学和天津外国语大学也开设了该语种。四川外国语大学还与罗兰大学合作培养"一带一路"小语种人才,学生在国内上一年学然后送到匈牙利读三年。可以预见,今后这些具备两国语言能力又接受过相应素质教育的人才会非常紧俏。

**(3)语言人才培养速度仍不能满足"一带一路"建设的需求**

目前的语言人才培养模式和人才供给数量、质量均不能满足"一带一路"建设的需求。中国高校开设的通用语言本科专业以英语、俄语、阿拉伯语为主,法语、德语、泰语等非通用语言也较多,但开设其他非通用语言本科专业的高校和学生数量寥寥无几,无法覆盖沿线国家所有官方语言。其中,国内高校尚未开设的语种有 3 个,分别是宗卡语、黑山语和摩尔多瓦语(表 2-8);全国有 1 所高校(北京外国语大学)开设的"一带一路"相关语种有 9 个,分别是德顿语、迪维希语、达里语、克罗地亚语、亚美尼亚语、格鲁吉亚语、马其顿语、塔吉克语和库尔德语;北京第二外国语学院于 2016 年、2017 年新开设的相关语种有 4 个,分别是阿尔巴尼亚语、爱沙尼亚语、斯洛文尼亚语、立陶宛语。另外,全国仅有北京外国语大学和中央民族大学开设了土库曼语专业(详见附表六)。上述共 17 个语种占沿线国家全部官方语言的三成。尽管各个高校专业成功开设,但招生状况却不理想。据"国家外语人才资源动态数据库"高校外语专业招生情况统计显示,在 2010—2013 年已招生的 20 个"一带一路"小语种中,11 个语种的在读学生数不足 100 人,波斯语、土耳其语和斯瓦希里语 3 个语种有 50～100 人,其余 8 个语种均不足 50 人。

总体来看,中国语言后备人才、高端人才的匮乏状况凸显:现有外语专业尚未实现对沿线国家官方语言的"全覆盖",更何况沿线有两千四百余种的民族语言和方言,这严重影响和阻碍着中国对沿线国家的语言服务能力,无法满足"一带一路"建设的语言需求。

表 2-8　　截至 2017 年底中国高校未开设的"一带一路"国家非通用语种

| 国别 | 未开设语言专业 | 覆盖人口(万人) |
| --- | --- | --- |
| 不丹 | 宗卡语 | 75.8 |
| 黑山 | 黑山语 | 64.3 |
| 摩尔多瓦 | 摩尔多瓦语 | 347.4 |
| 合计 | | 487.5 |

(数据来源:教育部"2016、2017 年度普通高等学校本科专业备案和审批结果"和《"一带一路"沿线国家语言国情手册》)

### 3. 汉语在沿线国家的传播情况

**(1) 中国在沿线 51 个国家建立孔子学院和孔子课堂**

截至 2017 年底，中国已在沿线 51 个国家建立了孔子学院和孔子课堂。其中，孔子学院共计 134 所，覆盖 50 个国家，占中国在全球建立孔子学院总数的 25.5%；孔子课堂共计 127 个，覆盖 31 个国家，占中国在全球建立孔子课堂总数的 11.4%。

中国在俄罗斯建立的孔子学院的数量最多，达到 17 所；其次是泰国，为 15 所；在印度尼西亚建立孔子学院的数量为 6 所；在哈萨克斯坦、波兰、乌克兰建立的孔子学院的数量均为 5 所；在缅甸、文莱、东帝汶、马尔代夫、不丹、土库曼斯坦、科威特、卡塔尔、阿曼、沙特阿拉伯、也门、叙利亚、伊拉克、巴勒斯坦 14 个国家尚未建立孔子学院，这些国家大部分处于西亚北非地区。

截至 2017 年，中国在吉尔吉斯斯坦建立的孔子课堂的数量最多，高达 21 个；其次是泰国，为 20 个；在罗马尼亚、保加利亚、白俄罗斯、尼泊尔、蒙古、俄罗斯建立的孔子课堂的数量均不低于 5 个；在沿线国家中，有超过一半的国家尚未设立孔子课堂，这些国家多处于西亚北非和中东欧地区。（图 2-101）

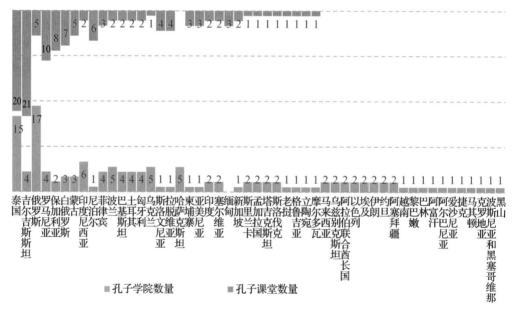

图 2-101　截至 2017 年沿线国家孔子学院和孔子课堂分布情况

（数据来源：孔子学院总部）

**(2) 中资企业海外投资设厂推升"汉语热"**

随着中资企业在沿线国家投资设厂，驻外中资企业和商务机构数量的增长和业务范围的拓宽需要吸纳更多海外人力资源，同时当地居民对进入中资机构的愿望越来越强烈，都使得职业汉语人才的需求量与日俱增。但国内传统的国际汉语教学体系与海外市场需求脱钩，培养一个双语人才往往需要 3～5 年的周期，严重制约了中资企业的发展与建设。

目前,我国开展了沿线国家国际职业汉语培训,通过线上线下同步开展、个性化教学、协同促进的教学模式,对沿线国家中资企业的外籍员工进行有针对性、个性化定制的"职业汉语"专门训练,从而突破中资企业在沿线国家落地的瓶颈。

**(3)汉语教学在沿线国家语言教学中的比重逐步提升**

随着中国国际影响力的提升,各国的汉语教育进入"黄金机遇期",尤其是"一带一路"倡议的实施,为沿线国家汉语教育带来了新机遇。汉语教育在沿线国家的语言教学中所占比重越来越大,在教学语言、教育政策、考核标准等方面保持相对独立性的同时,也日趋本土化。比如泰国、老挝、马来西亚等东南亚国家的政府和教育机构通过政策和法规,将汉语教育纳入本国教育体系。南非政府从 2016 年开始将汉语作为第二外语纳入国民教育体系,汉语教学试点在南非部分中小学已顺利启动。继南非之后,毛里求斯、坦桑尼亚、喀麦隆、赞比亚等非洲国家也纷纷将汉语纳入本国的国民教育体系,非洲大陆的"汉语热"正在持续升温。但在沿线国家多语种教育体制下,汉语目前并未成为主导语言,而且在使用人数上也缺乏优势。另一方面,不同国家和地区的汉语教育都有其特殊性,这决定了海外汉语教育不应也不可能使用统一的教材,也难以有统一的教学大纲和考核标准,因而应该开发更多的本土化教材。

## (三)"一带一路"沿线国家语言发展现状

以蒙古、俄罗斯、白俄罗斯、乌克兰和新加坡 5 国为例,对其语言发展现状进行详细分析,各国语言情况差异较大。俄罗斯少数民族众多,是这些国家中民族语言种类数量最多、语言资源最丰富的国家。蒙古、白俄罗斯、乌克兰 3 国的民族语言数量较少,部分语言濒临消失。新加坡作为传统移民国家,开放程度高,民族语言几乎是外来移民带来的。

### 1. 蒙古

蒙古语属于阿尔泰语系蒙古语族,是蒙古的国语和官方语言。蒙古语的使用者是蒙古境内的蒙古族,约 266 万人,此外,在蒙古有近 15 万少数民族人口使用蒙古语。蒙古境内还使用卫拉特蒙古语(西北部)、布里亚特蒙古语(北部、东北部)、达斡尔语(肯特省)、哈萨克语(西北部)、图瓦语(西部)、俄语(北部)和汉语(西北部)等。

在少数民族语言方面,蒙古的少数民族主要有哈萨克人、霍屯人和图瓦人。这些少数民族多属于突厥族并使用本民族语言,由于人数相对较少,其民族语言的影响力相对有限。

在外语教育方面,俄语曾是蒙古最重要的外语,如今英语已取而代之。目前,蒙古国际大学的所有课程都用英语教授,各种私人英语培训机构在蒙古不断涌现,以满足不断扩大的市场需求。

在双向语言服务方面,中蒙互相开设语言专业的情况见表 2-9。

### 2. 俄罗斯

俄罗斯的官方语言是俄语。俄语属于印欧语系波罗的-斯拉夫语族东斯拉夫语支,使用人口大约为 11 900 万,约占俄联邦人口总数的 83%。俄联邦欧洲部分的西北部和中部地区是俄语使用人群的主要聚集区。此外,在半数以上的俄联邦共和国中,使用俄语的人

表 2-9　　　　　　　　　　　　中蒙两国双向语言服务统计表

| 项目内容 | 中国开设蒙古语专业的高校 | 蒙古开设中文系/专业的高校 | 蒙古开设孔子学院的高校 | 合作单位 |
|---|---|---|---|---|
| 高校明细 | 北京大学、中央民族大学、西北民族大学、北京外国语大学、厦门大学、山东大学、内蒙古大学、内蒙古师范大学、内蒙古民族大学和内蒙古农业大学 | 蒙古国立大学、蒙古伊赫扎萨克大学、蒙古人文大学、蒙古国立教育大学、蒙古国立农业大学 | 蒙古国立大学、蒙古国立教育大学、科布多大学 | 山东大学、东北师范大学、新疆职业大学 |
| 数量统计 | 10 | 5 | 3 | 3 |

(数据来源:《"一带一路"沿线国家语言国情手册》)

数超过使用本民族语言的人数。除俄语外,俄罗斯境内还有一百多种少数民族语言,如鞑靼语,使用人口五百五十多万,主要居住在鞑靼共和国;乌克兰语,使用人口约 436 万,主要聚居在俄罗斯各大城市和边境地区;楚瓦什语,使用人口 178 万,主要居住在楚瓦什共和国;巴什基尔语,使用人口约 145 万,主要集中在乌拉尔山脉南坡及附近平原;白俄罗斯语,使用人口约 120.6 万,分布在俄罗斯主要大城市和边境地区;莫尔多瓦语,使用人口约 107.3 万,分布在莫尔多瓦共和国;车臣语,使用人口约 95.7 万,主要分布在车臣共和国境内。苏联解体后,部分加盟共和国人口涌入俄罗斯,这些外来人口语言包括亚美尼亚语(83 万人)、阿塞拜疆语(51.5 万人)、哈萨克语(47.2 万人)、乌兹别克语(24.5 万人)、塔吉克语(17.7 万人)、格鲁吉亚语(10.2 万人)、吉尔吉斯语(9.3 万人)等。

在少数民族语言方面,尽管俄罗斯联邦政府为保护和发展民族语言提供了较大空间,赋予各主体共和国相应的立法权,但在联邦层面,政府未采取任何有效措施。随着俄语的发展和普及以及国家语言政策对俄语的不断倾斜,民族语言呈现出不断衰退的趋势。

在外语教育方面,俄罗斯政府倡导多元化的语言教育理念,大力推行双语和多语种外语教学。俄罗斯教育部建议公立学校的第一外语选择英语,第二外语选择一种欧洲语言或一个相邻国家的语言。目前,俄罗斯的教育机构除开设英语、法语、德语和西班牙语等欧洲语言专业或课程,还开设一些相邻国家的语言,如汉语、日语等。(表 2-10)

表 2-10　　　　　　　　　　　　中俄两国双向语言服务统计表

| 项目内容 | 中国开设俄语专业的高校 | 俄罗斯开设中文系/专业的高校 | 俄罗斯开设孔子学院的高校 | 合作单位 |
|---|---|---|---|---|
| 高校明细 | 黑龙江大学、哈尔滨工业大学、哈尔滨师范大学、吉林大学、东北师范大学、长春大学、东北大学、辽宁大学、大连外国语大学、北京大学等 | 莫斯科国立大学、圣彼得堡国立大学、新西伯利亚国立大学、俄罗斯人民友谊大学等 | 圣彼得堡国立大学、远东联邦大学、伊尔库茨克国立大学、喀山国立大学、布拉戈维申斯克国立师范大学、布里亚特国立大学等 | 首都师范大学、黑龙江大学、辽宁大学、对外经济贸易大学、大连外国语大学、湖南师范大学、黑河学院、长春理工大学、北京大学、内蒙古大学等 |
| 数量统计 | 120 | 300 | 17 | 17 |

(数据来源:《"一带一路"沿线国家语言国情手册》)

### 3.白俄罗斯

白俄罗斯独立后,确立白俄罗斯语为国语,俄语为族际通用语。1997年修宪后,白俄罗斯语和俄语并列为国语,且均为官方语言。在白俄罗斯境内,有70.2%的人口使用俄语,23.4%的人口使用白俄罗斯语,3.1%的人口使用波兰语和乌克兰语,还有3.3%的人口使用其他少数民族语言。

白俄罗斯语属于印欧语系斯拉夫语族东斯拉夫语支,与乌克兰语和俄语很接近,但在语音、语法和词汇方面更接近乌克兰语。白俄罗斯语分东北和西南两种方言,其标准语以西南方言的中央次方言的明斯克语为基础。目前全球有一千多万人使用白俄罗斯语,在白俄罗斯境外,波兰、捷克、乌克兰、俄罗斯和立陶宛等国也有部分人使用白俄罗斯语。

在少数民族语言方面,白俄罗斯境内的第一大少数民族是俄罗斯族,日常使用俄语交流,约占总人口的11.4%,分布在东部的莫吉廖夫州、戈梅利州和中部的明斯克州;第二大少数民族是波兰族,日常使用波兰语,主要分布在与波兰接壤的布列斯特州和格罗德诺州,约占总人口的3%;第三大少数民族是乌克兰族,日常使用乌克兰语,主要分布在白俄罗斯南部地区,约占总人口的2.4%,而且人数在不断增长;第四大少数民族是犹太族,散居在全国各州,日常使用希伯来语交流。由于20世纪70年代末以来,犹太人陆续向以色列本土大量移民,目前白俄罗斯境内的犹太人大为减少,希伯来语在白俄罗斯的影响力日渐衰落。

在外语教育方面,白俄罗斯的教育政策较为宽容,鼓励学生涉猎多种外语尤其是邻近的欧洲国家的语言。白俄罗斯大学生可根据个人兴趣,自由地选修除俄语以外的英语、德语、法语或波兰语等一种或多种外语。

在双向语言服务方面,中国尚未有高校开设白俄罗斯语专业,但有一百二十多所高校开设了俄语专业(表2-11)。

表2-11　　　　　　　　中白两国双向语言服务统计表

| 项目内容 | 中国开设白俄罗斯语专业的高校 | 白俄罗斯开设中文系/专业的高校 | 白俄罗斯开设孔子学院的高校 | 合作单位 |
|---|---|---|---|---|
| 高校明细 | 无 | 无 | 白俄罗斯国立大学、明斯克国立语言大学、白俄罗斯国立技术大学 | 大连理工大学、东南大学、东北大学 |
| 数量统计 | 0 | 0 | 3 | 3 |

(数据来源:《"一带一路"沿线国家语言国情手册》)

### 4.乌克兰

乌克兰语是乌克兰的官方语言,约67.5%的人口使用乌克兰语,俄语的使用者约占29.6%。乌克兰境内还有2.9%的人口使用其他少数民族语言。

乌克兰语属于印欧语系斯拉夫语族东斯拉夫语支。乌克兰语可分为北方、东南、西南及喀尔巴阡四大方言,标准语以东南方言区的基辅方言为基础。乌克兰语在语音、词汇和语法等方面与俄语有许多共同之处,因此两种语言之间可互通。

在少数民族语言方面,由于拥有一百二十多个少数民族,乌克兰的民族语言资源丰富,包括白俄罗斯语、犹太语、克里米亚鞑靼语、摩尔多瓦语、波兰语、匈牙利语、罗马尼亚语、希腊语、德语和保加利亚语等,政府通过立法保证这些少数民族语言和文字的使用自由。

在外语教育方面,乌克兰政府在采取措施强化乌克兰语教学的同时,也在倡导国民通晓一门或多门外语。由于目前有数百万乌克兰人侨居美洲、大洋洲和西欧地区,客观上促进了乌克兰人更倾向于学习英语。乌克兰一些教育机构的英语教学标准采用西方流行的以教学过程为目的、以学习者为中心的"交际教学法",取得了不错的教学效果。

在双向语言服务方面,中乌互相开设语言专业的情况见表2-12。

表2-12　　　　　　　　　　中乌两国双向语言服务统计表

| 项目内容 | 中国开设乌克兰语专业的高校 | 乌克兰开设中文系/专业的高校 | 乌克兰开设孔子学院的高校 | 合作单位 |
| --- | --- | --- | --- | --- |
| 高校明细 | 北京外国语大学、上海外国语大学 | 第聂伯罗彼得罗夫斯克大学、基辅国立大学、基辅国立语言大学、哈尔科夫国立师范大学、卢甘斯克国立师范大学、喀尔巴阡大学、基辅格林琴科大学、基辅国际大学等 | 卢甘斯克国立师范大学、基辅国立大学、哈尔科夫国立大学、南方师范大学、基辅国立语言大学 | 浙江师范大学、吉林大学、安徽大学、哈尔滨工程大学、天津外国语大学 |
| 数量统计 | 2 | 16 | 5 | 5 |

(数据来源:根据《"一带一路"沿线国家语言国情手册》整理)

## 5. 新加坡

新加坡是一个多语言的移民国家,宪法规定马来语为国语,并明确英语、马来语、汉语和泰米尔语4种语言为官方语言。虽然马来语是新加坡唯一的国语,但实际使用范围远不及英语和汉语,使用马来语的马来人只占新加坡总人口的13%左右。

英语作为新加坡官方语言,既有历史渊源也有现实需要。新加坡于19世纪初沦为英国殖民地,英语一直是管理国家和统治人民的行政语言,并成为新加坡最重要的社会用语。在4种官方语言中,汉语是作为母语使用人口最多的语言,但流行的汉语方言众多。20世纪70年代末,新加坡政府开始推广汉语(普通话),提倡"多讲汉语(普通话),少说方言",逐渐使汉语(普通话)成为新加坡全体华人的通用语言。同时,新加坡官方规定使用简化汉字。泰米尔语是新加坡使用人数最少的官方语言,使用人口约25.8万,大多是19世纪移民到新加坡的印度贫困人口和20世纪40年代移民到新加坡做工的印度人。

在少数民族语言方面,新加坡的少数民族语言包括马拉雅姆语、旁遮普语、锡克语、孟加拉语、僧伽罗语、帕坦语、阿拉伯语、泰语、日语及部分欧洲国家语言。其中前六种语言主要由新加坡的印度、孟加拉国移民使用,其他语言由来自阿拉伯国家、泰国、日本及欧洲的移民使用。

在外语教育方面,新加坡在全国推行双语教育政策,并以此作为新加坡教育体制的基础,即各族学生必须学习英语,同时也要学习本族语,主要是汉语、马来语和泰米尔语。由此形成了"四种语言、分工并存"的语文政策,其基本精神是以多语政策谋求民族和谐与政治稳定,以英语的应用推动经济繁荣和社会进步。具体表现为 4 种官方语言并存:英语是跨民族共同语,也是日常工作行政语言,马来语是国语,汉语、马来语和泰米尔语分别是相应社区的交际语言;各族学生均须学习英语和本族语言,即"英语+X 语",其中英语的学习重在应用,重在生存和发展需要,而本族语言的学习主要是为了族内社交和保护传统文化。

在双向语言服务方面,中新互相开设语言专业的情况见表 2-13。

表 2-13　　　　　　　　　　中新两国双向语言服务统计表

| 项目内容 | 中国开设马来语专业的高校 | 中国开设泰尔米语专业的高校 | 新加坡开设中文系/专业的高校 | 新加坡开设孔子学院的高校 | 合作单位 |
|---|---|---|---|---|---|
| 高校明细 | 北京大学、北京外国语大学、上海外国语大学、广西民族大学、中国传媒大学、云南民族大学、天津外国语大学、解放军外国语学院、广东外语外贸大学 | 中国传媒大学、北京外国语大学 | 新加坡国立大学、南洋理工大学、新跃大学、义安理工学院 | 南洋理工大学 | 山东理工大学 |
| 数量统计 | 9 | 2 | 4 | 1 | 1 |

(数据来源:《"一带一路"沿线国家语言国情手册》)

## (四)经典案例

孔子学院的设立是我国政府促进中外语言和文化交流、发展人类多元文化、共同构建和谐世界的重要举措。菲律宾孔子学院自创办以来,以推动将汉语纳入国民教育体系为目标、以培养本土汉语师资为己任开展工作,通过长远的规划及不断努力,发展迅速并取得了优异的成绩,形成了特有的发展模式。

### 1. 菲律宾红溪礼示大学孔子学院发展迅速

据国家汉办网站统计,截至 2017 年 12 月,菲律宾共有 4 所孔子学院,分别是亚典耀大学孔子学院、布拉卡国立大学孔子学院、红溪礼示大学孔子学院和菲律宾大学孔子学院。其中,红溪礼示大学孔子学院是 2010 年我国在菲律宾成立的第三所孔子学院,其中方合作高校为福建师范大学。红溪礼示大学孔子学院是菲律宾 4 所孔子学院中唯一全面承担菲律宾教育部公立中学汉语课程体系建设、本土汉语师资培训、汉语教学大纲制定、汉语教材编写和汉语教学质量评估的孔子学院,学院为将汉语纳入菲律宾国民教育体系起到了关键的推动作用。红溪礼示大学孔子学院先后被中国孔子学院总部授予"海外优秀考点"和"汉语考试杰出贡献奖",并 3 次被中国孔子学院总部评为"全球先进孔子学院",是菲律宾唯一获得上述殊荣的孔子学院。2017 年,该学院下设教学点 95 个,教学班1 108 个,学员总数达 30 118 人。

### 2. 创新汉语教学及文化传播模式,扩大孔子学院影响力

一是积极与政府合作,搭建与政府关键部门合作的重要桥梁。通过福建师范大学与红溪礼示大学的不懈努力,红溪礼示大学孔子学院与政府形成良好互动关系,成功与菲律

宾总统府、外交部、教育部、移民局、海关等政府部门工作人员开展汉语培训合作,将主流社会的汉语教学推向了顶峰,增强了孔子学院的影响力。同时,通过与各个层级的政府积极开展交流协作,架起了与政府合作的重要桥梁,为孔子学院融入大学提供了有力的基础与保障。二是积极开展中国文化传播活动。红溪礼示大学通过积极开展文化传播活动,有效地宣传了孔子学院,使孔子学院深入民心,加速了孔子学院的本土融入。如红溪礼示大学、亚典耀大学和布拉卡国立大学等 3 所大学的孔子学院联合举办"中秋美食文化节",电视台的跟踪报道使中国美食文化深入当地百姓心中;红溪礼示大学孔子学院在大学里设置了"中国周""中国文化日",也对孔子学院融入本土起到了积极的推动作用。三是创新汉语教育举措,将汉语课程融入大学课程学分体系。菲律宾孔子学院的汉语教学已融入大学学分体系,其汉语课程已成为大学教学活动的重要组成部分。而早在 2011 年,菲律宾教育部就宣布将汉语正式作为外语选修课程纳入 K-12 基础教育体系,并指定红溪礼示大学孔子学院承担菲律宾全部公立中小学的汉语课程建设任务。截至 2017 年 12 月,菲律宾共有七十余所公立中学开设汉语课程,学习汉语的在校生上万人。随着汉语学习者的快速增长,对孔子学院融入大学提出了更为迫切的要求。红溪礼示大学孔子学院自 2014 年起开设了汉语师范专业课程,孔子学院汉语课程融入菲律宾大学的课程学分体系逐步建成。孔子学院融入菲律宾大学意味着孔子学院成为所在大学的一个重要组成部分,使汉语教学成为大学的正规学历教育或学分教育,而不是仅仅办成一个语言培训机构。

### 3. 积极开展汉语师资培训,培养本土高层次汉语人才

21 世纪以来,菲律宾政府十分注重主流大学的汉语教育。2001 年,时任总统阿罗约公开要求高等教育委员会鼓励大专院校开设汉语选修课程,由此,菲律宾教育部门和教育机构将开展汉语教学项目提上了日程。2011 年,菲律宾教育部将汉语列入了"特别语言项目"(SPFL),汉语成为西班牙语、法语、日语、德语之外的第五种"特别语言项目"外语。由于菲律宾政府对汉语教育高度重视,教育部门向汉语教学基础较好的大学提供了大量的资金和资源支持,因此,孔子学院为其所在大学博得菲律宾政府的政策支持以及资金扶持拨得了头筹。2013 年,菲律宾教育部"菲律宾本土汉语师资培训中心"在红溪礼示大学孔子学院挂牌成立,红溪礼示大学孔子学院成为菲律宾国家级的本土汉语师资培训定点单位。在"一带一路"背景下,菲律宾的 4 所孔子学院均已开展了本土汉语师资的培训项目,孔子学院已成为菲律宾大学教育中培养汉语高端人才的重要平台。而孔子学院汉语教学被纳入大学教育体系使汉语在菲律宾乃至全球的传播迈上了一个崭新的台阶。

## (五)数据分析

### 1. 汉语"走出去"步伐持续加快

据统计,我国目前已经在"一带一路"沿线 51 个国家建立 134 所孔子学院和 127 个中小学孔子课堂,2016 年注册学员达到 46 万人,开展各类文化活动近 8 000 场,受众高达 270 万人。据原国家新闻出版广电总局统计,自 2014 年以来,我国与"一带一路"参与国版权贸易量年均增幅达 20%,占我国版权贸易总量的比重由 2014 年的 5% 提高到

2016 年的 15％,2016 年我国与沿线各国版权贸易总量近 5 000 种,比 2014 年增加 2 300 种。此外,目前我国已与包括沿线国家在内的五十多个国家签订了相互翻译对方文学经典作品的协定。

### 2. 孔子学院存在布局不均衡、不充分的问题

虽然大部分国家孔子学院的布局和所在国的人口、教育、经济等因素达到比较匹配或基本匹配的程度,但匹配度不够高,综合辐射效应有待提高,影响力有待提升。在有些国家存在着孔子学院的设置偏少或偏多的问题,整体上布局不够均衡。有些国家对孔子学院的需求没有得到充分满足。

### 3. 孔子学院应合理布局,服务"一带一路"建设

要做好孔子学院布局的顶层设计,科学规划,合理布局。以服务国家外交和战略需求为导向,积极稳健扩大孔子学院数量,设定优先国家和重点国家,精准布局,有序推进。

根据"一带一路"建设需求,优先考虑在沿线国家,尤其是在尚未建立孔子学院的 13 个国家中新设孔子学院并大力扶持。优先考虑在安全状况良好的阿曼、东帝汶、卡塔尔、科威特设立孔子学院。上述四国中,卡塔尔、科威特的国际竞争力较强,可作为优先布局中的重点。此外,可重点考虑在中国周边的文莱和柬埔寨设立孔子学院。印度等孔子学院偏少的国家也可作为布局的重点。

在具备条件新设孔子学院的国家,可重点布局,在具备条件增设孔子学院的国家,可有序增设,以充分满足各国民众的汉语学习需求和汉语国际传播的需要。保持"一带一路"孔子学院与全球孔子学院、"一带一路"各国孔子学院之间的协调发展。此外,可将孔子课堂和网络孔子学院作为孔子学院的补充和延伸,放在孔子学院布局中综合考虑。

# 八、智 库

"一带一路"倡议是中国在国际合作以及全球治理新模式上的积极探索,是一个以"互联互通",以政治、经济、文化、外交、生态等全方位参与融合为内容的动态过程,在这一过程中,智库及其智库产业发挥着重要作用。2017年5月,习近平主席在"一带一路"国际合作高峰论坛上提出"要发挥智库作用,建设好智库联盟和合作网络",不仅充分肯定了智库在"一带一路"建设中的重要作用,也为"一带一路"相关智库建设指明了方向。

## (一)"一带一路"国家智库发展情况

### 1."一带一路"国家智库总体发展趋势

#### (1)"一带一路"国家智库总量大幅增长

智库是现代社会中创造思想、交流思想、传播思想的重要载体,是国家软实力的重要组成部分和具体体现。美国宾夕法尼亚大学的数据显示,2010—2016年,全球智库数量总体上呈平稳增长态势,2017年智库数量大幅增加至7 815家。2010—2016年,"一带一路"国家智库数量波动不大,2017年智库数量陡然上升至2 344家。2017年,"一带一路"国家智库数量大幅增长,约占全球智库总量的三成。(图2-102)

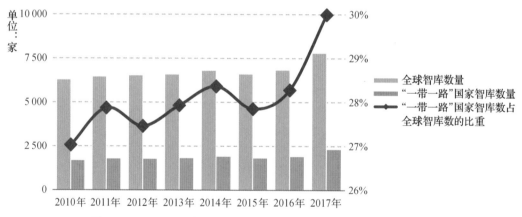

图2-102　2010—2017年全球智库总量与"一带一路"国家智库总量变化情况

(数据来源:宾大智库报告)

#### (2)"一带一路"国家智库数量年均增长率超过全球平均水平

从增长率来看,"一带一路"国家智库数量变化趋势与全球智库总量变化趋势相同,"一带一路"国家智库数量年均增长率为4.7%,超过全球智库总量年均增长率1.6个百分点。2017年,"一带一路"国家智库数量同比增长21.1%,超过全球智库总量同比增长率6.9个百分点。以上数据表明,近年来"一带一路"国家智库的发展愈加受到重视。(图2-103)

图 2-103　2011—2017 年全球智库总量与"一带一路"国家智库数量增长率对比

（数据来源：宾大智库报告）

## 2."一带一路"各国智库数量及地理分布

### (1) 东北亚地区智库数量占"一带一路"国家智库总量超过四分之一

2017 年，"一带一路"国家中，中国所在的东北亚区域的智库数量最多，达 622 家，占"一带一路"国家智库总数的 26.5%；南亚和西亚北非地区的智库总数较多，均超过 500 家；中东欧地区智库总数为 452 家；东南亚地区智库数量较少，为 125 家；中亚区域的智库数量最少，仅为 74 家。（图 2-104）

图 2-104　2017 年"一带一路"国家各区域智库数量及份额

（数据来源：宾大智库报告）

### (2) 中国智库数量居"一带一路"国家首位

2017 年，中国的智库数量高达 512 家，在"一带一路"国家中居首位，印度智库数量为 444 家，俄罗斯为 103 家，分别居第二、第三位；以色列是西亚北非区域中智库数量最多的国家，达到 67 家；中亚区域的哈萨克斯坦、吉尔吉斯斯坦分别拥有 28 家和 27 家智库，居该区域前两位；波兰拥有 60 家智库，居中东欧地区首位；在东南亚区域，印度尼西亚的智库数量最多，为 26 家。（图 2-105）

| 中国 | 512 | 巴勒斯坦 | 34 | 阿富汗 | 22 | 塞尔维亚 | 14 | 沙特阿拉伯 | 8 |
|---|---|---|---|---|---|---|---|---|---|
| 印度 | 444 | 斯里兰卡 | 32 | 菲律宾 | 21 | 尼泊尔 | 13 | 蒙古 | 7 |
| 俄罗斯 | 103 | 伊拉克 | 30 | 白俄罗斯 | 21 | 波斯尼亚和黑塞哥维那 | 13 | 塔吉克斯坦 | 7 |
| 以色列 | 67 | 哈萨克斯坦 | 28 | 爱沙尼亚 | 20 | 乌兹别克斯坦 | 12 | 文莱 | 7 |
| 伊朗 | 64 | 吉尔吉斯斯坦 | 27 | 马来西亚 | 19 | 新加坡 | 12 | 马尔代夫 | 6 |
| 波兰 | 60 | 黎巴嫩 | 27 | 立陶宛 | 19 | 巴林 | 12 | 斯洛文尼亚 | 6 |
| 罗马尼亚 | 54 | 捷克 | 27 | 马其顿 | 18 | 泰国 | 11 | 老挝 | 4 |
| 土耳其 | 46 | 斯洛伐克 | 27 | 亚美尼亚 | 17 | 拉脱维亚 | 11 | 黑山 | 4 |
| 匈牙利 | 43 | 印度尼西亚 | 26 | 阿塞拜疆 | 15 | 克罗地亚 | 11 | 不丹 | 3 |
| 保加利亚 | 41 | 格鲁吉亚 | 26 | 科威特 | 15 | 越南 | 10 | 阿曼 | 3 |
| 埃及 | 39 | 约旦 | 26 | 阿尔巴尼亚 | 15 | 叙利亚 | 10 | 缅甸 | 1 |
| 乌克兰 | 39 | 也门 | 26 | 柬埔寨 | 14 | 阿拉伯联合酋长国 | 9 | 土库曼斯坦 | 0 |
| 孟加拉国 | 38 | 巴基斯坦 | 25 | 卡塔尔 | 14 | 摩尔多瓦 | 9 | 东帝汶 | 0 |

智库数量

图 2-105　2017 年"一带一路"国家智库数量分布

（数据来源：宾大智库报告）

### （3）中国智库数量居全球第二位,仅落后于美国

2017 年,"一带一路"国家中,中国智库数量最多,智库数量居全球第二位,仅次于美国;其次为印度,智库数量排名全球第三位。俄罗斯智库数量排名全球第九位,以色列智库数量排名全球第十八位,伊朗智库数量也进入全球前二十位。（图 2-106）

图 2-106　2017 年"一带一路"国家智库数量前十位国家的全球排名情况

（数据来源：宾大智库报告）

其中,2010—2017 年,中国智库数量已连续八年稳居全球第二位。2010—2016 年,中国智库数量相对稳定,保持在 425～435 家,2017 年中国智库数量明显增长,增幅达 17.7%,数量首次突破 500 家。（图 2-107）

图 2-107    2010—2017 年中国智库数量变化情况

(数据来源:宾大智库报告)

### 3."一带一路"国家顶级智库发展与全球排名

#### (1)中国顶级智库数量总体有所增长

2010—2017 年,中国进入全球 TOP50 顶级智库(以下简称全球顶级智库)的数量有所增长。2010—2011 年,仅 1 家中国智库进入全球顶级智库;2014—2015 年,进入全球顶级智库的中国智库数量增至 4 家,但 2016—2017 年回落至 3 家。中国智库在全球顶级智库中取得的最好成绩是 2012 年中国社会科学院取得的第十七名。从入选全球顶级智库的中国智库名单来看,中国现代国际关系研究院在 2012 年进入全球顶级智库的名单,并在 2016 年、2017 年连续两年成为我国排名最高的智库。而老牌顶级智库中国社会科学院始终处于全球顶级智库名单中。由此可见,我国智库发展态势良好,高端智库的国际认可度有所提升(表 2-14)。

表 2-14    2010—2017 年中国入选全球 TOP50 顶级智库名单及最高排名情况

| 年份 | 入选全球 TOP50 顶级智库的中国智库 | 数量 | 最高排名 |
| --- | --- | --- | --- |
| 2010 | 中国社会科学院 | 1 | 二十四 |
| 2011 | 中国社会科学院 | 1 | 二十八 |
| 2012 | 中国社会科学院、中国国际问题研究院、中国现代国际关系研究院 | 3 | 十七 |
| 2013 | 中国社会科学院、中国国际问题研究院、中国现代国际关系研究院 | 3 | 二十 |
| 2014 | 中国社会科学院、中国国际问题研究院、<br>中国现代国际关系研究院、国务院发展研究中心 | 4 | 二十七 |
| 2015 | 中国社会科学院、中国国际问题研究院、<br>中国现代国际关系研究院、国务院发展研究中心 | 4 | 三十一 |
| 2016 | 中国现代国际关系研究院、中国社会科学院、中国国际问题研究院 | 3 | 三十三 |
| 2017 | 中国现代国际关系研究院、中国社会科学院、中国国际问题研究院 | 3 | 三十 |

(数据来源:宾大智库报告)

**（2）"一带一路"国家智库中，俄罗斯的莫斯科卡内基中心全球排名最高**

2017 年，"一带一路"国家智库中，俄罗斯的莫斯科卡内基中心全球排名最高，在全球顶级智库中排第二十五位。莫斯科卡内基中心由华盛顿卡内基国际和平基金会于 1993 年组建成立，至今已有 25 年的历史。它是俄罗斯国内第一个也是唯一大规模研究俄罗斯内政、经济和国际关系基本问题的研究机构。中国社会科学院在全球智库中排第三十位，是中国的顶级智库。中国社会科学院是中共中央直接领导、国务院直属的中国哲学社会科学研究的最高学术机构和综合研究中心，其前身是 1955 年成立的中国科学院哲学社会科学部。印度的国防研究与分析研究所排在全球第四十一位。波兰的社会和经济研究中心、土耳其的土耳其经济和社会研究基金会也进入全球 TOP100 智库的名单之中。（表 2-15）

表 2-15　2017 年"一带一路"国家智库数量前十位国家顶级智库名单及全球 TOP100 知库排名

| 国家 | 智库名称 | 全球 TOP100 智库排名 |
|---|---|---|
| 中国 | 中国社会科学院 | 三十 |
| 俄罗斯 | 莫斯科卡内基中心 | 二十五 |
| 印度 | 国防研究与分析研究所 | 四十一 |
| 波兰 | 社会和经济研究中心 | 六十三 |
| 土耳其 | 土耳其经济和社会研究基金会 | 七十七 |
| 以色列 | 国家安全研究所 | 榜外 |
| 伊朗 | 伊朗法学研究所 | 榜外 |
| 罗马尼亚 | 路德维希·冯·米塞斯研究所 | 榜外 |
| 匈牙利 | 政策研究中心 | 榜外 |
| 保加利亚 | 自由战略中心 | 榜外 |

（数据来源：宾大智库报告）

## （二）中国"一带一路"相关智库发展情况

根据《"一带一路"大数据报告（2017）》的研究成果，以"中国智库索引"（CTTI）目录、中国网智库目录、首批国家高端智库目录以及近四年成立的"一带一路"相关智库机构为基础，通过大数据技术，从中提取连续四年与"一带一路"研究相关度较高的智库机构共 120 家作为参评对象，并从以下几方面对所有参评智库的影响力进行综合评价分析。

### 1. 中国研究"一带一路"的智库发展情况

中国关注"一带一路"的相关智库机构正在不断增多，成果数量增长迅猛。"一带一路"倡议提出以来，许多高校、企业、地方政府都成立了专门研究机构。据不完全统计，近四年新成立的以"一带一路"为主开展研究的相关智库有三十多家。从地域上看，目前关注"一带一路"较多的智库主要分布于北京、上海、广东、福建、陕西等地。从属性上看，国家和地方党政智库仍是推进"一带一路"研究的主力军，社会智库和高校智库正不断涌现。

"一带一路"相关论文、报告、专著的数量不断增多。从总量上看，国家级智库、高校智库、地方性智库论文发表数量较多，社会智库和高校智库发布报告和专著数量较多。特别是在论文发表方面,自 2013 年起,"一带一路"相关论文发表数量总体呈持续增长态势,于 2015 年达 20 550 篇,2016 年略有下降,但 2017 年前五个月已达到 9 218 篇(图 2-108)。综合论文发文量、下载量和被引量,中国社会科学院、国务院发展研究中心、中国国际经济交流中心、上海社会科学院、中共中央党校分列前五。

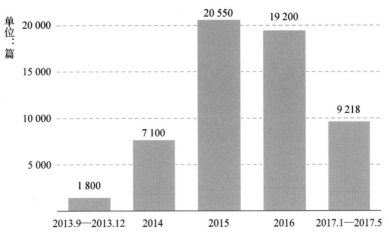

图 2-108　2013—2017 年"一带一路"相关论文发表数量年度变化情况

(数据来源:《"一带一路"大数据报告(2017)》)

### 2. 中国"一带一路"相关智库的研究成果

中国"一带一路"相关智库的研究内容由浅入深,研究成果形式呈现出多样化发展。随着智库研究内容逐步深入,2013 年和 2014 年主要集中于"一带一路"背景、内涵、面临的机遇和挑战等宏观性研究;2015 年开始,研究内容更加广泛和多元化,不断延伸到战略对接、区域及国别合作、省区市参与、产能合作、金融合作、能源合作、人民币国际化、文化交流等多个领域。(图 2-109、图 2-110)

图 2-109　2013—2014 年"一带一路"关注热词词云

(数据来源:《"一带一路"大数据报告(2017)》)

图 2-110 2015—2017 年"一带一路"关注热词词云

(数据来源:《"一带一路"大数据报告 2017》)

多数智库在积极做好"一带一路"决策支持工作外,采取论文、研究报告、专著、调研、专栏评论、研讨会、论坛以及接受采访等丰富多彩的形式展现其研究成果,逐渐形成"百家争鸣"的态势。值得一提的是,智库机构公开发布了大量"一带一路"主题研究报告,引发了社会的广泛关注。其中,既有综合性报告,如中国人民大学"一带一路"建设进展课题组的《坚持规划引领 有序务实推进——"一带一路"建设三周年进展报告》等,从不同视角对"一带一路"建设进展及成效进行较为全面的分析;也有针对具体领域的专门研究报告,如中国社会科学院世界经济与政治研究所的《中国海外投资国家风险评级报告(2016)》、国家信息中心和大连瀚闻资讯有限公司联合编写的《"一带一路"贸易合作大数据报告(2017)》等。

### 3. 中国研究"一带一路"智库的传播渠道及影响力

中国"一带一路"不同类型智库的对外传播平台各有侧重,社交媒体正成为传播新渠道。从传播平台看,2013—2017 年网站是智库的主要对外传播平台,绝大多数参评智库在网站上持续发布"一带一路"相关信息,部分智库还设置了"一带一路"专题栏目。同时,社交媒体正逐步成为智库对外发声、与受众互动的重要平台。大部分智库特别是社会智库和高校智库常常通过微信、微博等社交媒体平台进行传播。其中,"一带一路"百人论坛、蓝迪国际智库、中国人民大学重阳金融研究院、中国与全球化智库、盘古智库等智库的公众号"一带一路"相关发文数量较多,频率较高。中国人民大学重阳金融研究院、察哈尔学会、瞭望智库的微博相关发文较多。(图 2-111)

从社会关注度方面来看,2013—2017 年,中国社会科学院、中国国际问题研究院、中国人民大学重阳金融研究院、国务院发展研究中心、中国国际经济交流中心居国内关注度前五位。国家级智库的国内外关注度均较高,社会智库的国内关注度略高于国外关注度(表 2-16)。在国内关注度排名前十位的智库中,有 6 个是国家级智库,3 个是社会智库;在国外关注度排名前十位的智库中,有 6 个是国家级智库,1 个是社会智库。(图 2-112)

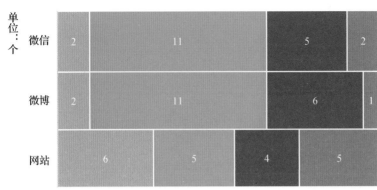

图 2-111 2013—2017 年中国各传播平台中排名前二十的智库类型分布情况

（数据来源：《"一带一路"大数据报告（2017）》）

表 2-16　　　　　　　　　2013—2017 年国内外关注度前十位的智库名单

| 序号 | 国内关注度排名前十位的智库 | 国外关注度排名前十位的智库 |
| --- | --- | --- |
| 1 | 中国社会科学院 | 中国社会科学院 |
| 2 | 中国国际问题研究院 | 中国国际问题研究院 |
| 3 | 中国人民大学重阳金融研究院 | 中国人民大学重阳金融研究院 |
| 4 | 国务院发展研究中心 | 上海社会科学院 |
| 5 | 中国国际经济交流中心 | 国家信息中心 |
| 6 | 蓝迪国际智库 | 国务院发展研究中心 |
| 7 | 国家信息中心 | 上海国际问题研究院 |
| 8 | 中国现代国际关系研究院 | 中国国际经济交流中心 |
| 9 | 商务部国际贸易经济合作研究院 | 商务部国际贸易经济合作研究院 |
| 10 | 中国与全球化智库 | 中国现代国际关系研究院 |

（数据来源：《"一带一路"大数据报告（2017）》）

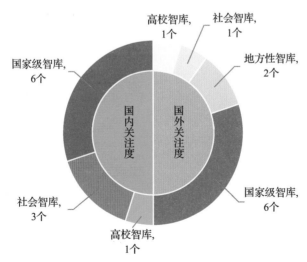

图 2-112 2013—2017 年国内外关注度前十位的各类型智库数量

（数据来源：《"一带一路"大数据报告（2017）》）

## (三)经典案例

"一带一路"倡议提出后,智库建设率先发力,大批聚焦"一带一路"倡议的智库涌现,这其中既有政府的智库群体、企业或高校联合组建的智库,也有民间独立智库,还有独具特色的"网络型智库"。

### 1."一带一路"智库合作联盟步入国际化

2015年4月,由中共中央对外联络部牵头,联合国务院发展研究中心、中国社会科学院、复旦大学成立了"一带一路"智库合作联盟。截至目前,联盟共拥有国内理事单位137家,国际理事单位112家。自成立以来,通过向沿线国家和域外国家所有智库开放,影响力不断扩大,已经成为参与国家智库深化合作、交流成果、对外宣传的重要平台。国际智库合作联盟旨在为各研究机构搭建信息共享、资源共享和成果共享的交流平台,提高"一带一路"相关研究水平,同时具有解读政策、咨政建言、推动交流的高端智库职能,目前已形成拥有一百多家涵盖中外智库的国际合作网络。

2016年2月,中外代表共同启动"一带一路"国际智库合作联盟,来自50个沿线国家的六十多位前政要、智库负责人参加会议,标志着智库联盟正式走入国际化阶段。其中,马来西亚策略分析与政策研究所(INSAP)已加入"一带一路"国际智库合作联盟,为中马两国经贸往来、文化教育交流、民心相通、重大课题研究等"一带一路"领域的合作做出重要贡献。此外,"一带一路"国际智库合作联盟联合中国社会科学院、北京师范大学"一带一路"研究院、中国人民大学重阳金融研究院等智库机构共同发起了"一带一路"智库联盟发布平台。该平台依托中国网络建设的"中国智库"与"中国号",旨在打造成"一带一路"思想金库,形成"一带一路"思想的集散地。通过信息共享、资源共享、成果共享,以智库交往带动人文交流,增进"一带一路"沿线民众对该倡议的理解,增进民众之间的友好感情,为"一带一路"建设营造良好的舆论氛围、打造坚实的社会民意基础。

### 2."一带一路"百人论坛社会影响力不断扩大

2015年5月,由政府官员、企业家、专家学者、媒体从业者等各界精英组成的"一带一路"百人论坛正式成立,定位于打造"一带一路"的网络型智库,致力于夯实"一带一路"的理念与话语权基础,打造"一带一路"优秀案例,为这一伟大倡议提供源源不断的智力支持,从而避免"一带一路"主题资源的碎片化,推动实现国内政府、企业、专家学者、媒体四大主体资源的联动效应。

随着"一带一路"百人论坛的不断发展,社会影响力不断扩大,国内首份与"一带一路"相关的系列年度报告应运而生,包括《"一带一路"年度报告:从愿景到行动(2016)》《"一带一路"年度报告:行者智见(2017)》《"一带一路"年度报告:智慧对接(2018)》。同时,《"一带一路"沿线国家产业合作报告》《"一带一路"与共同现代化》《"一带一路"早期项目动态评估报告》《丝路瞭望》等多项报告也逐步完成。此外,多项调研项目相继开展,如2016年9月,受中国人民对外友好协会委托,赴波兰参加第二十六届东欧经济论坛;2017年11月,赴荷兰、捷克、奥地利三国,对中欧关系、"一带一路"等议题进行相关调研;2017年2月,赴阿拉山口市调研口岸与中欧班列建设情况;2018年5月,赴埃塞俄比亚调研亚吉铁路、亚的斯亚贝巴轻轨、东方工业园、华坚国际轻工业城等"一带一路"项目。为国家政策和中国企业参与"一带一路"国际合作提供决策参考,同时为世界各国提供一个观察、分析中国特色大国外交以及参与全球治理的学术视角,以期国际社会更有效地共商、共建、共享"一带一路"与人类命运共同体红利。

### 3. 中国人民大学重阳金融研究院国际关注度较高

中国人民大学重阳金融研究院成立于 2013 年 1 月,是由中国人民大学与上海重阳投资管理有限公司联合创办的一个现代化智库。中国人民大学重阳金融研究院是国内最早投入"一带一路"相关研究的智库之一,几年来智库学者走访"一带一路"五十多个国家进行深度调研和沟通,出版有关"一带一路"的专著十多部,获得国际广泛关注。其中,由中国人民大学重阳金融研究院高级研究员王义桅撰写的图书《"一带一路":中国崛起给世界带来什么?》自发行以来屡次获奖,国际影响力极大。该书以英文、阿文、俄文、韩文、日文、乌尔都文等十余个语种的版本惊艳亮相,对"一带一路"在国际上的话语体系建设起到了重要作用。同时,为了适应"一带一路"发展的新趋势,该书将出版修订版,并由英国泰勒公司发行。此外,中国人民大学重阳金融研究院"一带一路"系列丛书还包括《"一带一路"国际贸易城市支点研究》《绿色金融与"一带一路"》《世界是通的:"一带一路"的逻辑》《"一带一路":中国崛起的天下担当》等。《"一带一路"故事》系列丛书(七本,六个语种)曾在"一带一路"国际合作高峰论坛上展示,在与会各国代表中产生了广泛的影响。

## (四)数据分析

### 1. "一带一路"国家中、印、俄智库表现不俗

2017 年,全球共有 7 815 家智库,其中北美洲拥有智库 1 972 家,欧洲拥有 2 045 家,全球接近 51.4% 的智库机构在北美洲或欧洲运营。近年来,北美洲及欧洲的新兴智库增长速度逐步减缓,与此同时,亚洲、拉丁美洲、非洲、中东以及北非的智库数量出现迅速增长的趋势。2017 年"一带一路"国家智库也表现出超高的增长态势,智库数量占全球智库总量的 30%,其中,中国、印度及俄罗斯表现较为突出。

近年来,随着一系列推动智库发展的纲领性文件的出台,中国智库发展迈入全新时代,2017 年拥有智库 512 家,仅次于美国位居世界第二,共有 7 家智库上榜全球顶级智库百强榜单。印度则凭借 444 家智库位居世界第三位,俄罗斯智库数量位居世界第九位。其中,俄罗斯的莫斯科卡内基中心是"一带一路"国家中影响力最大的智库,在全球顶级智库中排名第二十五位。中国社会科学院国际关注度紧随其后,在全球顶级智库中排名第三十位。印度的国防研究与分析研究所排名全球第四十一位。中、印、俄三国智库的突出表现为搭建社会与政府间的桥梁做出了重要贡献。

### 2. 中国"一带一路"相关智库国际影响力有待提升

目前我国有很多高校、媒体纷纷成立"一带一路"智库,但在成立之后没有标志性产品内容输出。主要表现为两个方面:第一是产品不够,特别是原创性的产品不够;第二是产品的输出不足,没有转化成国际语言。而我国智库又主要以官方及高校智库为主,社会智库因经费来源不稳定、人才吸引力弱、获取政府信息渠道少、宣传推广困难等因素发展缓

慢,从而制约了中国智库的总体发展。虽然"一带一路"相关智库数量增长迅猛,但智库总体建设跟不上、不适应发展形势的问题越来越突出,尤其是缺乏具有较大影响力和国际知名度的高质量智库及输出产品。究其主要原因,有如下几点:

首先,"一带一路"国家语言繁多。以思想为核心、以语言为载体的智库产品,其国际影响力的发挥完全依赖于研究成果能否被有效地解读。中国智库群若要在"一带一路"建设中发挥作用,不断提升其国际影响力,必须解决好与沿线国家的语言障碍。其次,智库评估机制有待进一步完善。"一带一路"倡议由中国提出,故以中国智库为主体评估"一带一路"的实施效果既是履行国际责任也是促进区域繁荣、全球经济发展的必要程序,亟须加强智库排名及"一带一路"实施效果评估体系建设,以此保证研究成果的质量。此外,要避免重复建设,共享资源和知识。众多智库在起步阶段普遍对沿线国家的地理、历史、宗教等基本情况,或区域、国别、投资风险等基础进行重复性研究,从而导致资源的极大浪费。因此,应有导向性地聚焦"一带一路"研究,在共享知识的基础上共享观点,通过聚智、聚焦增强中国参与全球经济治理的制度性话语权。同时,要逐步建立长期跟踪研究的长效机制,重视理论建设和跨学科研究,推进研究方法、政策分析工具和技术手段创新,搭建互联互通的信息与政策的共享平台,为"一带一路"的决策咨询提供扎实的理论支撑和方法论支持。最后,加强"一带一路"智库人才培养。"一带一路"建设是一项长期工程,目前智库研究人员通常为项目合作制,即根据项目要求灵活组织智库内研究人员。尽管该模式有利于打破学科束缚、充分发挥智库内的智力资源,但随着项目结束,科研组织就随之解散,难以对项目进行有效跟踪与持续改进。若要打造高质量智库、输出优质产品,需要持续地培养"一带一路"的专家学者。

### 3. 应加强沿线国家对"一带一路"倡议的赞同感

"一带一路"倡议已经引起各国的高度关注,各国智库对其观察的角度及态度各有不同。如以美国为首的西方国家主要关注中国"一带一路"倡议是否会更改当前国际秩序,俄罗斯、印度则关注中国是否会削弱其势力范围,发展中国家则更加关注中国在加大投资的同时是否会侵夺其资源等。对于"一带一路"倡议,各国智库或是充满抵触和疑虑,或是充满期待和欢迎,中国应注重"一带一路"倡议在海外的传播,避免引起各国智库不必要的误解与猜想。

在"一带一路"倡议的海外传播中,要以不同国家的侧重点和最新关注热点为研究方向,避免"唯政治论"及过度展示意识形态和政治思想的态度,要综合利用金融、文化等进行有针对性的宣传。例如,对于俄罗斯、印度要强调中国尊重其在不同地区的既有地位;对美国,则应强调中国并非要与其一争高下。另外,要避免以相同的内容和语言向不同国家进行传播,针对不同受众群体和不同话语基础的国家,"一带一路"倡议的传播要结合各国受众群体的认知逻辑进行分类传播。此外,鼓励"一带一路"智库运用学术交流、大众传媒等多种手段,增强社会民众对"一带一路"的认知度和接受度。"一带一路"倡议传播拒绝"灌输式"传播模式,要做到"内外有别"。应加强报道沿线国家的政治、经济、社会、民生情况和参与"一带一路"的程度以及所取得的成绩,以此增加沿线国家对"一带一路"倡议的赞同感。

# 九、媒　体

遥远的东西方曾因丝绸之路而联系起来。两千多年后,媒体舆论传播替代驼队,加速各国间的互动与交流。2013年9月7日,习近平访问哈萨克斯坦时提出共同建设"丝绸之路经济带"。2013年10月,习近平在印度尼西亚国会发表演讲时提出共同建设"21世纪海上丝绸之路"。这些信息通过媒体传导、舆论传播,吸引了全世界的目光。可以说,媒体报道是反映"一带一路"倡议在建设、成果、宣传等各方面面貌的一面镜子。目前,由于互联网的日益普及、全球网民规模的迅速增长,尤其是社交媒体参与人数的增加,舆论传播发生了重大变化。一方面,媒体形态和格局发生根本性改变,传统媒体与新媒体在舆论场中扮演的角色呈现此消彼长的态势;另一方面,传统的舆论引导效果面临着被社交媒体民众的话语权削弱的挑战。故全面掌握沿线国家媒体生态及舆论状况,是开启"民心相通"大门的钥匙,是推进"一带一路"建设的重要环节。

## (一)全球媒体生态环境分析

### 1.全球媒体行业分类情况

世界媒体实验室(World Media Lab)发布的"世界媒体五百强"排行榜主要将有线宽频和卫星、影视文娱或节目、电视和广播电台、图书、报纸、综合媒体、期刊、互联网新媒体及媒体公关传播这9个子行业归入媒体行业。在这9个子行业中,电视和广播电台行业仍占据媒体行业的主流位置,在2017年全球媒体五百强企业当中占比为20.6%,位列第一;图书行业入榜企业占16.6%,位列第二;报纸行业入榜企业占15.8%,位列第三。综合媒体、有线宽频和卫星、影视文娱或节目行业入榜企业分别占10.4%、10.2%和10.0%。互联网新媒体、期刊、媒体公关传播行业的入榜企业占比较低,依次为6.4%、5.4%和4.6%。(图2-113)

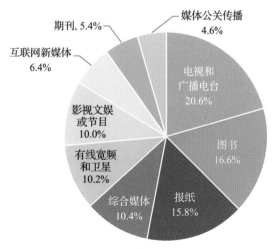

图2-113　2017年全球媒体子行业企业数量占比

〔数据来源:世界媒体实验室(World Media Lab)〕

### 2. 全球各国媒体行业发展情况

从企业所属国家来看,2017 年全球媒体五百强企业中,美国企业共上榜 107 家,堪称媒体行业中的王者;中国(不含港澳台)共上榜 77 家企业,位居第二,超越日本成为亚洲第一媒体强国;日本共上榜 42 家企业,位居第三;而英国共上榜 36 家企业,成为欧洲第一媒体大国。沿线国家中的印度挺进前十名,共上榜 21 家企业,位居全球第六位。(图 2-114)

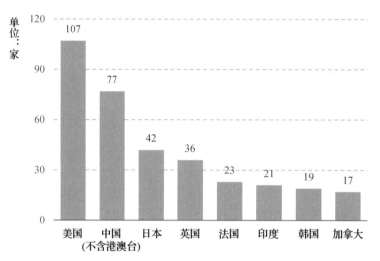

图 2-114  2017 年全球媒体五百强企业数量前八位国家

〔数据来源:世界媒体实验室(World Media Lab)〕

### 3. 全球新媒体发展情况

随着全球网民数量逐年上涨,互联网行业持续稳健发展,互联网已成为推动全球各行各业发展的重要力量。互联网新媒体是基于互联网和移动互联网产生的新的媒体类型,较高的互联网普及率无疑将会促进互联网新媒体的快速发展。全球互联网普及率 2010 年是 2005 年的 1.8 倍,增长速度较快;2017 年的全球互联网普及率为 47.2%,较 2013 年上升 10.3 个百分点。近几年全球互联网普及率增长速度虽有所放缓,但仍呈现出明显的上升态势(图 2-115)。随着互联网普及率的逐步提升,互联网新媒体行业发展取得了飞快的进步。

从企业的净利润来看,互联网新媒体也是吸金能力最强的子行业。根据世界媒体实验室发布的数据,2017 年,净利润最高的媒体公司是谷歌,净利润高达 194.78 亿美元;脸书则位居第二,净利润为 102.17 亿美元;迪士尼位居第三,净利润为 93.66 亿美元。按照行业区分,全球媒体净利润前十名企业当中,互联网新媒体行业的净利润额占各行业净利润总额的 46.3%,综合媒体行业净利润额占各行业净利润总额的 29.7%。净利润前十名的媒体企业中,仅有 1 家来自中国,另外 9 家公司均来自美国(表 2-17)。

图 2-115　全球互联网普及率年度走势
（数据来源：中华人民共和国国家统计局）

表 2-17　　　　　　　　2017 年全球媒体净利润前十名企业

| 排名 | 公司名称 | 行业 | 国家 | 净利润 |
|------|---------|------|------|--------|
| 一 | 谷歌 | 互联网新媒体 | 美国 | 194.78 亿美元 |
| 二 | 脸书公司 | 互联网新媒体 | 美国 | 102.17 亿美元 |
| 三 | 迪士尼 | 综合媒体 | 美国 | 93.66 亿美元 |
| 四 | 康卡斯特公司 | 有限宽频或卫星 | 美国 | 90.45 亿美元 |
| 五 | NBC 环球媒体有限责任公司 | 综合媒体 | 美国 | 72.30 亿美元 |
| 六 | 腾讯控股有限公司 | 互联网新媒体 | 中国 | 70.27 亿美元 |
| 七 | 直接电视集团 | 有限宽频或卫星 | 美国 | 60.95 亿美元 |
| 八 | 时代华纳公司 | 综合媒体 | 美国 | 39.26 亿美元 |
| 九 | 查特通信公司 | 有限宽频或卫星 | 美国 | 38.53 亿美元 |
| 十 | 汤森路透公司 | 综合媒体 | 美国 | 30.98 亿美元 |

〔数据来源：世界媒体实验室（World Media Lab）〕

## （二）"一带一路"国家媒体情况分析

### 1."一带一路"国家电视媒体情况

"一带一路"国家中,俄罗斯拥有的电视台数量最多,达到 7 306 个（图 2-116）。这一数量是中国拥有电视台数量（3 240 个）的两倍多,是印度拥有电视台数量（1 600 个）的四倍多。其余国家的电视台数量均不足 1 000 个。超过 75％的国家拥有的电视台数量不足 100 个,15 个国家电视台数量不足 10 个,分别是新加坡、柬埔寨、吉尔吉斯斯坦、老挝等。

值得一提的是,"世界一带一路电视台"在"一带一路"国家备受瞩目。"世界一带一路电视台"是一家具有泰国民联厅（广播电视局）颁发的运营证等多种准证的二十四小时全天候的卫星电视台,共 15 个频道。通过"泰空"5、6、8 三颗卫星的传送并透过泰国著名的卫星电视公司 IPM 的 800 万个机顶盒及 350 万个卫星锅,覆盖了泰国、缅甸、老挝、柬埔寨、马来西亚、越南及中国西南地区,惠及 5 000 万人。

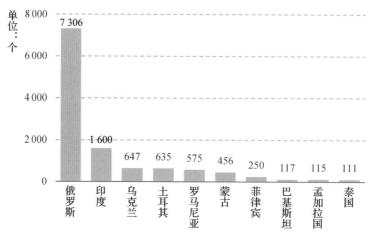

图 2-116　截至 2017 年"一带一路"沿线电视台数量前十位国家

（数据来源：全球电视台统计数据库）

### 2."一带一路"国家广播媒体情况

在互联网时代，广播媒介逐步进入"窄播化"阶段，全球广播媒介中 FM[①] 传统模拟广播所占广播市场份额达 66.8％，DAB[②] 数字广播占广播市场份额为 23.7％，AM[③] 传统模拟广播占广播市场份额最低，仅为 9.5％。而沿线国家广播信号主要为 FM，市场份额高达 90.0％；与全球发展趋势有所不同的是，沿线国家广播信号中 AM 多于 DAB，所占市场份额分别为 7.7％和 2.3％。中国 FM 市场份额最高，占 77.2％；AM 次之，占 22.4％；DAB 占比最少，仅为 0.4％。（图 2-117）

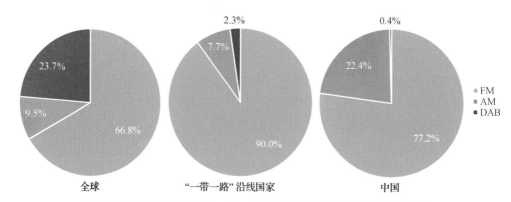

图 2-117　截至 2017 年全球、"一带一路"沿线国家、中国各类广播信号数量占比

（数据来源：全球卫星广播电视统计数据库）

此外，分析"一带一路"国家广播媒介应用数量可知，中国位居第一，俄罗斯、土耳其、伊朗、印度尼西亚位居其后。其中，FM 铁塔数量领先的国家依次为中国、俄罗斯、土耳其、伊朗

---

①　FM（Frequency Modulation）即调频，习惯上用 FM 来指一般的调频广播。

②　DAB（Digital Audio Broadcasting）即数字信号广播，是继 AM、FM 传统模拟广播之后的第三代广播，具有抗噪声、抗干扰、抗电波传播衰减、适合高速移动接收等优点。

③　AM（Amplitude Modulation）即调幅，也就是通常说的中波。

及印度尼西亚；AM 铁塔数量领先的国家依次为中国、菲律宾、印度、泰国及印度尼西亚，而中国 AM 的铁塔数量占"一带一路"国家的近一半(49.27％)；DAB 铁塔数量领先的国家主要为中东欧国家，依次为捷克、波兰、斯洛文尼亚、克罗地亚以及斯洛伐克。(图 2-118～图 2-120)

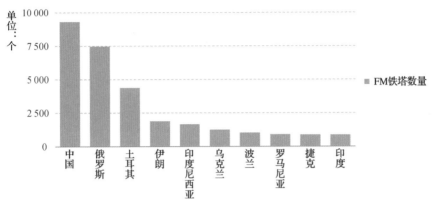

图 2-118　FM 铁塔数量前十位的"一带一路"国家
(数据来源：全球卫星广播电视统计数据库)

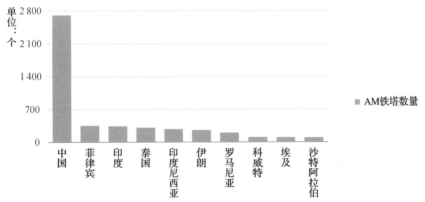

图 2-119　AM 铁塔数量前十位的"一带一路"国家
(数据来源：全球卫星广播电视统计数据库)

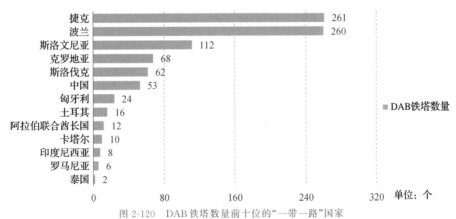

图 2-120　DAB 铁塔数量前十位的"一带一路"国家
(数据来源：全球卫星广播电视统计数据库)

### 3. "一带一路"国家出版商情况

从区域来看，"一带一路"国家出版商主要集中在中东欧地区，占"一带一路"国家出版商总量的 52.2%；东北亚（含中国）的出版商数量次之，占 19.0%；西亚北非地区及南亚地区出版商数量各占 15.9% 和 10.9%。（图 2-121）

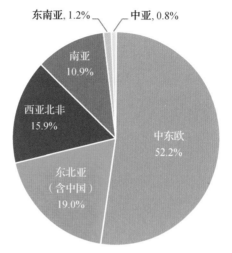

图 2-121　截至 2017 年"一带一路"各区域出版商数量占比

（数据来源：全球连续出版物发行商数据库）

从国家来看，在"一带一路"国家当中，波兰出版商数量最多，高达 27 428 家；俄罗斯位居第二，出版商数量达 16 957 家；印度位居第三，出版商数量达 10 428 家；伊朗位居第四，出版商数量为 8 634 家；印度尼西亚位居第五，出版商数量为 7 382 家。（图 2-122）中国出版商数量仅七百多家。

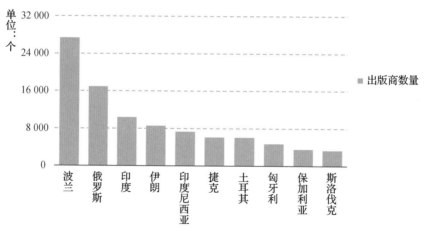

图 2-122　截至 2017 年"一带一路"出版商数量前十位国家

（数据来源：全球连续出版物发行商数据库）

## (三)"一带一路"媒体舆情分析

### 1."一带一路"倡议热度情况分析

**(1)2017 年"一带一路"倡议国内关注度两度达到峰值**

"一带一路"倡议提出以来,国内媒体和网民关注度总体呈现上升趋势。2017 年 5 月,"一带一路"国际合作高峰论坛和中国共产党第十九次全国代表大会(简称十九大)召开前夕,媒体和网民对"一带一路"关注度明显升温,高峰论坛期间"一带一路"倡议国内关注度达到全年峰值,此次论坛是"一带一路"提出几年来最高规格的论坛活动,受到中外媒体的广泛关注。另外一个高点出现在 2017 年 9 月。2017 年 10 月,十九大在北京召开,成为国内及全球媒体竞相追踪报道的焦点和热点。而"一带一路"倡议作为重点国策,在媒体的争相报道中热度不断提升。2017 年 9 月伊始,"一带一路"倡议关注度开始走高,10 月十九大召开期间,习近平在总结过去五年的工作和历史性变革时,多次提及共建"一带一路"倡议,使国内外媒体和网民对"一带一路"倡议保持了持续关注。(图 2-123)

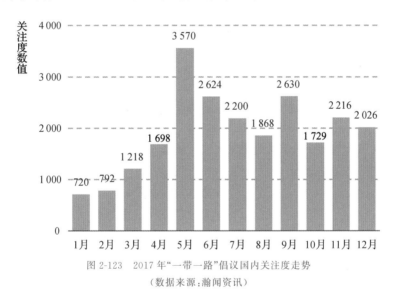

图 2-123 2017 年"一带一路"倡议国内关注度走势

(数据来源:瀚闻资讯)

**(2)十九大外媒关注度集中在"习近平新时代中国特色社会主义思想"等热门话题**

通过对境外近百家主流媒体近万条十九大相关报道的网络语义分析和文本挖掘发现,境外主流媒体对十九大报道主要有以下几个特点:

首先,十九大确立了"习近平新时代中国特色社会主义思想"的地位。对此,路透社、美联社等多家西方主流通讯社的报道都援引了国内主流媒体的解读,强调"习近平新时代中国特色社会主义思想"是中国进入"新时代"最突出的特征,指明了中国发展"新的历史方向"。路透社刊发评论文章称,"习近平新时代中国特色社会主义思想"为"中国梦"描绘了更为细致的发展蓝图。这一指导思想将会给中国未来五年乃至更长时期的发展定下基调,也会影响地区及世界政治、经济未来的发展走向。英国广播公司等多家外媒在报道中将"习近平新时代中国特色社会主义思想"与"软实力"联系起来,认为这是中国向世界呈现清晰而统一的价值观、展现软实力的重要举措。

其次,十九大报告对新型国际关系做了新的界定,外媒对此广泛热议。如英国《每日电讯报》刊文称,中美新型大国关系的建立有助于推动联合国实现全球安全的目标。美国《华尔街日报》刊文称,习近平在维和峰会上的承诺和主张展示了中国的大国风范,这将有助于减少国际社会对于不断强大的中国的担忧。多数外国媒体对十九大报告中新型国际关系的提出给予肯定并充满期待。

另外,"两岸和平统一"等经久不衰的话题仍是十九大期间境外媒体追逐报道的热点。(图 2-124)

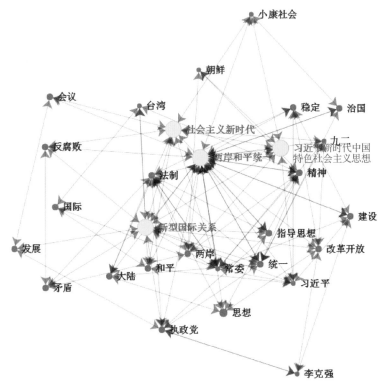

图 2-124 十九大境外媒体报道内容语义分析

(2017 年 9—11 月十九大期间 1 000 篇媒体报道)

(数据来源:瀚闻资讯)

### (3)沿线国家流量媒体①对"一带一路"倡议关注度不及官方媒体

自 2013 年"一带一路"倡议提出以来,沿线国家对"一带一路"倡议的关注主要集中在官方媒体的报道中,流量媒体及社交媒体中提及不多。2013 年,沿线各国流量媒体对"一带一路"倡议关注度占整个媒体关注度的 5.2%,2014 年和 2015 年分别回落至 3.7% 和 2.8%,近两年流量媒体的关注度稍有提升,2016 年流量媒体关注度占比为 4.6%,2017 年流量媒体关注度占比为 4.9%。"一带一路"倡议仍需在沿线国家中提升流量媒体影响力,提高民众的关注度。(图 2-125)

———————————

① 选取各国访问量前五十位的媒体网站定义为流量媒体。

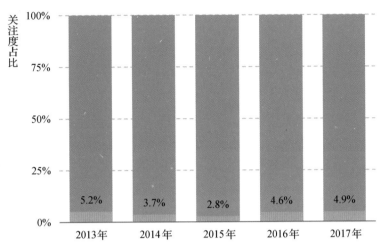

图 2-125　2013—2017 年流量媒体对"一带一路"倡议关注度占比

（数据来源：瀚闻资讯）

### （4）国内官方媒体"一带一路"相关话题中，"命运共同体"热度最高

"一带一路"倡议提出以来，国内官方媒体对相关话题关注热度持续走高。2013 年"丝绸之路经济带""21 世纪海上丝绸之路""互联互通"等倡议构想相继提出后，迅速成为网络热点。随着"一带一路"的逐渐深化和推进，"经济走廊""亚投行""自贸区""全球化"等话题相继走热，且关注度居高不下。（表 2-18）进入 2018 年，"命运共同体""中国梦""文化交流"成为"一带一路"倡议新热点。2018 年 3 月 11 日，第十三届全国人民代表大会第一次会议通过宪法修正案，将宪法序言第十二自然段中"发展同各国的外交关系和经济、文化的交流"修改为"发展同各国的外交关系和经济、文化交流，推动构建人类命运共同体"，标志着"一带一路"倡议进入新里程。从热点话题变化进程不难看出，"一带一路"倡议提出五年来，从理念构想到人心聚合，从顶层设计到实际进程，不断开花结果，在"一带一路"沿线国家乃至全球影响力不断扩大。

表 2-18　　　　　　　　　"一带一路"倡议热议话题年度变化

| 关注度排名 | 2013 年 | 2014 年 | 2015 年 | 2016 年 | 2017 年 |
|---|---|---|---|---|---|
| 一 | 丝绸之路经济带 | 经济走廊 | 自贸区 | 自贸区 | 命运共同体 |
| 二 | 21 世纪海上丝绸之路 | 互利共赢 | 互联互通 | 互联互通 | 中国梦 |
| 三 | 互联互通 | 亚投行 | 亚投行 | 基础设施建设 | 文化交流 |
| 四 | 中国梦 | 丝路基金 | 基础设施建设 | 产能合作 | 开放新格局 |
| 五 | 开放新格局 | 顶层设计 | 经济走廊 | 经济走廊 | 自贸区 |
| 六 | 经济走廊 | 文化交流 | 命运共同体 | 全球化 | 中欧班列 |
| 七 | 互利共赢 | 战略意义 | 丝路基金 | 命运共同体 | 全球化 |
| 八 | 新机遇 | 新机遇 | 民心相通 | 民心相通 | 金砖国家 |
| 九 | — | 全球化 | 金砖国家 | 亚投行 | 新机遇 |
| 十 | — | — | 全球化 | 人文交流 | 互联互通 |
| 十一 | — | — | 人文交流 | 中欧班列 | 全球治理 |

（续表）

| 关注度排名 | 2013 年 | 2014 年 | 2015 年 | 2016 年 | 2017 年 |
|---|---|---|---|---|---|
| 十二 | — | — | 产能合作 | 金砖国家 | TPP |
| 十三 | — | — | 金融合作 | 丝路基金 | 协调发展 |
| 十四 | — | — | TPP | 协调发展 | 基础设施建设 |
| 十五 | — | — | 政策沟通 | 战略对接 | 金融合作 |
| 十六 | — | — | 顶层设计 | 全球治理 | 战略意义 |
| 十七 | — | — | 协调发展 | 金融合作 | 人文交流 |
| 十八 | — | — | 人民币国际化 | 顶层设计 | 经济走廊 |
| 十九 | — | — | 贸易畅通 | 政策沟通 | 互利共赢 |
| 二十 | — | — | 中欧班列 | 贸易畅通 | 战略对接 |

（数据来源：瀚闻资讯）

### （5）微博"一带一路"相关话题中，"高峰合作论坛"热度最高

"一带一路"倡议自提出以来，得到国内民众的广泛响应，"一带一路"相关话题多次在微博及主流论坛荣登热榜，引起全民热议。以微博为例，每月均有"一带一路"相关话题成为热议焦点。2017 年 5 月，"一带一路"国际合作高峰论坛热度最高，单条微博的转发量达到 80 243 次。纵观 2017 年全年，"一带一路"文化娱乐类话题热度较高，如 9 月"一带一路"国际时尚周活动单条微博的转发量达到 70 783 次；12 月"2017 丝路凝聚力盛典"单条微博转发量达 56 003 次。（图 2-126）可以看出，"一带一路"倡议话题在社交媒体的关注热点主要集中在文化交流活动上。

图 2-126 "一带一路"倡议微博月度热议话题转发量

（数据来源：瀚闻资讯）

## 2."一带一路"国家间关注度分析

### （1）沿线国家对中国关注度持续走高

"一带一路"及"中国"关注热度在 2015 年 3 月《推动共建丝绸之路经济带和 21 世纪

海上丝绸之路的愿景与行动》发布后快速升温，且呈现持续走高态势。（图2-127）

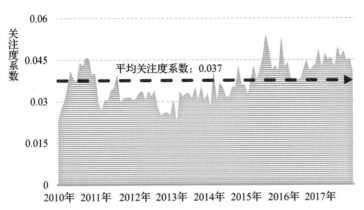

图 2-127　沿线国家对中国关注度年度走势

（数据来源：瀚闻资讯）

2017年沿线国家中，新加坡对"中国文化"关注度最高，其他排名前十位的国家依次为马来西亚、越南、印度尼西亚、文莱、菲律宾、巴基斯坦、卡塔尔、哈萨克斯坦、塔吉克斯坦。上榜的国家中，东南亚地区占据半数以上席位。（图2-128）

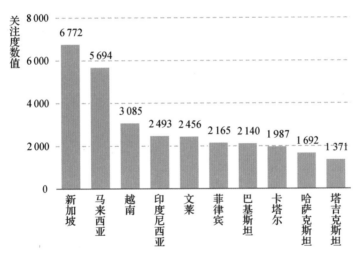

图 2-128　2017年沿线重点国家对"中国文化"关注度排名

（数据来源：瀚闻资讯）

### （2）中国主流媒体对俄罗斯关注度最高

依据国内主流媒体对沿线国家报道的文本大数据进行分析，中国媒体对沿线关注度最高的10个国家依次为俄罗斯、印度、新加坡、伊朗、以色列、马来西亚、泰国、蒙古、越南和匈牙利。（图2-129）

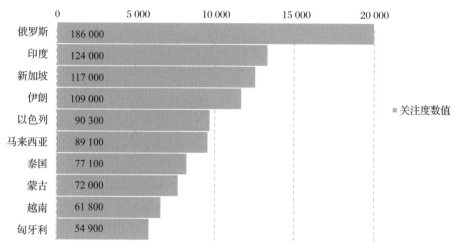

图 2-129　2017 年中国主流媒体对"一带一路"沿线关注度排名前十位的国家

（数据来源：瀚闻资讯）

### 3. "一带一路"国家文化舆情分析

#### (1)沿线国家对"中国文化"关注度持续走高

自 2015 年 3 月《推动共建丝绸之路经济带和 21 世纪海上丝绸之路的愿景与行动》发布后,随着 2015 年到 2016 年"一带一路"文化交流活动的日益频繁,"中国文化"在沿线国家的关注度不断升温。(图 2-130)

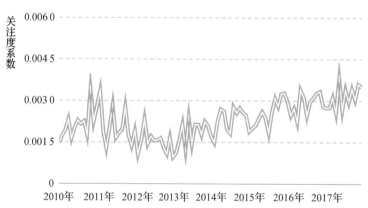

图 2-130　2010—2017 年沿线国家对"中国文化"的关注度走势

（数据来源：瀚闻资讯）

#### (2)马来西亚对"中国文化"关注度占比最高

2017 年沿线国家中,马来西亚对中国文化的关注度占文化整体关注度比例最高,达 24%,其他位居前十的国家依次为巴基斯坦、缅甸、新加坡、老挝、菲律宾、文莱、塔吉克斯坦、越南、尼泊尔。马来西亚作为东盟重要的成员国、"一带一路"沿线的节点国家,在中国与东南亚国家文化交流中起到重要的桥梁作用。目前马来西亚的华人有几百万之多,他们在中马文化交流中发挥着巨大作用。2017 年以来,中马之间的文化交流活动日趋频繁,增加了马来西亚对中国文化的关注度。(图 2-131)

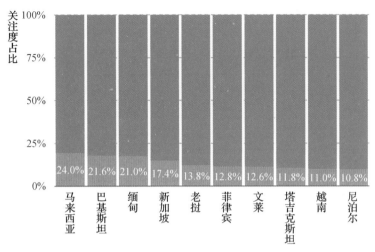

图 2-131  2017 年沿线国家对"中国文化"关注度占比排名

（数据来源：瀚闻资讯，关注度占比＝"中国文化"关注度数值/文化关注度数值）

## （四）经典案例

### 1."一带一路"促进全球人际互信

据巴基斯坦《巴基斯坦观察家报》报道，其执行主编高哈尔·扎希德·马利克（Gauhar Zahid Malik）在人民日报社举办的"一带一路"媒体合作论坛开幕式上称，"一带一路"倡议有助于促进全球人际互信包容、维护世界稳定、增进不同国家间的理解和团结，为人类谋福祉。马利克说："我们密切关注全球社会改革，因此我们的英文日报《巴基斯坦观察家报》对中国的'一带一路'进行了大幅报道。报道内容广泛、丰富，让人甚至有一种阅读中国报纸的感觉。之所以这样做，是因为我们对整个'一带一路'计划和相关项目的作用与功能充满了信心。'一带一路'作为媒体关注的焦点，我迫切感到应使其见诸更多视听媒体。建议为'一带一路'设立专门的电视频道，定期举办研讨会和培养青年意识对这一全球性计划同样重要。"

他说："'一带一路'是新型的全球化倡议，其经济潜力是最吸引人的地方。因为参与国家众多，'一带一路'论坛应顾及各方利益。如此规模宏大的倡议史无前例，提出这一倡议者心系苍生、造福人类。它利在千秋，将带来广泛的经济效益和人类福祉。"

马利克指出：对"一带一路"的务实宣传将使参与国更加紧密地团结在一起，首次做到众志成城，这才是该倡议最成功的地方。他说："我认为吸引人的指示牌、项目成本、项目细节和项目的经济和人口解决方案及其项目功用都应该成为我们宣传的内容。"

### 2."一带一路"倡议将促进中俄两国合作

俄罗斯国际新闻通讯社在报道俄罗斯"东向"战略的背景、意义和实施中可能遇到的困难时，俄罗斯国立高等经济大学世界经济和世界政治系欧洲与世界研究中心主任博尔达切夫指出，俄罗斯必须做到战略上与中国靠近，并保持高度信任。除此之外，也要消除外部势力散播俄中不信任观点以及必须通过免签等制度促进两国人民互动。只有这样，才可能在欧亚大陆建立起以共同利益和价值观为基础的国际关系新结构，提高两国在世界舞台上的地位，促进欧亚大陆发展。在新结构日渐形成的局势下，俄中两个欧亚大国的合作是最佳选择。

欧亚经济联盟建设和"丝绸之路经济带"建设的对接是促进两个欧亚大国合作最富前景的计划。这一对接旨在保障双方的发展计划能够协同进行，以及在欧亚交通物流体系的基础上探索共同发展的新领域，使中央欧亚大陆成为世界最大的合作区域。但要在大欧亚框架内推进新共同体的建立，两国就必须解决一系列共同问题，如地区极端主义、环境污染、水资源匮乏、毒品交易以及域外某些势力带来的负面影响。对俄罗斯及其伙伴国来说，欧亚大陆一体化是未来几十年的中心计划，要实现这一目标，就必须加速欧亚经济联盟建设与"丝绸之路经济带"建设的对接。

虽然"丝绸之路经济带"建设不能使交通和物流最优化，但是中国通过大量基础设施、贸易和服务项目给诸多国家创造了发展本国经济的机会。这些计划的成功还将提高区域稳定性和安全性，充分激发中国西部和中央欧亚大陆的潜力。

### 3.《人民日报》为推动"一带一路"建设努力

"一带一路"倡议提出五年多来，有二百多家外国媒体和机构的代表团到访人民日报社，交流经验、观摩研讨；人民日报社与各国主流媒体加强跨境采访协作，先后组织澜湄区域、东盟与中日韩、中俄主流媒体等联合采访。

人民日报社与 26 个国家的 36 家媒体分别签署了《合作谅解备忘录》，推动媒体间信息和资源共享，建立新闻产品互换机制；紧跟新技术浪潮，与 16 家国外媒体签署了新媒体新技术合作协议。

未来，人民日报社将本着相互尊重、平等协商、互助互利、自主自愿的原则，共同推进"一带一路"新闻合作联盟建设，探索建立宽领域、多形式、常态化的协作机制，进一步推动媒体交流合作和共赢发展。下一次的"一带一路"媒体合作论坛将和"一带一路"国际合作高峰论坛配套举行。

## (五)数据分析

### 1."一带一路"倡议国际关注度提升

随着综合国力的增强，中国以前所未有的姿态步入世界舞台，全球关于中国的舆情不断增加。据不完全统计，2017 年海外媒体关于中国的舆情超过 300 万篇。"中国两会""习近平""十九大""特朗普访华"等热点获得全球普遍关注。自 2013 年中国提出建设"丝绸之路经济带"的重大倡议以来，"一带一路"这个概念日益成为国际社会关注的焦点。特别是在 2015 年 3 月《推动共建丝绸之路经济带和 21 世纪海上丝绸之路的愿景与行动》发布后，"一带一路"倡议全球关注热度迅速升温，"One Belt One Road"和"Belt and Road"在谷歌中的搜索热度不断攀升。在"一带一路"倡议提出初期，国际媒体对这一倡议的关注度集中在概念介绍，如"丝绸之路经济带""海上丝绸之路""经济走廊""互联互通"等热点,2015年后期到2016年底,国际媒体对这一倡议的关注转向实体经贸,如"亚投行""基础设施建设"等;2017年开始,国际对"一带一路"有了新的认识,"人类命运共同体""文化交流""中国梦"占据舆论热点。

### 2. 部分西方媒体对"一带一路"倡议解读有误

目前,西方媒体在全球话语体系中仍然占主导地位,它们对"一带一路"倡议报道的不足,导致一些国家对"一带一路"倡议的认识不够公正和客观。有些国家对"一带一路"倡议存在偏见,对于"一带一路"倡议中关于公路、铁路的合作,有些国家总是担心这些对中方更有利,与这些国家本身利益关系并不十分密切,因此对重大投资项目的态度相对消极。

### 3. 媒体在"一带一路"建设中发挥重要作用

"民心相通"是"一带一路"倡议"五通"的心理基础,而媒体无疑是沟通心灵的重要工具。"一带一路"国家众多,不同的文化背景、价值观念、生活习惯,需要根据实际情况找到恰当的表达方式讲好"一带一路"故事。这就体现出提升媒体传播能力的重要性。"一带一路"倡议提出以来,沿线国家与中国政府、通讯社、媒体相继签订了宣言、协议、计划、备忘录等,为"一带一路"倡议国际传播打下了良好基础。媒体可以通过"讲好丝路故事",增进中国与沿线各国的了解和互信,让"一带一路"倡议深入各国民众民心,切实促进"一带一路"国家民心相通;可以通过加强信息沟通、资源共享来促进沿线国家的文化交流和人员往来,实现"一带一路"建设中的互通互联。媒体可以抓住新媒体技术发挥的时代机遇,通过互联网大数据技术,聚焦重点、定位需求,实时掌握国际舆情动态,为"一带一路"建设提供舆论支撑。应建立适应"一带一路"建设的媒体合作格局,从而提升"一带一路"倡议的国际影响力,为"一带一路"建设提供有力支撑。总之,媒体在"一带一路"建设中发挥着举足轻重的作用。

# 文化产品贸易篇

"一带一路"行稳致远,与沿线国家民心相通密不可分,而文化贸易是推动民心相通的重要力量,是助力"一带一路"建设的重要方式。文化部发布的《"一带一路"文化发展行动计划(2016—2020年)》对文化贸易方面着墨颇多:在发展目标方面,提出着力实现文化产业及对外文化贸易渐成规模;在重点任务方面,提出要促进"一带一路"文化贸易合作。在12项子计划中,"一带一路"文化贸易拓展计划也是其中之一。文化贸易是提升国家文化软实力的重要途径,是"一带一路"国际合作的重要内容,有利于加强中国与沿线国家的文化交流。2017年,中国与沿线国家文化产品贸易额达179亿美元,同比增长16.5%,文化贸易规模进一步扩大,贸易合作前景可观。

## 一、"一带一路"国家与全球文化产品贸易合作①

### (一)"一带一路"国家与全球文化产品贸易格局

2017年,全球文化产品贸易总额近6 000亿美元。其中,沿线国家文化产品贸易额占全球的比重为21.1%,较沿线国家货物贸易总额占全球的比重低2.5个百分点。中国文化产品贸易额占全球的比重为15.0%,较中国货物贸易总额占全球的比重高出近3个百分点。(图3-1)表明中国文化产业结构不断优化,文化产品在全球范围内传播广泛,而在沿线国家的文化产品传播仍有待于加强。

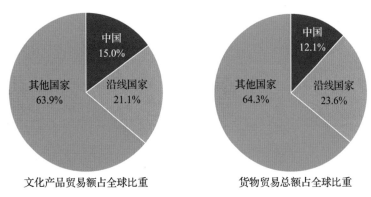

文化产品贸易额占全球比重　　　　货物贸易总额占全球比重

图3-1　2017年沿线国家及中国文化产品贸易额、货物贸易总额占全球比重

### (二)"一带一路"国家与全球文化产品出口格局

2017年,"一带一路"国家文化产品对全球出口额为1 700亿美元左右。中国文化产品对外出口额最高,占"一带一路"国家文化产品出口总额的一半以上;其次是印度,其文化产品出口额占"一带一路"国家文化产品出口总额的比重为8.9%,出口产品以工艺美

---

①　本节所有数据来源于大连瀚闻资讯全球贸易观察数据库。

术品和收藏品为主；阿拉伯联合酋长国文化产品出口额占"一带一路"国家的比重为
7.1％；新加坡占比为5.3％。（图3-2）

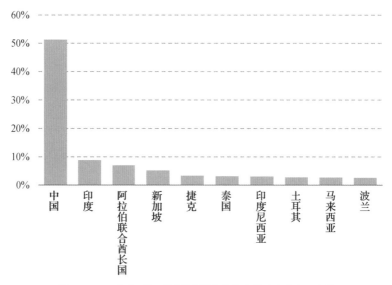

图3-2 2017年"一带一路"部分国家文化产品对全球出口比重

## (三)"一带一路"国家与全球文化产品进口格局

2017年，"一带一路"国家文化产品自全球进口额为400亿美元左右。中国文化产品
自全球进口额最高，占"一带一路"国家文化产品进口总额的21.5％；其次是新加坡，其文
化产品进口额占"一带一路"国家的比重为8.9％，进口产品以工艺美术品和收藏品为主；
波兰文化产品进口额占"一带一路"国家文化产品进口总额的比重为6.1％；其余国家占比
均不足5％。（图3-3）

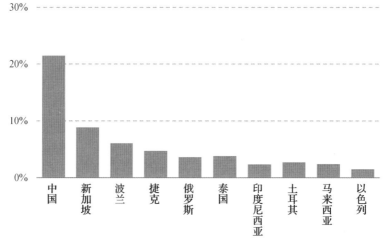

图3-3 2017年"一带一路"部分国家文化产品自全球进口比重

## （一）2010—2017 年文化产品贸易额变化

商贸活动是文化交流的重要途径之一，文化产品是文化传播的良好载体。2010—2014 年，中国与沿线国家文化产品贸易额逐年上升，2014 年贸易额达到 171.9 亿美元；2017 年达到 179.0 亿美元，较 2016 年增长 16.4％，占中国文化产品与全球贸易额的19.8％。从出口来看，2017 年，中国对沿线国家文化产品出口额创历史新高，达到160.6 亿美元，较 2016 年增长 23.4％，占中国文化产品对全球出口额的 18.0％；从进口来看，2014 年以来，中国自沿线国家文化产品进口额呈逐年下降的趋势，2017 年进口额下降至 18.4 亿美元，较 2016 年下降 22.0％，占中国文化产品自全球进口额的 20.7％。（图 3-4、图 3-5）

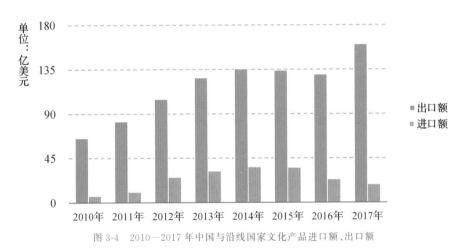

图 3-4 2010—2017 年中国与沿线国家文化产品进口额、出口额

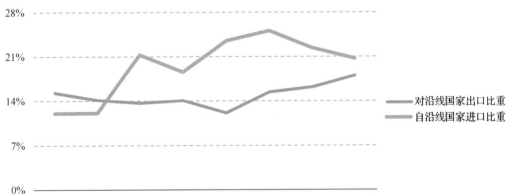

图 3-5 2010—2017 年中国与沿线国家文化产品贸易额占中国文化产品对外贸易额比重

## （二）中国与"一带一路"沿线国家文化产品贸易伙伴排名

### 1.出口贸易伙伴

从出口来看,印度是中国在沿线国家中最大的文化产品出口市场,2017年出口额达到17.8亿美元,占中国与沿线国家文化产品出口额的11.1％;其次是新加坡、俄罗斯、阿拉伯联合酋长国,出口额分别为12.8亿美元、12.5亿美元、12.2亿美元,占比分别为8.0％、7.9％、7.6％;中国对马来西亚、波兰文化产品出口额也超过10亿美元,分别为10.5亿美元、10.4亿美元。（图3-6）

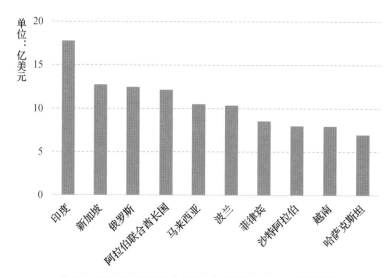

图3-6　2017年中国对沿线国家文化产品前十大出口贸易伙伴

### 2.进口贸易伙伴

从进口来看,越南是中国在沿线最大的进口来源国,2017年进口额达到7.2亿美元,占中国自沿线国家文化产品进口额的39.1％;其次是泰国、新加坡,进口额分别为2.6亿美元、2.0亿美元,占比分别为14.1％、10.9％;中国自印度尼西亚进口额也超过1亿美元,为1.6亿美元,占比为8.7％。中国与沿线国家前六大文化产品进口贸易伙伴均位于东南亚地区。（图3-7）

## （三）中国与"一带一路"沿线国家文化产品贸易结构

### 1.出口产品结构

从出口来看,在各类文化产品中,中国对沿线国家文具、玩具、游艺器材及娱乐用品出口额最高。2017年,中国对沿线国家文具、玩具、游艺器材及娱乐用品出口额达到80.4亿美元,占对沿线国家文化产品出口总额的50.1％;工艺美术品及收藏品的出口额位居其次,为48.8亿美元,占比为30.3％;文化专用设备的出口额为25.7亿美元,占比为16.0％;乐器,图书、报纸、期刊及其他纸质出版物,音像制品及电子出版物的出口额均不足3亿美

元,分别为 2.8 亿美元、2.8 亿美元、0.1 亿美元。(图 3-8)

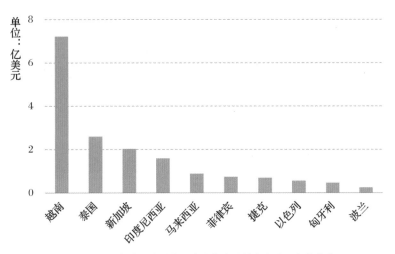

图 3-7　2017 年中国自沿线国家文化产品前十大进口贸易伙伴

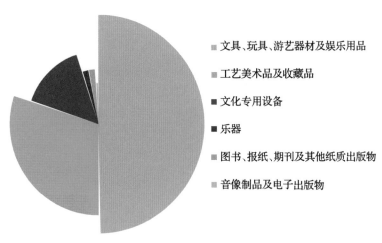

图 3-8　2017 年中国对沿线国家文化产品出口结构

　　从出口增速来看,2017 年各类文化产品中,文具、玩具、游艺器材及娱乐用品出口增速最大,达到 40.0%;其次是文化专用设备,增速为 26.8%;在各类文化产品中,仅音像制品及电子出版物出口额较 2016 年出现下降,降幅为 29.1%。(图 3-9)

## 2. 进口产品结构

　　从进口来看,在各类文化产品中,中国自沿线国家文化专用设备进口额最高。2017 年,中国自沿线国家文化专用设备进口额达到 10.1 亿美元,占自沿线国家文化产品进口总额的比重超过一半(54.5%);其次是工艺美术品及收藏品,进口额为 2.6 亿美元,占比为 14.4%;文具、玩具、游艺器材及娱乐用品位居第三,进口额为 2.5 亿美元,占比为 13.4%。图书、报纸、期刊及其他纸质出版物,乐器,音像制品及电子出版物的进口额均低于 2 亿美元,分别为 1.8 亿美元、1.2 亿美元、0.2 亿美元,占比分别为 9.9%、6.5%、

1.3％。(图3-10)

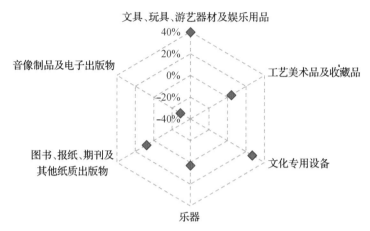

图 3-9　2017 年中国对沿线国家文化产品出口增速

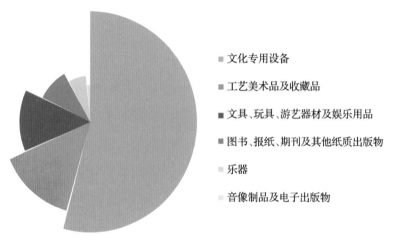

图 3-10　2017 年中国自沿线国家文化产品进口结构

从进口增速来看,2017 年各类文化产品中,文具、玩具、游艺器材及娱乐用品进口增速最大,达到 22.3％;其次是乐器,增速为 6.3％;其余类别文化产品均较 2016 年出现负增长,其中音像制品及电子出版物降幅最大,下降 33.4％。(图 3-11)

## (四)中国与"一带一路"沿线国家文化产品贸易方式

### 1.出口贸易方式

从出口来看,中国对沿线国家文化产品出口贸易方式以一般贸易为主。2017 年,中国对沿线国家文化产品一般贸易出口额为 93.4 亿美元,占中国对沿线国家文化产品出口额的 58.2％;边境小额贸易、进料加工贸易的出口额分别为 10.0 亿美元、7.0 亿美元,占比分别为 6.2％、4.4％;来料加工装配贸易出口额为 5.9 亿美元,占比为 3.7％。

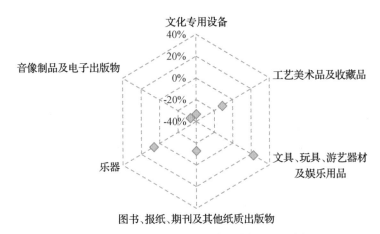

图 3-11 2017 年中国自沿线国家文化产品进口增速

2017 年,除进料加工贸易外,其他贸易方式出口额均较 2016 年有不同程度的增长,其中增速最大的是边境小额贸易,达到 138.4%;其次是来料加工装配贸易,出口增速为 44.0%;一般贸易出口增速为 11.6%;进料加工贸易出现负增长,增速为－23.5%。(图 3-12)

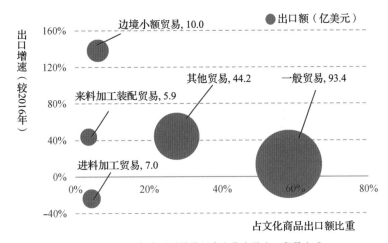

图 3-12 2017 年中国对沿线国家文化产品出口贸易方式

## 2. 进口贸易方式

从进口来看,中国自沿线国家文化产品进口贸易方式以一般贸易为主。2017 年,中国自沿线国家文化产品一般贸易进口额为 7.2 亿美元,进料加工贸易进口额为 4.9 亿美元,占中国自沿线国家文化产品进口额比重分别为 39.0%、26.7%;来料加工装配贸易进口额为 0.4 亿美元,占比为 2.2%;边境小额贸易进口额仅为 0.03 亿美元,占比为 0.2%。

从增速来看,各种贸易方式中,2017 年,一般贸易较 2016 年出现正增长,增速为 27.7%;来料加工装配贸易、进料加工贸易、边境小额贸易均呈现不同程度的负增长,其中降幅最大的是进料加工贸易,下降 60.5%,其次是来料加工装配贸易、边境小额贸易,降幅分别为 58.3%、12.3%。(图 3-13)

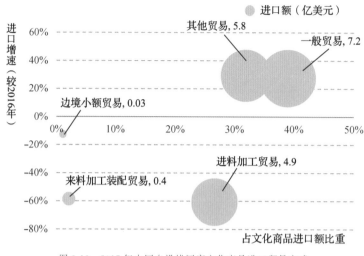

图 3-13　2017 年中国自沿线国家文化产品进口贸易方式

## （五）中国与"一带一路"沿线国家文化产品贸易主体

### 1. 出口贸易主体

从出口来看,民营企业是中国对沿线国家文化产品出口的主力军。2017 年,民营企业对沿线国家出口文化产品 132.4 亿美元,占中国对沿线国家文化产品出口额的 82.4%;其次是外资企业,出口额为 21.3 亿美元,占比为 13.3%;国有企业出口额为 6.7 亿美元,占比为 4.2%。从增速来看,民营企业与外资企业较 2016 年分别增长 25.2%、25.0%;国有企业较 2016 年出现负增长,为－6.1%。(图 3-14)

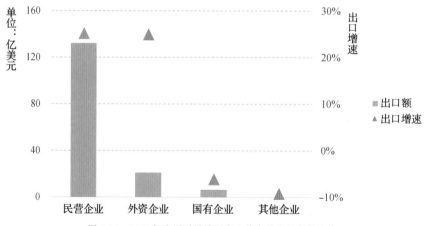

图 3-14　2017 年中国对沿线国家文化产品出口贸易主体

### 2. 进口贸易主体

从进口来看,外资企业是中国自沿线国家文化产品进口的主要力量。2017 年,外资企业自沿线国家进口文化产品 13.5 亿美元,占中国自沿线国家文化产品进口额的

73.0%;其次是民营企业,进口额为 3.4 亿美元,占比为 18.6%;国有企业进口额为 1.5 亿美元,占比为 8.3%。从增速来看,仅国有企业较 2016 年出现正增长,增速为 10.2%;外资企业、民营企业分别较 2016 年下降 28.2%、1.3%。(图 3-15)

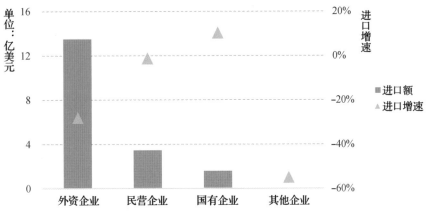

图 3-15　2017 年中国自沿线国家文化产品进口贸易主体

# 三、中国与沿线区域文化产品贸易合作

## （一）东北亚

### 1. 中国与东北亚文化产品贸易总体情况

**（1）中国与东北亚地区文化产品贸易额短暂下降后回升明显**

中国与东北亚地区文化产品贸易额在 2014 年达到高峰，为 14.4 亿美元，2017 年贸易额为 12.7 亿美元，较 2016 年增长 50.9%，占中国与沿线国家文化产品贸易额的 7.1%，其中，中国对东北亚地区文化产品出口额为 12.6 亿美元，中国自东北亚地区文化产品进口额为 0.1 亿美元。（图 3-16）

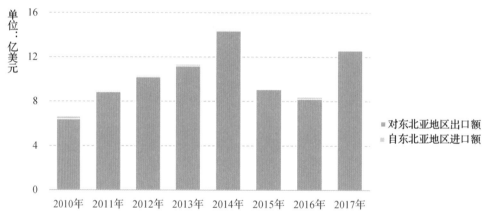

图 3-16　2010—2017 年中国与东北亚地区文化产品进口额、出口额

**（2）俄罗斯占据绝对优势，是中国在东北亚地区的主要合作伙伴**

2017 年，中国与俄罗斯文化产品贸易额为 12.6 亿美元，较 2016 年增长 51.1%，占中国与东北亚地区文化产品贸易额的 99.2%；中国与蒙古文化产品贸易额仅为 0.1 亿美元，较 2016 年增长 23.0%。（图 3-17）

### 2. 中国与东北亚文化产品贸易结构

**（1）文具、玩具、游艺器材及娱乐用品出口增幅最大，出口额占据半壁江山**

2017 年，中国对东北亚地区出口额最高的文化产品是文具、玩具、游艺器材及娱乐用品，出口额达到 7.7 亿美元，较 2016 年增长 103.5%，占中国对东北亚地区文化产品出口额的 61.4%。2010—2014 年工艺美术品及收藏品是中国对东北亚地区出口的主要文化产品，出口额持续 4 年增长，2014 年增长至 6.5 亿美元，从 2015 年开始，出口额转升为降，至 2017 年下降至 2.4 亿美元，仅占中国对东北亚地区文化产品出口额的 18.9%，居第二位。文化专用设备的出口额位居第三位，为 2.0 亿美元，较 2016 年增长 38.7%，占比为

16.1%。图书、报纸、期刊及其他纸质出版物,乐器,音像制品及电子出版物出口额均低于1亿美元,分别为0.3亿美元、0.2亿美元、0.000 9亿美元,占比分别为2.4%、1.2%、0.007%。(图3-18、图3-19)

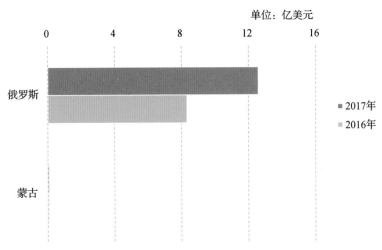

图 3-17  2016—2017 年中国与东北亚地区各国家文化产品贸易额

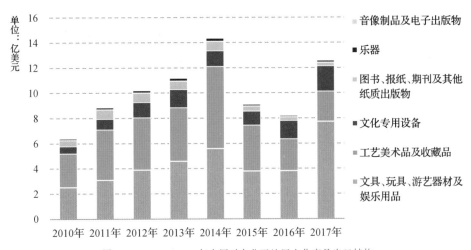

图 3-18  2010—2017 年中国对东北亚地区文化产品出口结构

### (2)图书、报纸、期刊及其他纸质出版物是主要的进口文化产品

2010—2017 年,中国自东北亚地区进口的文化产品结构年际间变化较大。2010—2013 年,中国自东北亚地区进口的文化产品中,图书、报纸、期刊及其他纸质出版物占据绝对优势,占中国自东北亚地区文化产品进口额的90%左右,随后其进口额出现下滑,2017 年进口额为 545.1 万美元,占中国自东北亚地区文化产品进口额的 51.7%。工艺美术品及收藏品的进口额在 2016 年出现爆发式增长(1 297.3 万美元),超过图书、报纸、期刊及其他纸质出版物的进口额,但 2017 年其进口额又出现下降,降至 286.6 万美元,占比为27.2%。文化专用设备的进口额为 176.3 万美元,较 2016 年增长 30.6%,占比为 16.7%。

音像制品及电子出版物，文具、玩具、游艺器材及娱乐用品，乐器的进口额较低，分别为
39.0万美元、5.6万美元、1.9万美元，较2016年分别增长－30.3％、119.2％、－18.3％，
占比为分别为3.7％、0.5％、0.2％。（图3-20、图3-21）

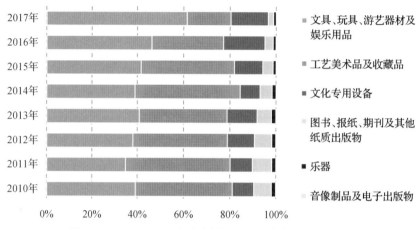

图 3-19　2010—2017 年中国对东北亚地区文化产品出口额比重

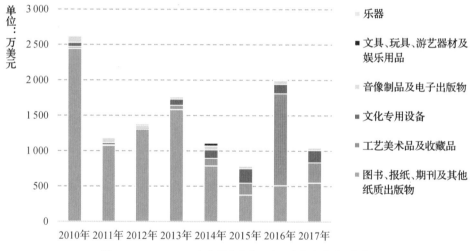

图 3-20　2010—2017 年中国自东北亚地区文化产品进口结构

### 3. 中国与东北亚文化产品贸易方式

#### (1) 文化产品出口一般贸易增长显著

2017年，中国对东北亚地区文化产品一般贸易出口额为9.5亿美元，较2016年增长
70.0％，占中国对东北亚地区文化产品出口额的75.9％；其次是进料加工贸易，出口额为
1.0亿美元，较2016年增长13.5％，占比为7.6％；边境小额贸易和来料加工装配贸易的
出口额分别为0.6亿美元、0.2亿美元，较2016年分别增长17.2％、－50.3％，占比分别
为4.8％、1.3％。（图3-22、图3-23）

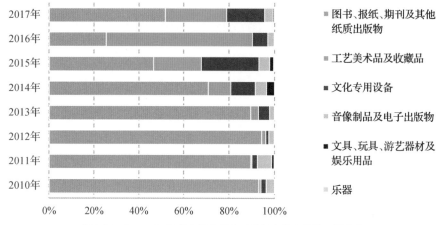

图 3-21　2010—2017 年中国自东北亚地区文化产品进口额比重

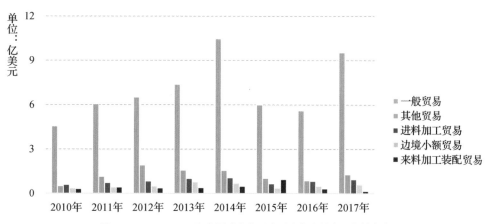

图 3-22　2010—2017 年中国对东北亚地区文化产品出口贸易方式

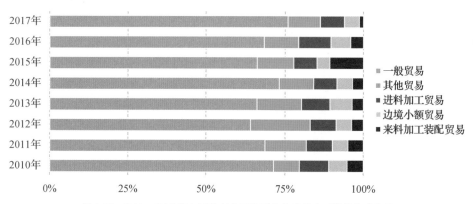

图 3-23　2010—2017 年中国对东北亚地区文化产品出口贸易方式比重

## （2）文化产品进口贸易方式中一般贸易独大

2010—2017 年，中国自东北亚文化产品进口贸易方式中，一般贸易独大，但占中国自东北亚地区文化产品进口额的比重出现下降的趋势。2017 年，中国自东北亚地区文化产品一般贸易进口额为 880.5 万美元，较 2016 年下降 45.9％，占中国自东北亚地区文化产品进口额的 83.5％。进料加工贸易、边境小额贸易、来料加工装配贸易的进口额均较小，分别为 6.6 万美元、3.1 万美元、1.9 万美元，但较 2016 年均出现大幅度增长。（图 3-24、图 3-25）

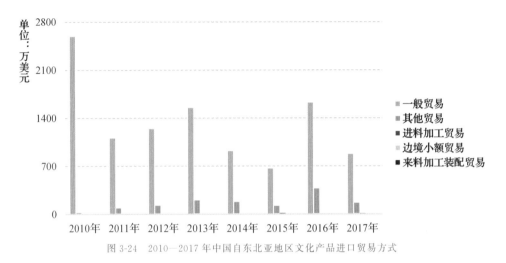

图 3-24　2010—2017 年中国自东北亚地区文化产品进口贸易方式

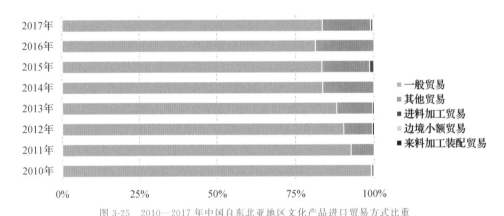

图 3-25　2010—2017 年中国自东北亚地区文化产品进口贸易方式比重

### 4. 中国与东北亚文化产品贸易主体

**(1) 文化产品出口贸易主体集中在民营企业，且增幅显著**

从出口来看，中国对东北亚地区文化产品出口贸易主体主要集中在民营企业，且民营企业出口占比呈增长的趋势。2017 年，中国对东北亚地区出口文化产品中，民营企业出口额为 10.2 亿美元，较 2016 年增长 69.5％，占中国对东北亚地区文化产品出口额的 80.9％；其次是外资企业，为 1.9 亿美元，较 2016 年增长 9.5％，占比为 15.0％；国有企业出口额为 0.5 亿美元，较 2016 年增长 7.3％，占比为 4.0％。（图 3-26、图 3-27）

**(2) 文化产品进口以国有企业为主，民营企业进口额大幅下降**

从进口来看，国有企业是中国自东北亚地区文化产品主要的进口贸易主体，但进口额、进口比重均呈下降的趋势；民营企业的进口额近两年变化幅度较大。2017 年，中国国有企业自东北亚地区进口文化产品 684.8 万美元，较 2016 年下降 17.9％，占中国自东北亚地区文化产品进口额的 64.9％；其次是民营企业，为 363.4 万美元，较 2016 年下降 68.6％，占比为 34.5％；外资企业进口额为 3.6 万美元，较 2016 年下降 55.6％，占比为 0.3％。（图 3-28、图 3-29）

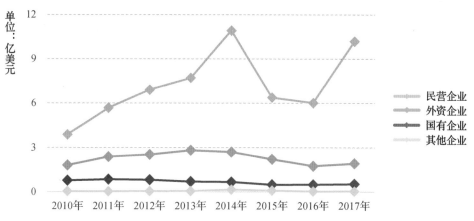

图 3-26　2010—2017 年中国对东北亚地区文化产品出口贸易变化趋势

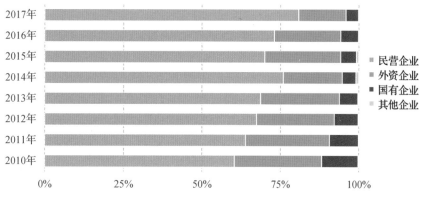

图 3-27　中国对东北亚地区文化产品出口贸易主体比重

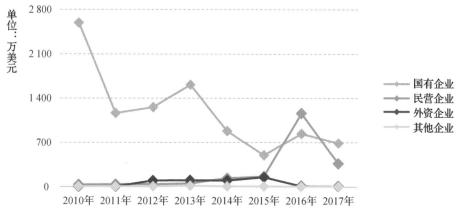

图 3-28　2010—2017 年中国自东北亚地区文化产品进口贸易变化趋势

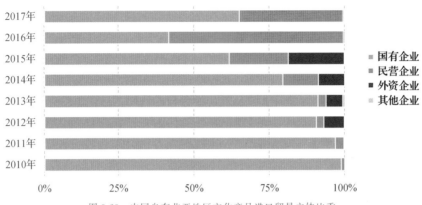

图 3-29　中国自东北亚地区文化产品进口贸易主体比重

## (二)中亚

### 1.中国与中亚文化产品贸易总体情况

#### (1)2017 年中国与中亚地区文化产品贸易额增长近 2 倍

2010—2017 年,中国与中亚地区文化产品贸易额处于波动状态。2017 年中国与中亚地区文化产品贸易额创近几年新高,达到 8.1 亿美元,较 2016 年大幅增长近 2 倍,占中国与沿线国家文化产品贸易额的 4.5%,其中中国对中亚地区文化产品出口额为 8.1 亿美元,中国自中亚地区文化产品进口额为 0.003 亿美元。(图 3-30)

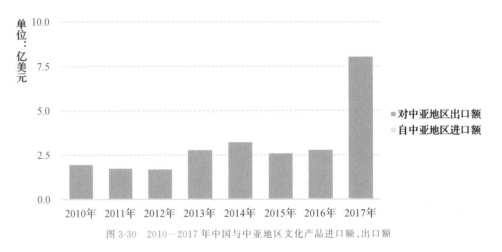

图 3-30　2010—2017 年中国与中亚地区文化产品进口额、出口额

#### (2)哈萨克斯坦具有绝对优势,占比达 86.8%

哈萨克斯坦是中国在中亚地区最大的文化产品贸易伙伴,且占据绝对优势。2017 年,中国与哈萨克斯坦文化产品贸易额达到 7.0 亿美元,较 2016 年增长超过 2 倍,占中国与中亚地区文化产品贸易额的 86.8%;中国与吉尔吉斯斯坦、乌兹别克斯坦、塔吉克斯坦、土库曼斯坦文化产品贸易额均较低,分别为 0.5 亿美元、0.4 亿美元、0.2 亿美元、0.04 亿美元,较 2016 年分别增长 59.4%、67.7%、−9.1%、1.6%。(图 3-31)从出口来

看,哈萨克斯坦是中国在中亚地区最大的文化产品出口市场,其次是吉尔吉斯斯坦、乌兹别克斯坦、塔吉克斯坦、土库曼斯坦;从进口来看,乌兹别克斯坦是中国在中亚地区最大的文化产品进口市场,其次是吉尔吉斯斯坦、塔吉克斯坦、哈萨克斯坦、土库曼斯坦。

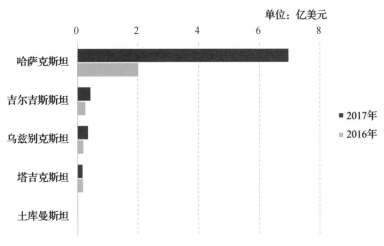

图 3-31　2016—2017 年中国与中亚地区各国家文化产品贸易额

## 2. 中国与中亚文化产品贸易结构

### (1)文具、玩具、游艺器材及娱乐用品出口额呈爆发式增长

从出口来看,2010—2016 年,工艺美术品及收藏品是中国对中亚地区出口额最高的文化产品。2017 年,中国对中亚地区文具、玩具、游艺器材及娱乐用品的出口额呈爆发式增长,一举超过工艺美术品及收藏品的出口额,成为中国对中亚地区出口额最高的文化产品,出口额达到 6.0 亿美元,较 2016 年增长近 4 倍,占中国对中亚地区文化产品出口额的74.6%;工艺美术品及收藏品的出口额为 1.5 亿美元,较 2016 年增长 23.2%,占比为18.8%;文化专用设备,图书、报纸、期刊及其他纸质出版物,音像制品及电子出版物,乐器的出口额均不足 1 亿美元,分别为 0.4 亿美元、0.09 亿美元、0.02 亿美元、0.004 亿美元,较 2016 年分别增长 44.2%、27.3%、29.6%、194.9%。(图 3-32、图 3-33)

### (2)文化产品进口较单一,主要集中在工艺美术品及收藏品

从进口来看,2017 年,中国自中亚地区工艺美术品及收藏品进口额最高,为 27.6 万美元,较 2016 年增长 2.1%,占中国自中亚地区文化产品进口额的 95.4%;其次是图书、报纸、期刊及其他纸质出版物,进口额为 1.3 万美元,占比近 4.6%;音像制品及电子出版物,文具、玩具、游艺器材及娱乐用品,文化专用设备,乐器的进口额非常小。(图 3-34、图 3-35)

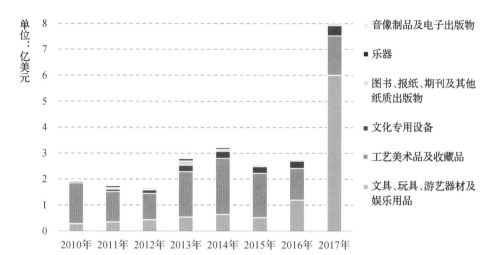

图 3-32  2010—2017 年中国对中亚地区文化产品出口结构

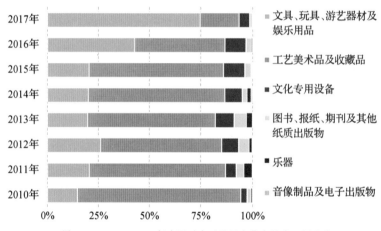

图 3-33  2010—2017 年中国对中亚地区文化产品出口额比重

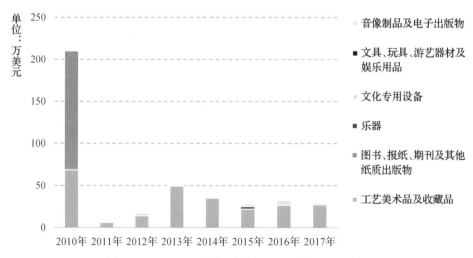

图 3-34  2010—2017 年中国自中亚地区文化产品进口结构

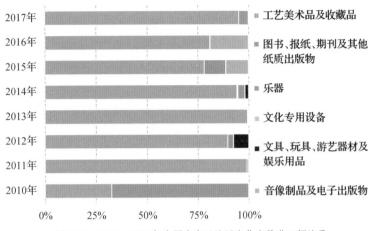

图 3-35　2010—2017 年中国自中亚地区文化产品进口额比重

### 3. 中国与中亚文化产品贸易方式

**(1)文化产品出口以边境小额贸易为主,增幅超过 2 倍**

从出口来看,中国对中亚地区文化产品出口贸易方式以边境小额贸易为主,且近两年出口额持续上升。2017 年中国对中亚地区文化产品边境小额贸易出口额为 6.6 亿美元,较 2016 年增长超过 2 倍,占中国对中亚地区文化产品出口额的 82.3%;其次是一般贸易,出口额为 1.2 亿美元,较 2016 年增长 85.6%,占比为 14.7%;进料加工贸易、来料加工装配贸易出口额较小,占比均不足 1%。(图 3-36、图 3-37)

**(2)文化产品进口贸易方式主要集中在一般贸易,边境小额贸易增长显著**

从进口来看,2010—2015 年,中国自中亚地区文化产品进口方式中,一般贸易一家独大,占中国自中亚地区进口文化产品的比重均在 90% 左右,但比重呈下降的趋势。2017 年,中国自中亚地区文化产品进口贸易方式分为一般贸易、边境小额贸易以及其他贸易,其中一般贸易进口额为 17.9 万美元,较 2016 年增长 28.5%,占中国自中亚地区文化产品进口额的 61.7%;其次是边境小额贸易,在 2017 年异军突起,进口额达 9.6 万美元。(图 3-38、图 3-39)

图 3-36　2010—2017 年中国对中亚地区文化产品出口贸易方式

171

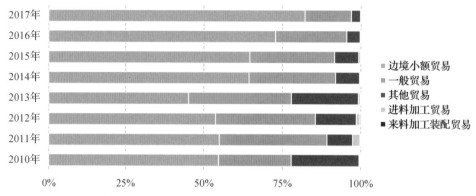

图 3-37　2010—2017 年中国对中亚地区文化产品出口贸易方式比重

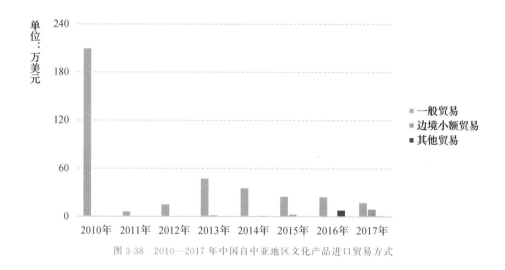

图 3-38　2010—2017 年中国自中亚地区文化产品进口贸易方式

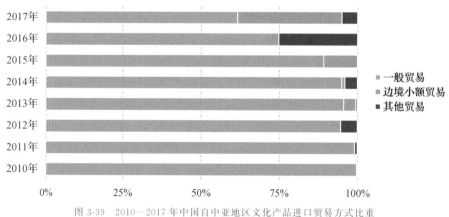

图 3-39　2010—2017 年中国自中亚地区文化产品进口贸易方式比重

## 4. 中国与中亚文化产品贸易主体

### (1) 民营企业是主要文化产品出口贸易主体,2017年出口额陡增

从出口来看,中国对中亚地区文化产品出口贸易主体以民营企业为主,且呈增长趋势。2016年民营企业对中亚地区文化产品出口额为2.6亿美元,占中国出口总额的92.2%,而2017年,民营企业出口额出现迅猛增长,达到7.9亿美元,较2016年增长203.8%,占中国对中亚地区文化产品出口额的98.0%;国有企业、外资企业对中亚地区的文化产品出口贸易额则呈下降趋势,2017年,国有企业出口额为0.1亿美元,较2016年下降27.0%,占比为1.6%;外资企业出口额较小。(图3-40、图3-41)

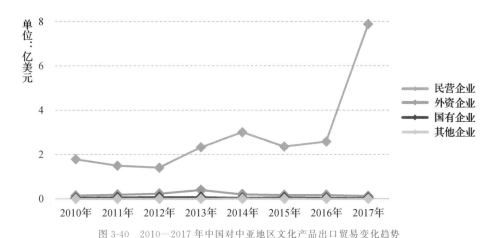

图3-40  2010—2017年中国对中亚地区文化产品出口贸易变化趋势

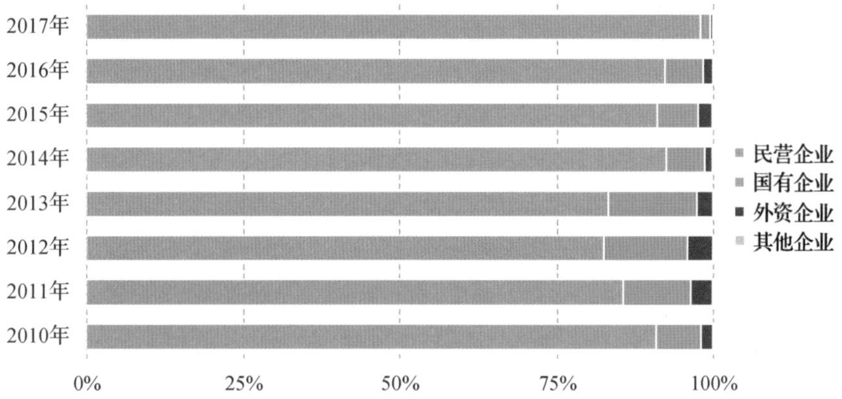

图3-41  中国对中亚地区文化产品出口贸易主体比重

### (2) 民营企业也是主要文化产品进口贸易主体,且增幅明显

从进口来看,民营企业经过连续几年较大波动后,自2015年开始呈增长趋势。2017年,民营企业文化产品进口额为27.7万美元,较2016年增长62.2%,占中国自中亚地区文化产品进口额的95.7%;其次是国有企业为1.0万美元,较2016年下降86.9%,占比为3.6%。(图3-42、图3-43)

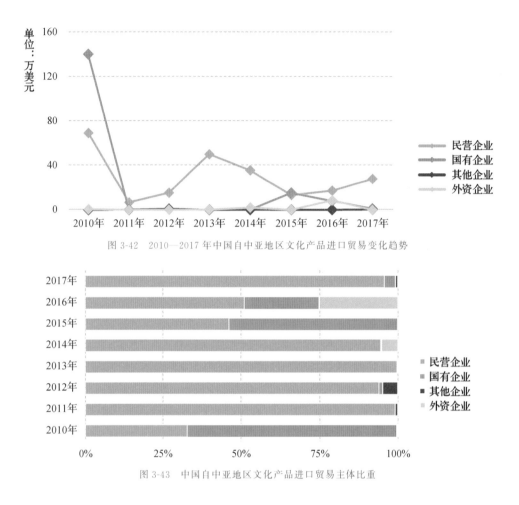

图 3-42　2010—2017 年中国自中亚地区文化产品进口贸易变化趋势

图 3-43　中国自中亚地区文化产品进口贸易主体比重

## (三)东南亚

### 1.中国与东南亚文化产品贸易总体情况

**(1)东南亚地区是中国最大的文化产品贸易市场**

2010—2015 年,中国与东南亚地区文化产品贸易额呈逐年增长趋势,在 2015 年达到近几年最高峰,为 90.0 亿美元。2017 年贸易额降至 67.6 亿美元,较 2016 年下降 8.3%,占中国与沿线国家文化产品贸易额的 37.7%,其中,中国对东南亚地区文化产品出口额为 52.4 亿美元,中国自东南亚地区文化产品进口额为 15.2 亿美元。(图 3-44)

**(2)新加坡是中国在东南亚最大的文化产品出口市场,越南是最大的进口市场**

越南、新加坡是中国在东南亚地区主要的贸易伙伴。2017 年中国与越南文化产品贸易额最高,为 15.2 亿美元,占中国对东南亚地区文化产品贸易额的 13.4%;中国与新加坡文化产品贸易额仅居其次,为 14.8 亿美元,占比为 13.1%;中国与马来西亚、菲律宾、泰国、印度尼西亚文化产品贸易额也较高,分别为 11.4 亿美元、9.3 亿美元、8.5 亿美元、7.1 亿美元,较 2016 年分别增长 19.4%、-32.2%、35.9%、11.6%,占比分别为 10.1%、8.2%、7.6%、6.3%。(图 3-45)从出口来看,新加坡是中国在东南亚地区最大的文化产品出口市场,其次是马来西亚、菲律宾、越南、泰国;从进口来看,越南是中国在东南亚地区最大的文化产品进口市场,其次是泰国、新加坡、印度尼西亚、马来西亚。

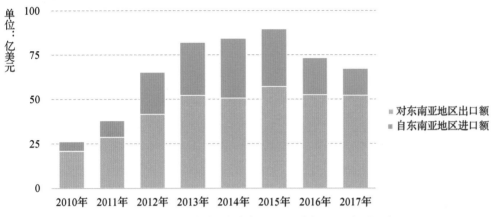

图 3-44　2010—2017 年中国与东南亚地区文化产品进口额、出口额

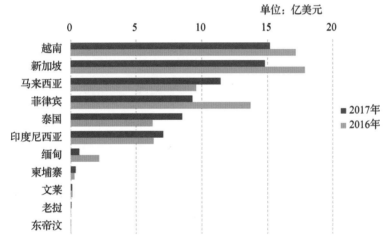

图 3-45　2016—2017 年中国与东南亚地区各国家文化产品贸易额

## 2. 中国与东南亚文化产品贸易结构

### (1)文具、玩具、游艺器材及娱乐用品是最主要的出口文化产品

从出口来看,2010—2017 年,中国对东南亚地区文化产品出口结构逐渐由文具、玩具、游艺器材及娱乐用品,工艺美术品及收藏品,文化专用设备三足鼎立的格局转变为以文具、玩具、游艺器材及娱乐用品为主的格局。2017 年中国对东南亚地区文具、玩具、游艺器材及娱乐用品的出口额最高,为 27.6 亿美元,较 2016 年下降 7.4%,占中国对东南亚地区文化产品出口额的 52.6%;其次是工艺美术品及收藏品,出口额为 13.1 亿美元,较2016 年增长 3.4%,占比为 25.1%;文化专用设备的出口额为 9.0 亿美元,较 2016 年增长18.5%,占比为 17.1%;乐器,图书、报纸、期刊及其他纸质出版物,音像制品及电子出版物的出口额较小,分别为 1.4 亿美元、1.3 亿美元、0.05 亿美元,较 2016 年分别增长－5.8%、8.0%、－40.8%,占比分别为 2.7%、2.4%、0.1%。(图 3-46、图 3-47)

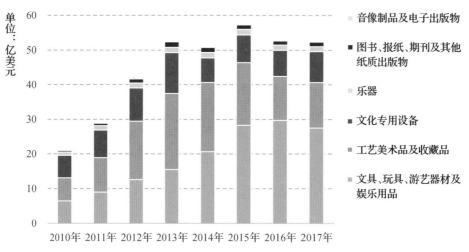

图 3-46　2010—2017 年中国对东南亚地区文化产品出口结构

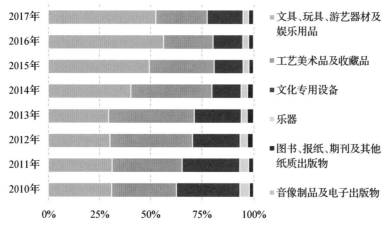

图 3-47　2010—2017 年中国对东南亚地区文化产品出口额比重

### （2）文化专用设备是主要的进口文化产品，进口比重呈收缩趋势

从进口来看，2012 年以来，中国自东南亚地区文化专用设备进口比重呈收缩的趋势，文具、玩具、游艺器材及娱乐用品进口比重呈逐年上升的趋势。2017 年，中国自东南亚地区进口额最高的文化产品是文化专用设备，为 8.8 亿美元，较 2016 年下降 37.2％，占中国对东南亚地区文化产品进口额的 57.9％；其次是工艺美术品及收藏品，进口额为 2.1 亿美元，较 2016 年下降 10.7％，占比为 13.8％；图书、报纸、期刊及其他纸质出版物，文具、玩具、游艺器材及娱乐用品，乐器，音像制品及电子出版物的进口额分别为 1.7 亿美元、1.3 亿美元、1.2 亿美元、0.1 亿美元，较 2016 年分别增长 −13.2％、5.2％、6.1％、−45.9％，占比分别为 11.3％、8.6％、7.5％、0.9％。（图 3-48、图 3-49）

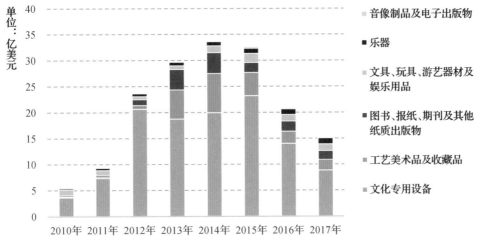

图 3-48　2010—2017 年中国自东南亚地区文化产品进口结构

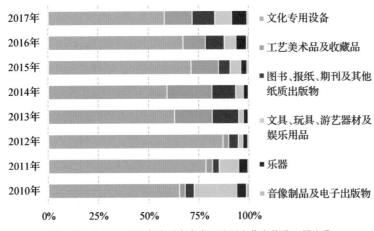

图 3-49　2010—2017 年中国自东南亚地区文化产品进口额比重

### 3. 中国与东南亚文化产品贸易方式

**(1) 文化产品出口以一般贸易为主,边境小额贸易增长显著**

从出口来看,2010—2017 年,中国对东南亚地区文化产品出口贸易方式以一般贸易为主;进料加工贸易和来料加工装配贸易呈下降的趋势。2017 年,中国对东南亚地区文化产品出口贸易方式中一般贸易出口额最大,为 34.3 亿美元,较 2016 年下降 9.0%,占中国对东南亚地区文化产品出口额的 65.5%;边境小额贸易、进料加工贸易、来料加工装配贸易的出口额较小,分别为 2.6 亿美元、2.1 亿美元、1.2 亿美元,较 2016 年增长 69.1%、—20.1%、41.0%,占比分别为 5.1%、4.1%、2.2%。(图 3-50、图 3-51)

**(2) 进口贸易方式中进料加工贸易和一般贸易旗鼓相当**

从进口来看,2010—2016 年中国自东南亚地区文化产品进口贸易方式以进料加工贸易为主,占比均超过一半,但 2015 年以来,其进口额持续下降。2017 年,中国自东南亚文化产品进口贸易方式呈现进料加工贸易、一般贸易旗鼓相当的贸易格局,两种贸易方式的进口额分别为 4.9 亿美元、4.7 亿美元,较 2016 年分别增长—60.8%、20.2%,占比分别为 32.1%、31.2%。来料加工装配贸易的进口额为 0.3 亿美元,较 2016 年下降 61.9%, 占比为 1.8%;边境小额贸易进口额微乎其微。（图 3-52、图 3-53）

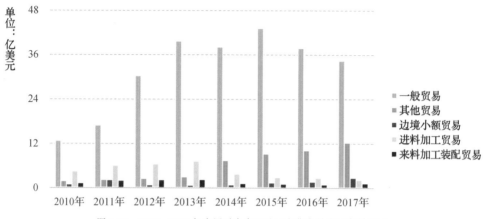

图 3-50　2010—2017 年中国对东南亚地区文化产品出口贸易方式

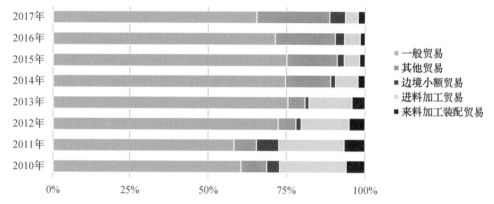

图 3-51　2010—2017 年中国对东南亚地区文化产品出口贸易方式比重

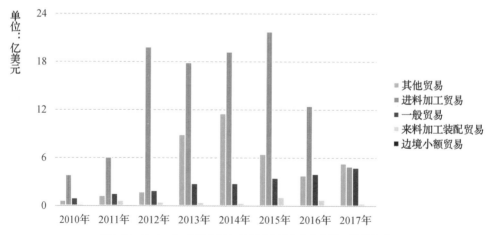

图 3-52　2010—2017 年中国自东南亚地区文化产品进口贸易方式

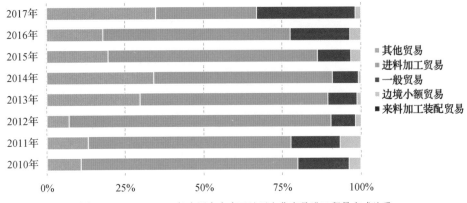

图 3-53　2010—2017 年中国自东南亚地区文化产品进口贸易方式比重

## 4. 中国与东南亚文化产品贸易主体

### (1)民营企业出口比重逐年上升,外资企业和国有企业出口比重逐渐下降

从出口来看,2010 年以来民营企业对东南亚地区出口占比逐年上升;外资企业、国有企业对东南亚地区出口占比逐年下降;民营企业对东南亚地区文化产品出口额经过持续快速增长后,于 2015 年开始小幅下降。2017 年,民营企业对东南亚地区文化产品出口额为 45.1 亿美元,较 2016 年下降 0.1%,占中国对东南亚地区文化产品出口额的86.1%;其次是外资企业,出口额为 5.6 亿美元,较 2016 年下降 0.8%,占比为 10.6%;国有企业出口额为 1.6 亿美元,较 2016 年下降 15.5%,占比为 3.1%。(图 3-54、图 3-55)

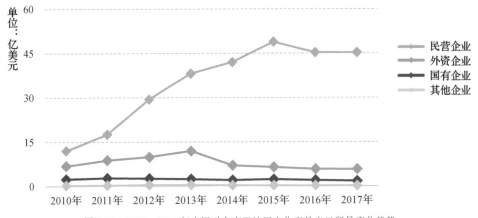

图 3-54　2010—2017 年中国对东南亚地区文化产品出口贸易变化趋势

### (2)外资企业是文化产品主要进口贸易主体

从进口来看,外资企业是中国自东南亚地区文化产品主要进口贸易主体,2010—2015 年,其贸易额呈增长的趋势,但 2015 年以后,进口额出现下降,2017 年降至 11.6 亿美元,较 2016 年下降 32.2%,占中国自东南亚地区文化产品进口额的 76.7%;2017 年,民营企业进口额也呈下降趋势,为 2.5 亿美元,较 2016 年下降 7.9%,占比为 16.7%;国有企业则出现小幅增长,为 1.0 亿美元,较 2016 年增长 4.8%,占比为 6.6%。(图 3-56、图 3-57)

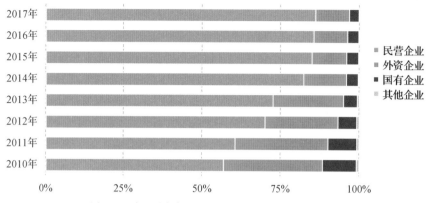

图 3-55　中国对东南亚地区文化产品出口贸易主体比重

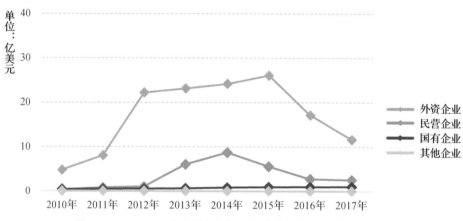

图 3-56　2010—2017 年中国自东南亚地区文化产品进口贸易变化趋势

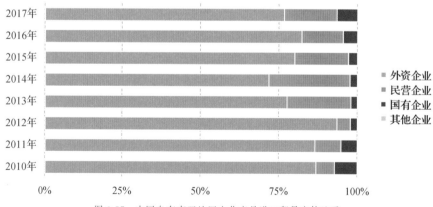

图 3-57　中国自东南亚地区文化产品进口贸易主体比重

## （四）南亚

### 1. 中国与南亚文化产品贸易总体情况

**（1）中国与南亚地区文化产品贸易额呈上升趋势**

2010—2017 年，中国与南亚地区文化产品贸易额呈上升趋势，2017 年创近几年新高，达到 24.8 亿美元，较 2016 年增长 29.8%，占中国与沿线国家文化产品贸易额的 13.8%，其中，中国对南亚地区文化产品出口额为 24.4 亿美元，中国自南亚地区文化产品进口额为 0.4 亿美元。（图 3-58）

图 3-58　2010—2017 年中国与南亚地区文化产品进口额、出口额

**（2）印度在南亚地区各国家中占绝对优势，是中国最大的进出口市场**

在中国与南亚地区的文化产品贸易中，印度占绝对优势，2017 年，中国与印度文化产品贸易额为 18.0 亿美元，较 2016 年增长 43.1%，占中国与南亚地区文化产品贸易额的 72.7%；其次是巴基斯坦，贸易额为 3.9 亿美元，较 2016 年下降 5.6%，占比为 15.8%；中国与孟加拉国、斯里兰卡文化产品贸易额分别为 1.4 亿美元、1.0 亿美元，较 2016 年分别增长 9.5%、28.0%，占比分别为 5.6%、4.2%；中国与尼泊尔、马尔代夫、不丹文化产品贸易额较小，均不足 1 亿美元。（图 3-59）从出口来看，印度是中国对南亚地区最大的文化产品出口市场，其次是巴基斯坦、孟加拉国；从进口来看，印度是中国自南亚地区最大的文化产品进口市场，其次是尼泊尔、巴基斯坦。

### 2. 中国与南亚文化产品贸易结构

**（1）文具、玩具、游艺器材及娱乐用品，文化专用设备出口增长显著**

从出口来看，2010—2017 年，中国对南亚地区出口工艺美术品及收藏品比重逐年下降，文具、玩具、游艺器材及娱乐用品，文化专用设备比重逐年上升，尤其是文具、玩具、游艺器材及娱乐用品，2015 年一举超过文化专用设备，成为中国对南亚地区出口的第二大文化产品。2017 年，中国对南亚地区出口文化产品中工艺美术品及收藏品出口额最高，为 10.7 亿美元，较 2016 年下降 1.3%，占中国对南亚地区文化产品出口额的 43.7%；其次是文具、玩具、游艺器材及娱乐用品，文化专用设备，出口额分别为 7.2 亿美元、5.8 亿美元,较 2016 年分别增长 93.5%、63.4%,占比分别为 29.3%、23.8%;乐器,图书、报纸、期刊及其他纸质出版物,音像制品及电子出版物的出口额均不足 1 亿美元,分别为 0.5 亿美元、0.4 亿美元、0.04 亿美元,较 2016 年分别增长 16.9%、3.1%、10.7%。(图 3-60、图 3-61)

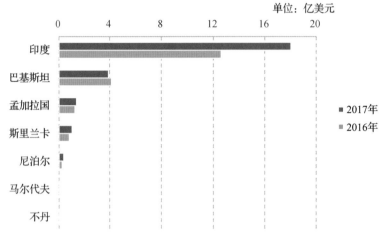

图 3-59　2016—2017 年中国与南亚地区各国家文化产品贸易额

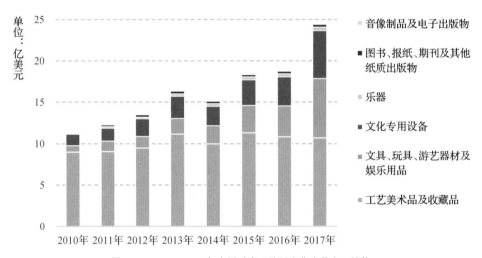

图 3-60　2010—2017 年中国对南亚地区文化产品出口结构

**(2)工艺美术品及收藏品一家独大,文具、玩具、游艺器材及娱乐用品增幅显著**

从进口来看,2010—2017 年,中国自南亚地区进口文化产品中,工艺美术品及收藏品一家独大,占中国自南亚地区文化产品进口额的比重均在 70% 以上,进口额在 2014 年达到近几年高峰。2017 年,中国自南亚地区工艺美术品及收藏品进口额为 2 876.4 万美元,较 2016 年下降 5.7%,占中国自南亚地区文化产品进口额的 72.5%;其次是文具、玩具、游艺器材及娱乐用品,进口额为 902.5 万美元,较 2016 年大幅增长 161.0%,占比为 22.8%;图书、报纸、期刊及其他纸质出版物,文化专用设备,乐器,音像制品及电子出版物的进口额均不足 100 万美元,分别为 82.5 万美元、62.0 万美元、37.3 万美元、2.1 万美

元,较 2016 年分别增长 13.0％、22.6％、30.7％、－86.8％。（图 3-62、图 3-63）

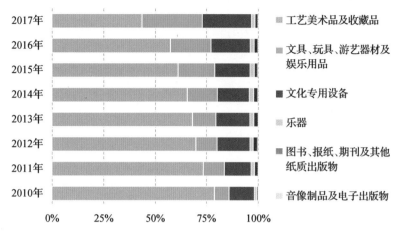

图 3-61　2010—2017 年中国对南亚地区文化产品出口额比重

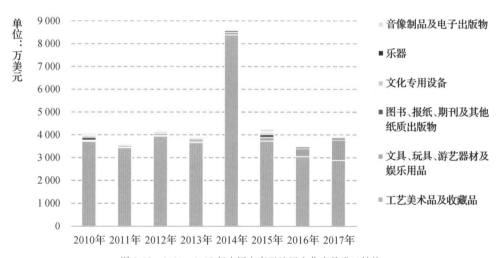

图 3-62　2010—2017 年中国自南亚地区文化产品进口结构

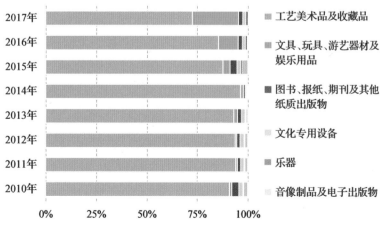

图 3-63　2010—2017 年中国自南亚地区文化产品进口额比重

## 3. 中国与南亚文化产品贸易方式

### (1) 文化产品出口贸易方式以一般贸易为主

从出口来看,2010—2017 年,中国对南亚地区文化产品出口贸易方式以一般贸易为主。2017 年中国对南亚地区文化产品一般贸易出口额为 15.8 亿美元,较 2016 年增长 34.9%,占中国对南亚地区文化产品出口额的 64.7%;进料加工贸易、边境小额贸易、来料加工装配贸易的出口额较小,分别为 0.6 亿美元、0.1 亿美元、0.02 亿美元,较 2016 年分别增长 12.6%、58.9%、-12.4%。(图 3-64、图 3-65)

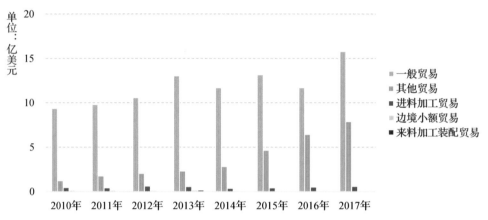

图 3-64　2010—2017 年中国对南亚地区文化产品出口贸易方式

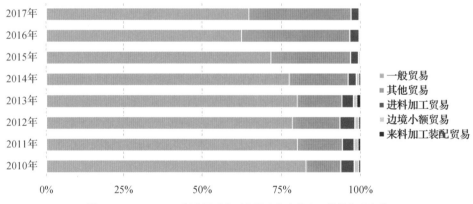

图 3-65　2010—2017 年中国对南亚地区文化产品出口贸易方式比重

### (2) 文化产品进口贸易方式波动性较大

从进口来看,2010—2017 年,中国自南亚地区文化产品进口贸易方式波动性较大,2014 年以来,一般贸易进口额呈逐年增长的趋势。2017 年,中国自南亚地区文化产品一般贸易进口额为 2 070.5 万美元,占中国自南亚地区文化产品进口额的 52.2%,较 2016 年增长 45.5%;边境小额贸易、进料加工贸易、来料加工装配贸易的进口额较小,分别为 238.8 万美元、78.7 万美元、12.9 万美元,较 2016 年分别下降 20.8%、25.5%、54.5%。(图 3-66、图 3-67)

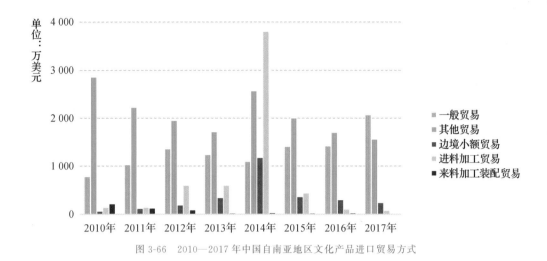

图 3-66　2010—2017 年中国自南亚地区文化产品进口贸易方式

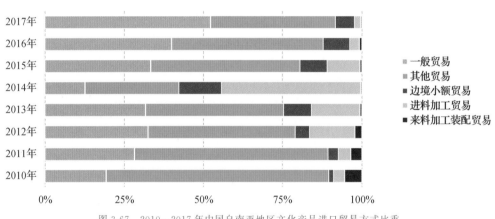

图 3-67　2010—2017 年中国自南亚地区文化产品进口贸易方式比重

## 4. 中国与南亚文化产品贸易主体

**(1)民营企业是文化产品主要出口贸易主体,出口额不断攀升**

从出口来看,中国对南亚地区文化产品出口主要贸易主体是民营企业,2010 年以来,民营企业出口额不断攀升,2017 年出口额达到 20.8 亿美元,较 2016 年增长 36.5%,占中国对南亚地区文化产品出口额的 85.1%;国有企业 2017 年出口额为 2.0 亿美元,较 2016 年变化不大,占比为 8.4%;外资企业 2017 年出口额为 1.6 亿美元,较 2016 年增长 7.0%,占比为 6.5%。(图 3-68、图 3-69)

**(2)外资企业进口占比逐渐提升,民营企业进口占比逐渐下降**

从进口来看,2017 年,外资企业是中国自南亚地区文化产品主要进口贸易主体,进口额为 2 219.9 万美元,较 2016 年增长 16.0%,占中国自南亚地区文化产品进口额的 56.0%;其次是民营企业,进口额为 1 516.0 万美元,较 2016 年增长 6.8%,占比为 38.3%;国有企业进口额为 225.5 万美元,较 2016 年增长 5.1%,占比为 5.7%。(图 3-70、图 3-71)

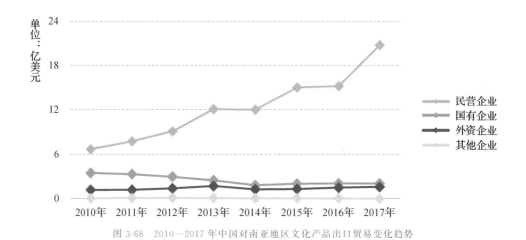

图 3-68　2010—2017 年中国对南亚地区文化产品出口贸易变化趋势

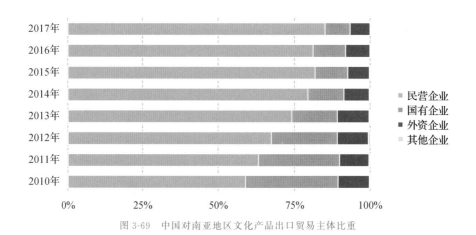

图 3-69　中国对南亚地区文化产品出口贸易主体比重

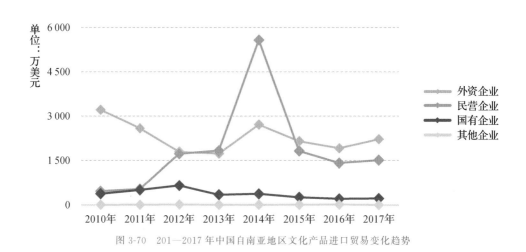

图 3-70　201—2017 年中国自南亚地区文化产品进口贸易变化趋势

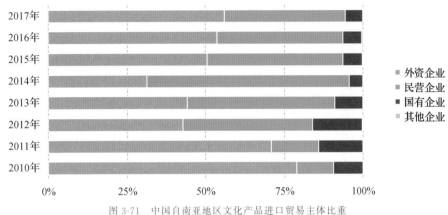

图 3-71　中国自南亚地区文化产品进口贸易主体比重

## （五）西亚北非

### 1. 中国与西亚北非文化产品贸易总体情况

#### （1）2017 年中国与西亚北非地区文化产品贸易额扭降为升

2010—2014 年,中国与西亚北非地区文化产品贸易额呈逐年增长趋势;2017 年,中国与西亚北非地区文化产品贸易额扭转连续两年下降的局面,回升至 42.7 亿美元,创近几年新高,较 2016 年增长 22.3%,占中国与沿线国家文化产品贸易额的 23.8%,其中,中国对西亚北非地区文化产品出口额为 41.9 亿美元,中国自西亚北非地区文化产品进口额为 0.8 亿美元。（图 3-72）

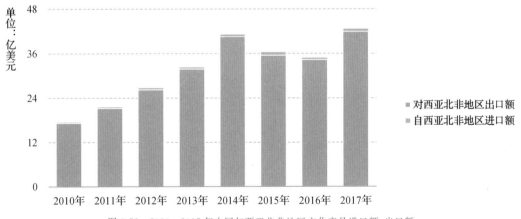

图 3-72　2010—2017 年中国与西亚北非地区文化产品进口额、出口额

#### （2）阿拉伯联合酋长国是中国在西亚北非地区最大的出口市场,以色列是最大的进口市场

阿拉伯联合酋长国是中国在西亚北非地区最大的文化产品贸易伙伴,2017 年,中国与阿拉伯联合酋长国文化产品贸易额为 12.3 亿美元,较 2016 年增长 0.3%,占中国与西

亚北非地区文化产品贸易额的 28.7%;其次是沙特阿拉伯,贸易额为 8.0 亿美元,较 2016 年增长 45.9%,占比为 18.7%;中国与土耳其、伊朗、以色列、伊拉克、埃及、黎巴嫩文化产品贸易额均超过 1 亿美元,分别为 5.0 亿美元、4.6 亿美元、3.8 亿美元、2.5 亿美元、2.1 亿美元、1.1 亿美元,较 2016 年分别增长 26.0%、41.0%、32.6%、31.5%、26.0%、20.7%,占比分别为 11.7%、10.1%、8.8%、5.9%、4.8%、2.6%。从出口来看,阿拉伯联合酋长国是中国对西亚北非地区最大的文化产品出口市场,其次是沙特阿拉伯、土耳其、伊朗;从进口来看,以色列是中国自西亚北非地区最大的文化产品进口市场,其次是土耳其、阿拉伯联合酋长国、伊朗。(图 3-73)

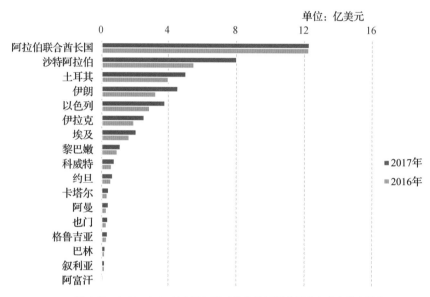

图 3-73　2016—2017 年中国与西亚北非地区部分国家文化产品贸易额

## 2. 中国与西亚北非文化产品贸易结构

**(1)文具、玩具、游艺器材及娱乐用品首超工艺美术品及收藏品,增幅达 51.2%**

从出口来看,2010—2017 年,中国对西亚北非地区出口工艺美术品及收藏品的比重呈下降的趋势;中国对西亚北非地区出口文具、玩具、游艺器材及娱乐用品的比重呈上升的趋势,2017 年首次超过工艺美术品及收藏品的出口额,达 19.0 亿美元,成为中国对西亚北非地区出口额最高的文化产品,较 2016 年增长 51.2%,占中国对西亚北非地区文化产品出口额的 45.4%;其次是工艺美术品及收藏品,出口额为 16.4 亿美元,较 2016 年上升 4.7%,占比为 39.1%;文化专用设备的出口额为 5.3 亿美元,较 2016 年增长 7.0%,占比为 12.7%;图书、报纸、期刊及其他纸质出版物,乐器,音像制品及电子出版物的出口额较小,分别为 0.6 亿美元、0.6 亿美元、0.004 亿美元,较 2016 年分别增长 3.1%、8.2%、—68.8%。(图 3-74、图 3-75)

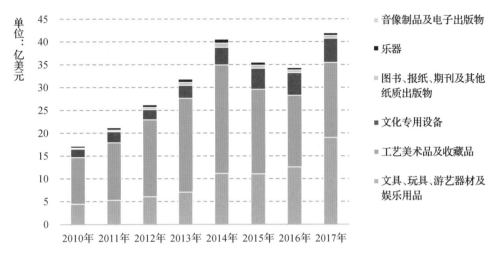

图 3-74  2010—2017 年中国对西亚北非地区文化产品出口结构

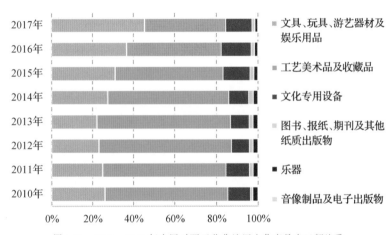

图 3-75  2010—2017 年中国对西亚北非地区文化产品出口额比重

### (2) 进口结构较不稳定,文化专用设备是主要的进口文化产品

从进口来看,中国自西亚北非地区文化产品进口结构不稳定,变化幅度较大。2017 年,文化专用设备是中国自西亚北非地区进口的主要文化产品,进口额达 4 841.3 万美元,较 2016 年增长 9.7%,占中国自西亚北非地区文化产品进口额的 60.4%;其次是工艺美术品及收藏品,进口额为 1 314.9 万美元,较 2016 年大幅增长 88.9%,占比为 16.4%;文具、玩具、游艺器材及娱乐用品的出口额为 952.0 万美元,较 2016 年爆发式增长 13 倍,占比为 11.9%;音像制品及电子出版物的进口额在 2014 年突增后又迅速下滑,2017 年下滑至 764.0 万美元,较 2016 年减少 3.9%,占比为 9.5%;图书、报纸、期刊及其他纸质出版物,乐器的进口额较小,分别为 97.0 万美元、50.0 万美元,较 2016 年分别增长 43.1%、64.6%。(图 3-76、图 3-77)

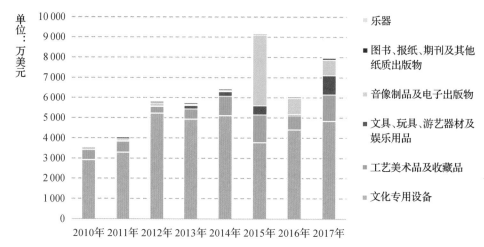

图 3-76　2010—2017 年中国自西亚北非地区文化产品进口结构

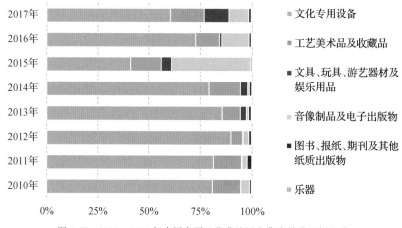

图 3-77　2010—2017 年中国自西亚北非地区文化产品进口额比重

### 3. 中国与西亚北非文化产品贸易方式

**(1) 文化产品出口以一般贸易为主，但一般贸易占比呈收缩趋势**

从出口来看，2010—2017 年，中国对西亚北非地区文化产品出口贸易方式以一般贸易为主，但出口占比呈收缩的趋势。2017 年，中国对西亚北非地区文化产品出口贸易方式中一般贸易出口额最高，为 20.5 亿美元，较 2016 年增长 15.4%，占中国对西亚北非地区文化产品出口额的 48.9%；来料加工装配贸易、进料加工贸易的出口额均较小，分别为 1.7 亿美元、1.3 亿美元，较 2016 年分别下降 31.6%、55.2%，占比分别为 4.1%、3.0%；边境小额贸易的出口额微乎其微。（图 3-78、图 3-79）

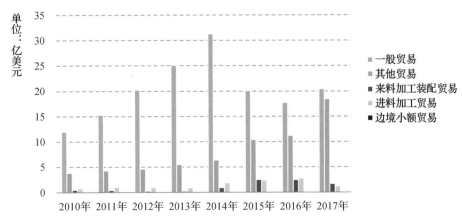

图 3-78　2010—2017 年中国对西亚北非地区文化产品出口贸易方式

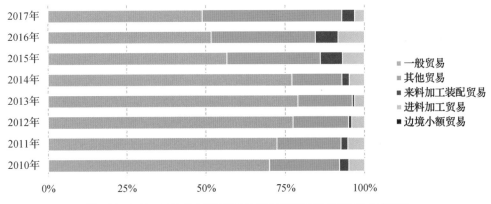

图 3-79　2010—2017 年中国对西亚北非地区文化产品出口贸易方式比重

**（2）文化产品进口以一般贸易为主，增幅较显著**

从进口来看，2010—2017 年，中国自西亚北非地区文化产品进口贸易方式以一般贸易为主。2017 年，中国自西亚北非地区一般贸易进口额为 6 570.7 万美元，较 2016 年增长 50.1%，占中国自西亚北非地区文化产品进口额的 81.9%；来料加工装配贸易、进料加工贸易的进口额较小，分别为 18.3 万美元、15.5 万美元，较 2016 年分别增长 140.4%、—26.7%。（图 3-80、图 3-81）

**4. 中国与西亚北非文化产品贸易主体**

**（1）文化产品出口民营企业贡献显著，且增幅明显**

从出口来看，2017 年，民营企业对西亚北非地区的文化产品出口额为 35.2 亿美元，较 2016 年增长 25.3%，占中国对西亚北非地区文化产品出口额的 84.0%，是中国对西亚北非地区文化产品主要的出口贸易主体；外资企业同样也呈上升趋势，2017 年出口额为 5.2 亿美元，较 2016 年增长 13.5%，占比为 12.5%；而国有企业出口占比呈下降的趋势，2017 年出口额为 1.4 亿美元，较 2016 年下降 7.7%，占比为 3.4%。（图 3-82、图 3-83）

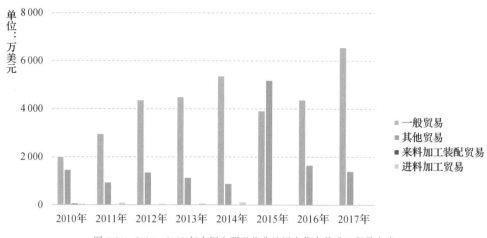

图 3-80　2010—2017 年中国自西亚北非地区文化产品进口贸易方式

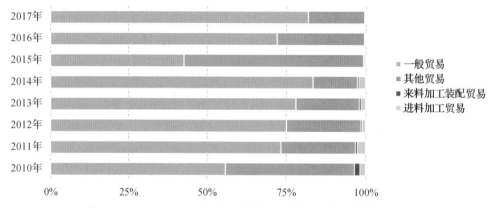

图 3-81　2010—2017 年中国自西亚北非地区文化产品进口贸易方式比重

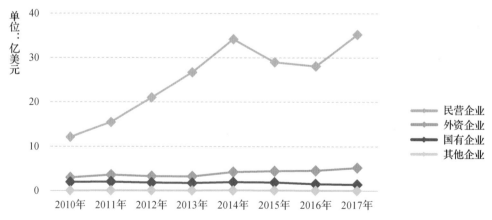

图 3-82　2010—2017 年中国对西亚北非地区文化产品出口贸易变化趋势

### （2）文化产品进口贸易主体结构逐渐均衡

从进口来看，中国自西亚北非地区文化产品进口贸易主体结构较多元化。2015 年，民营企业进口额猛增，一举超过国有企业和外资企业，成为进口额最高的贸易主体。

2017年,民营企业自西亚北非地区文化产品进口额为 3 570.6 万美元,较 2016 年增长 32.2%,占中国自西亚北非地区文化产品进口额的 44.5%;其次是国有企业,为 2 720.4 万美元,较 2016 年增长 11.8%,占比为 33.9%;外资企业进口额为 1 724.3 万美元,较 2016 年增长 87.4%,占比为 21.5%。(图 3-84、图 3-85)

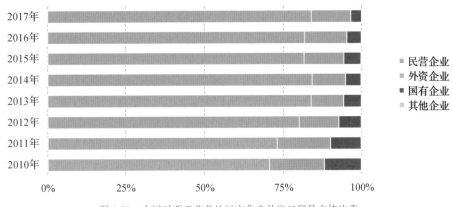

图 3-83 中国对西亚北非地区文化产品出口贸易主体比重

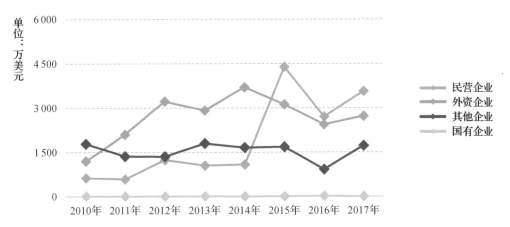

图 3-84 2010—2017 年中国自西亚北非地区文化产品进口贸易变化趋势

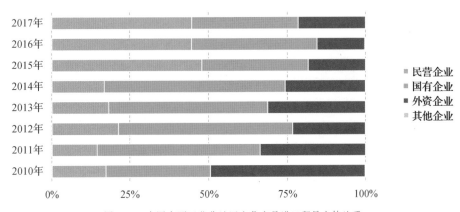

图 3-85 中国自西亚北非地区文化产品进口贸易主体比重

## （六）中东欧

### 1. 中国与中东欧文化产品贸易总体情况

#### （1）中国与中东欧地区文化产品贸易额逐渐攀升，且增幅较大

2014 年以来，中国与中东欧地区文化产品贸易额呈逐年增长的趋势，2017 年创历史新高，贸易额达 23.2 亿美元，较 2016 年增长 56.4%，占中国与沿线国家文化产品贸易额的 13.0%，其中中国对中东欧地区文化产品出口额为 21.2 亿美元，中国自中东欧地区文化产品进口额为 2.0 亿美元。（图 3-86）

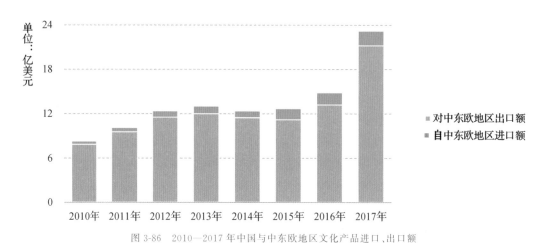

图 3-86　2010—2017 年中国与中东欧地区文化产品进口、出口额

#### （2）波兰是中国在中东欧地区最大的出口市场，捷克是最大的进口市场

波兰是中国在中东欧地区最大的文化产品贸易伙伴，且其优势越来越明显。2017 年，中国与波兰文化产品贸易额达 10.7 亿美元，较 2016 年增长超过 1 倍，占中国与中东欧地区文化产品贸易额的 45.9%；其次是捷克，贸易额为 2.9 亿美元，较 2016 年增长 9.3%，占比为 12.7%；中国与乌克兰、罗马尼亚、匈牙利的文化产品贸易额均超过 1 亿美元，分别为 1.8 亿美元、1.7 亿美元、1.5 亿美元，较 2016 年分别增长 87.8%、15.5%、63.3%，占比分别为 8.0%、7.3%、6.4%。从出口来看，波兰是中国对中东欧地区最大的文化产品出口市场，其次是捷克、乌克兰、罗马尼亚、匈牙利；从进口来看，捷克是中国自中东欧地区最大的文化产品进口市场，其次是匈牙利、波兰、罗马尼亚、斯洛伐克。（图 3-87）

### 2. 中国与中东欧文化贸易产品结构

#### （1）文具、玩具、游艺器材及娱乐用品逐渐成为主要的出口文化产品，且增幅显著

从出口来看，2010—2017 年，文具、玩具、游艺器材及娱乐用品出口额呈扩大的趋势，逐渐成为中国对中东欧地区出口的主要文化产品。2017 年，中国对中东欧地区文具、玩具、游艺器材及娱乐用品出口额最高，为 12.8 亿美元，较 2016 年增长超过 1 倍，占中国对中东欧地区文化产品出口额的 60.6%；其次是工艺美术品及收藏品，出口额为 4.7 亿美元，较 2016 年增长 17.5%，占比为 22.3%；文化专用设备的出口额为 3.2 亿美元，较

2016 年增长 30.0％,占比为 14.9％;图书、报纸、期刊及其他纸质出版物,乐器,音像制品及电子出版物的出口额较小,分别为 0.2 亿美元、0.2 亿美元、0.006 亿美元,较 2016 年分别增长 34.2％、2.7％、−15.3％。(图 3-88、图 3-89)

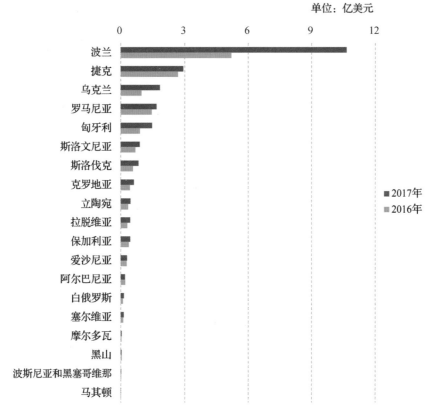

图 3-87    2016—2017 年中国与中东欧地区各国家文化产品贸易额

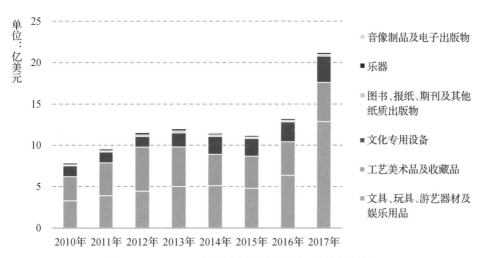

图 3-88    2010—2017 年中国对中东欧地区出口文化产品结构

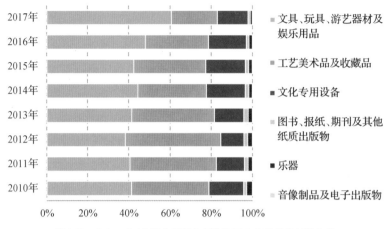

图 3-89  2010—2017 年中国对中东欧地区文化产品出口额比重

**(2)文具、玩具、游艺器材及娱乐用品,文化专用设备是主要的进口文化产品,且均有所增长**

从进口来看,2010—2017 年,中国自中东欧地区文具、玩具、游艺器材及娱乐用品,文化专用设备进口额均呈现增长的趋势。2017 年中国自中东欧地区文具、玩具、游艺器材及娱乐用品进口额最高,为 9 890.2 万美元,较 2016 年增长 32.8%,占中国自中东欧地区文化产品进口额的 49.9%;其次是文化专用设备,进口额为 7 699.7 万美元,较 2016 年增长 25.9%,占比为 38.8%;工艺美术品及收藏品的进口额为 1 055.7 万美元,较 2016 年下降 24.1%,占比为 5.4%;图书、报纸、期刊及其他纸质出版物,乐器,音像制品及电子出版物的进口额均小于 1 000 万美元,分别为 510.3 万美元、499.2 万美元、166.7 万美元,较 2016 年分别增长−32.8%、6.9%、53.2%。(图 3-90、图 3-91)

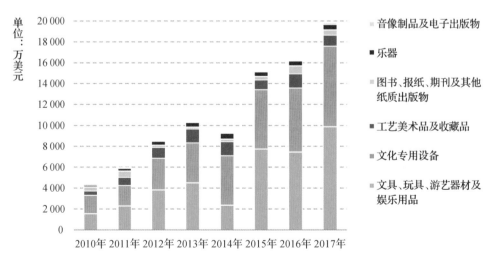

图 3-90  2010—2017 年中国自中东欧地区进口文化产品结构

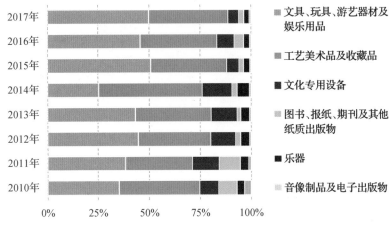

图 3-91　2010—2017 年中国自中东欧地区文化产品进口额比重

## 3. 中国与中东欧文化产品贸易方式

### (1) 文化产品出口贸易方式较多元化

从出口来看,2017 年,中国对中东欧地区一般贸易出口额最高,为 12.1 亿美元,较 2016 年增长 39.9%,占中国对中东欧地区文化产品出口额的 57.2%;来料加工装配贸易、进料加工贸易的出口额分别为 2.8 亿美元、2.1 亿美元,来料加工装配贸易较 2016 年增长超过 6 倍,进料加工贸易较 2016 年下降 10.5%,占比分别为 13.2%、9.7%。(图 3-92、图 3-93)

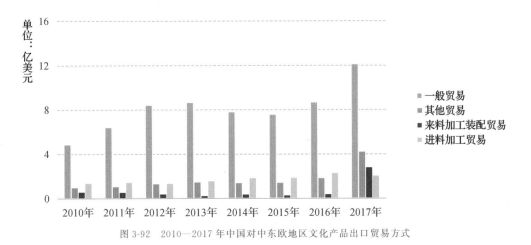

图 3-92　2010—2017 年中国对中东欧地区文化产品出口贸易方式

### (2) 文化产品进口以一般贸易为主,来料加工装配贸易波动较大

从进口来看,2010—2017 年,中国自中东欧地区文化产品进口贸易方式以一般贸易为主,其进口额近几年处于波动状态。2017 年,中国自中东欧地区一般贸易进口额为 1.5 亿美元,较 2018 年增长 58.9%,占中国自中东欧地区文化产品进口额的 75.9%;来料加工装配贸易、进料加工贸易的进口额分别为 1 229.0 万美元、478.1 万美元,较 2016 年分别增长 −47.7%、43.4%,占比分别为 13.2%、9.7%。(图 3-94、图 3-95)

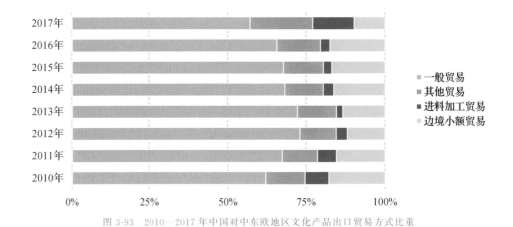

图 3-93　2010—2017 年中国对中东欧地区文化产品出口贸易方式比重

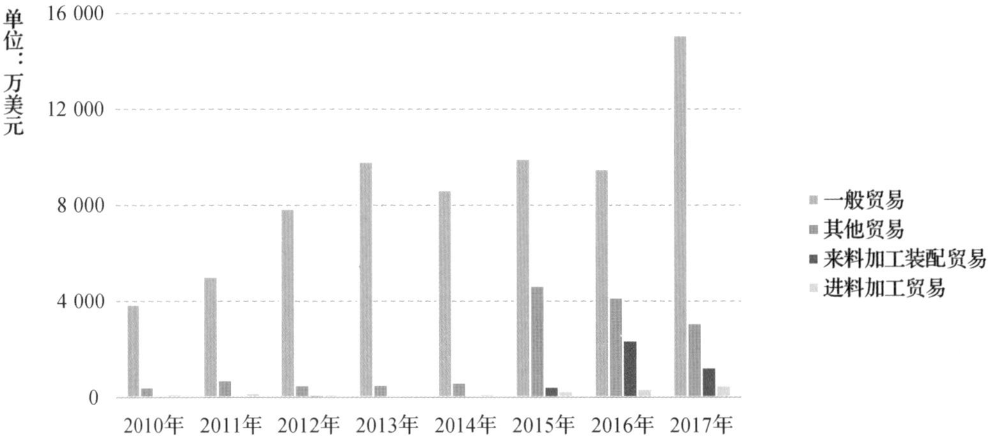

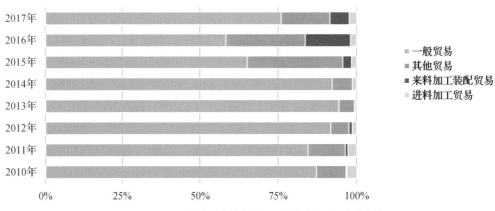

图 3-94　2010—2017 年中国自中东欧地区文化产品进口贸易方式

图 3-95　2010—2017 年中国自中东欧地区文化产品进口贸易方式比重

## 4. 中国与中东欧文化产品贸易主体

### (1)文化产品出口以民营企业为主,且较 2016 年大幅增长

从出口来看,中国对中东欧地区文化产品出口贸易主体中,民营企业出口额最高,2017 年出口额达到 13.2 亿美元,较 2016 年增长 53.2%,占中国对中东欧地区文化产品出口额的 62.3%;2017 年国有企业出口额为 7.0 亿美元,较 2017 年增长近一倍,占比为 32.9%;外资企业的出口额较小,且较 2016 年略有下降,占比仅为 4.6%。(图 3-96、图 3-97)

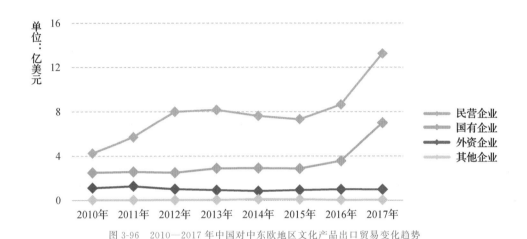

图 3-96 2010—2017 年中国对中东欧地区文化产品出口贸易变化趋势

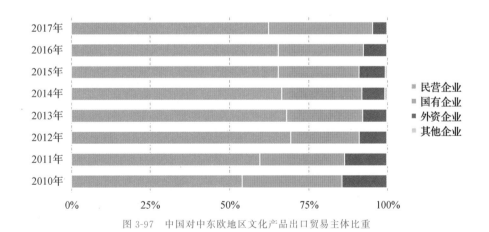

图 3-97 中国对中东欧地区文化产品出口贸易主体比重

### (2)文化产品进口以外资企业为主,国有企业占比逐渐下降

2010 年以来,外资企业对中东欧地区文化产品的进口额一路高升,2017 年升至 1.5 亿美元,较 2016 年增长 8.9%,占中国自中东欧地区文化产品进口额的 73.3%;其次是民营企业,为 0.4 亿美元,较 2016 年增长 76.3%,占比为 17.7%;国有企业进口额为 0.2 亿美元,较 2016 年增长 86.0%,占比为 9.1%。(图 3-98、图 3-99)

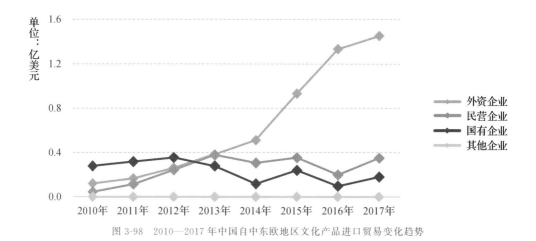

图 3-98　2010—2017 年中国自中东欧地区文化产品进口贸易变化趋势

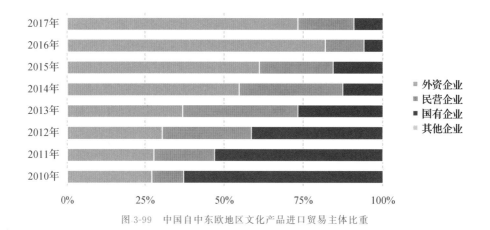

图 3-99　中国自中东欧地区文化产品进口贸易主体比重

## （一）东部地区

### 1.东部地区与沿线国家文化产品贸易总体情况

**（1）东部地区与沿线国家文化产品贸易额占比超80％，且贸易额逐年攀升**

2010—2017年，东部地区与沿线国家文化产品贸易额呈逐年增长的趋势，2017年，贸易额达到147.3亿美元，较2016年增长17.2％，占中国与沿线国家文化产品贸易额的82.3％，其中东部地区对沿线国家出口额为129.4亿美元，自沿线国家进口额为17.9亿美元。（图3-100）

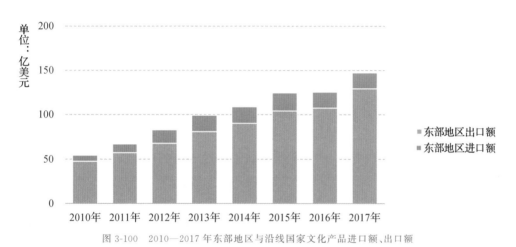

图3-100　2010—2017年东部地区与沿线国家文化产品进口额、出口额

**（2）广东省与沿线国家文化产品贸易额遥遥领先，海南省增速显著**

2017年，东部地区各省区市中，广东省与沿线国家文化产品贸易额最高，达到68.9亿美元，遥遥领先其他省区，占东部地区与沿线国家文化产品贸易额的46.8％；浙江省位列第二，为39.2亿美元，占比为26.6％。上海市和江苏省均突破10亿美元，分别为13.9亿美元、11.4亿美元，占比分别为9.4％、7.7％。从增速来看，东部地区各省区与沿线国家文化产品贸易额均较2016年出现不同程度的增长，其中海南省增长迅猛，达到168.1％；其次是福建省、广东省，分别为38.7％、21.4％。（图3-101）

**（3）东南亚地区是东部地区最大的文化产品进出口市场**

从出口来看，东南亚地区是东部地区在沿线区域中最大的文化产品出口市场，2017年其出口额达到41.2亿美元，占东部地区对沿线区域文化产品出口额的31.8％；其次是西亚北非地区，出口额为37.1亿美元，占比为28.6％；对南亚地区、中东欧地区、东北亚地区文化产品出口额分别为21.2亿美元、18.4亿美元、10.6亿美元，占比分别为16.3％、14.2％、8.2％；对中亚地区出口额最低，为0.9亿美元，占比仅为0.7％。从进口

来看,东南亚地区是东部地区在沿线区域最大的文化产品进口市场,进口额达 15.1 亿美元,具有绝对优势,占东部地区自沿线区域文化产品进口额的 84.4％;其次是中东欧地区,进口额为 1.7 亿美元,占比为 9.5％;自西亚北非地区、南亚地区、东北亚地区、中亚地区进口额均小于 1 亿美元。(图 3-102)

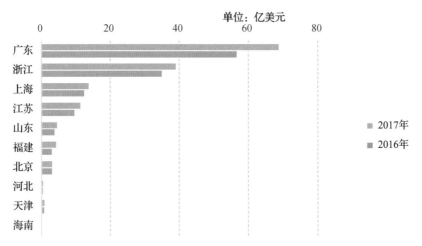

图 3-101 2016—2017 年东部地区各省区市与沿线国家文化产品贸易额

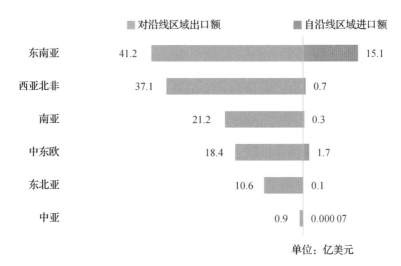

图 3-102 2017 年东部地区各省区市与沿线区域文化产品进口额、出口额

## 2. 东部地区与沿线国家文化贸易产品结构

**(1)文具、玩具、游艺器材及娱乐用品是主要的出口文化产品,且增长显著**

从出口来看,2010 年以来文具、玩具、游艺器材及娱乐用品的出口额持续显著增长,在 2015 年超过工艺美术品及收藏品的出口额,成为东部地区对沿线国家出口额最高的文化产品。2017 年,文具、玩具、游艺器材及娱乐用品出口额为 61.2 亿美元,较 2016 年增长 24.7％,占东部地区对沿线国家文化产品出口额的 47.3％;其次是工艺美术品及收藏

品,出口额为 40.2 亿美元,较 2016 年增长 12.4%,占比为 31.1%;文化专用设备的出口额为 23.1 亿美元,较 2016 年增长 28.4%,占比为 17.8%;乐器,图书、报纸及其他纸质出版物,音像制品及电子出版物出口额较小,分别为 2.5 亿美元、2.3 亿美元、0.1 亿美元,较 2016 年分别增长 4.9%、10.1%、—29.7%。(图 3-103、图 3-104)

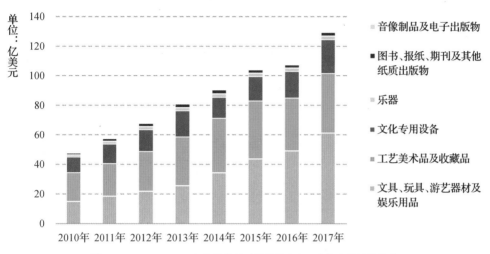

图 3-103　2010—2017 年东部地区对沿线国家出口文化产品结构构成

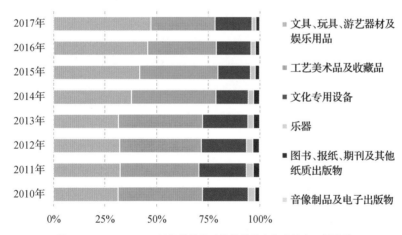

图 3-104　2010—2017 年东部地区对沿线国家文化产品出口额比重

### (2)文化专用设备是主要的进口文化产品,进口结构逐渐趋于多元化

从进口来看,2010—2017 年,文化专用设备是东部地区自沿线国家进口的主要文化产品;2015 年以来,文化专用设备出口比重逐年递减,文化产品进口结构逐渐趋于多元化。2017 年,东部地区自沿线国家文化专用设备进口额最高,达 9.8 亿美元,较 2016 年下降 7.5%,占东部地区自沿线国家文化产品进口额的 54.6%;其次是工艺美术品及收藏品,文具、玩具、游艺器材及娱乐用品,进口额分别为 2.6 亿美元、2.4 亿美元,较 2016 年分别增长 16.6%、25.8%,占比分别为 14.3%、13.5%;图书、报纸、期刊及其他纸质出版

物,乐器的进口额分别为1.8亿美元、1.2亿美元,较2016年分别增长—12.9%、5.8%,占比分别为10.1%、6.6%;音像制品及电子出版物的进口额较小,仅为0.2亿美元,较2016年大幅下降49.4%。(图3-105、图3-106)

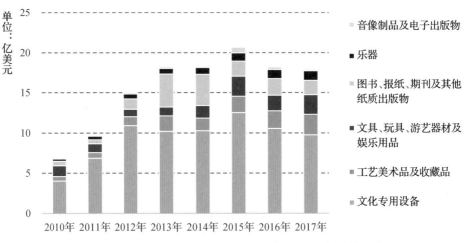

图3-105　2010—2017年东部地区自沿线国家进口文化产品结构分布

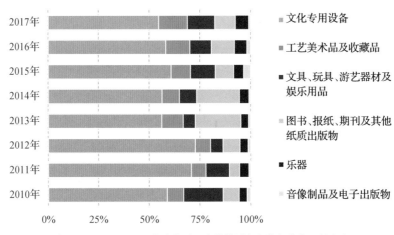

图3-106　2010—2017年东部地区自沿线国家文化产品进口额比重

## 3. 东部地区与沿线国家文化产品贸易方式

### (1)文化产品出口以一般贸易为主,但占比呈收缩趋势

从出口来看,东部地区对沿线国家文化产品出口贸易方式以一般贸易为主,且总体上呈增长的趋势。2017年,东部地区对沿线国家文化产品一般贸易出口额为74.1亿美元,较2016年增长13.8%,占东部地区对沿线国家出口文化产品的57.3%;其次是进料加工贸易,出口额为10.2亿美元,较2016年增长24.8%,占比为7.9%;来料加工装配贸易的出口额为5.8亿美元,较2016年增长51.6%,占比为4.5%;边境小额贸易出口额非常小,不足1万美元。(图3-107、图3-108)

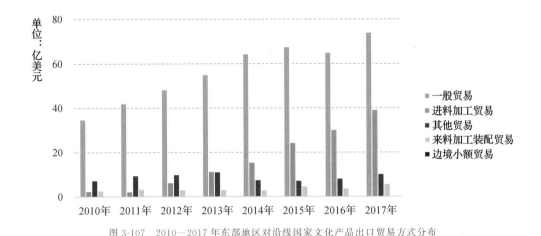

图 3-107　2010—2017 年东部地区对沿线国家文化产品出口贸易方式分布

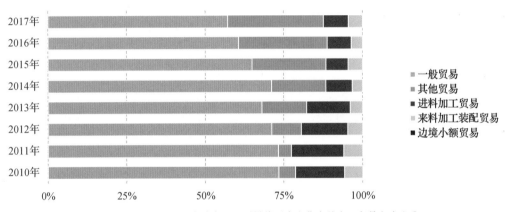

图 3-108　2010—2017 年东部地区对沿线国家文化产品出口贸易方式比重

**（2）文化产品进口一般贸易和进料加工贸易两枝并秀**

从进口来看,2010—2016 年,东部地区自沿线国家文化产品进口贸易方式以进料加工贸易为主,自 2015 年开始,进料加工贸易进口额持续下降;2010 年以来,一般贸易增长显著,2017 年一举超过进料加工贸易,成为进口额最高的贸易方式。2017 年,一般贸易进口额为 6.9 亿美元,较 2016 年增长 31.8%,占东部地区自沿线国家文化产品进口额的38.5%;其次是进料加工贸易,进口额为 6.7 亿美元,较 2016 年下降 10.9%,占比为37.4%;来料加工装配贸易的进口额为 0.4 亿美元,较 2016 年下降 58.3%,占比为2.3%。（图 3-109、图 3-110）

**4. 东部地区与沿线国家文化产品贸易主体**

**（1）民营企业是出口的主力军,出口额和出口比重逐年攀升**

从出口来看,民营企业是东部地区对沿线国家出口的主要贸易主体,且出口额和出口占比均逐年攀升;外资企业、国有企业出口占比呈下降趋势。2017 年,民营企业对沿线国家出口文化产品 102.8 亿美元,较 2016 年增长 21.8%,占东部地区对沿线国家文化产品出口额的 79.5%;其次是外资企业,为 20.5 亿美元,较 2016 年增长 25.3%,占比为 15.8%;国有企业出口额为 6.1 亿美元,较 2016 年下降 5.6%,占比仅为 4.7%。(图 3-111、图 3-112)

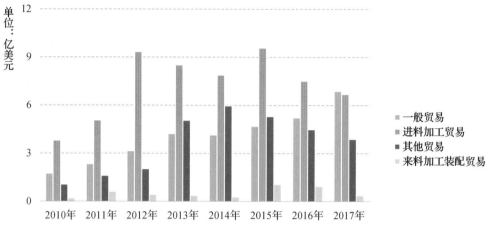

图 3-109　2010—2017 年东部地区自沿线国家文化产品进口贸易方式

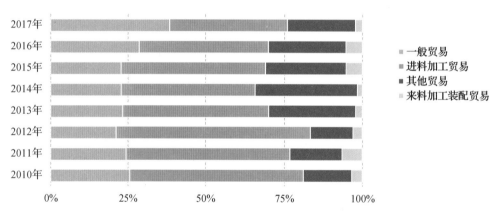

图 3-110　2010—2017 年东部地区自沿线国家文化产品进口贸易方式比重

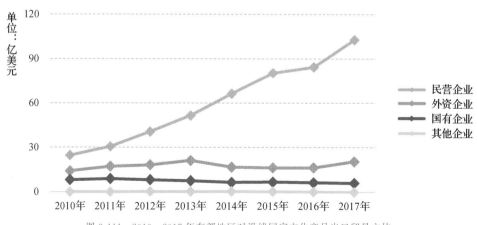

图 3-111　2010—2017 年东部地区对沿线国家文化产品出口贸易主体

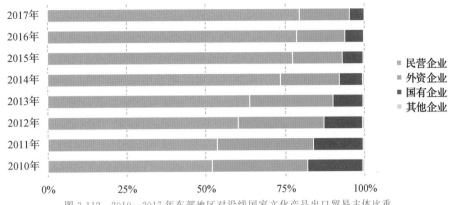

图 3-112　2010—2017 年东部地区对沿线国家文化产品出口贸易主体比重

### （2）外资企业是进口的主要力量

从进口来看,东部地区自沿线国家文化产品进口以外资企业为主,2010 年以来进口占比均在 70％以上,但 2015 年以来进口额出现下降的趋势。2017 年,外资企业自沿线国家进口文化产品 13.1 亿美元,较 2016 年下降 8.4％,占东部地区自沿线国家文化产品进口额的 73.3％;其次是民营企业,为 3.3 亿美元,较 2016 年增长 30.7％,占比为 18.2％;国有企业进口额为 1.5 亿美元,较 2016 年增长 10.2％,占比为 8.5％。（图 3-113、图 3-114）

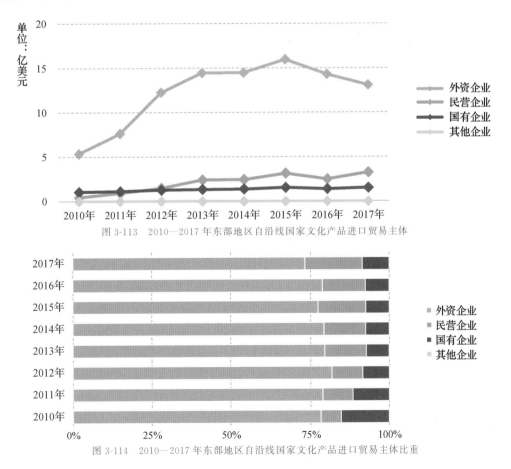

图 3-113　2010—2017 年东部地区自沿线国家文化产品进口贸易主体

图 3-114　2010—2017 年东部地区自沿线国家文化产品进口贸易主体比重

## (二)中部地区

### 1.中部地区与沿线国家文化产品贸易总体情况

**(1)中部地区与沿线国家文化产品贸易额持续 5 年下降**

2010—2017 年,中部地区与沿线国家文化产品贸易额在 2012 年达到最高峰,为 23.9 亿美元,随后贸易额持续下降,2017 年降至 12.9 亿美元,较 2016 年下降 49.8%,占中国与沿线国家文化产品贸易额的 7.2%,其中中部地区对沿线国家出口额为 12.8 亿美元,自沿线国家进口额为 0.1 亿美元。(图 3-115)

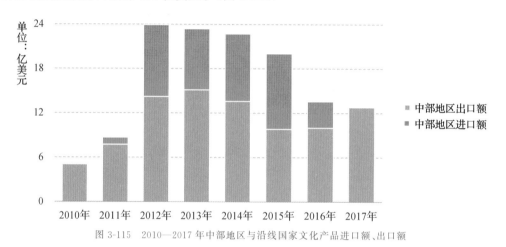

图 3-115　2010—2017 年中部地区与沿线国家文化产品进口额、出口额

**(2)江西与沿线国家文化产品贸易额最高,湖南贸易额增幅最大**

从中部地区各省区市来看,江西省与沿线国家文化产品贸易额最高,2017 年为 6.5 亿美元,占中部地区与沿线国家文化产品贸易额的 50.4%;湖南省仅居其次,为 3.5 亿美元,占比为 27.1%;安徽省、湖北省、河南省、山西省贸易额分别为 1.2 亿美元、1.1 亿美元、0.5 亿美元、0.1 亿美元。从增速来看,湖南省、江西省、湖北省较 2016 年出现不同程度的增长,湖南省增幅最大,为 55.2%。(图 3-116)

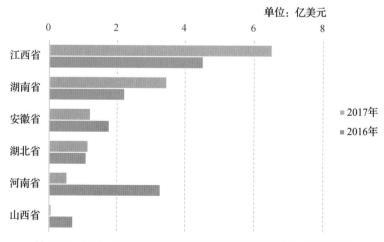

图 3-116　2016—2017 年中部地区各省区市与沿线国家文化产品贸易额

### （3）东南亚地区是中部地区主要的文化产品进出口市场

从出口来看，东南亚地区是中部地区在沿线国家中的最大出口市场，2017年其出口额达到5.1亿美元，占中部地区对沿线国家文化产品出口额的39.5%；其次是西亚北非地区，出口额为3.1亿美元，占比为24.0%；对中东欧、南亚、东北亚和中亚地区出口额分别为1.8亿美元、1.6亿美元、1.0亿美元和0.3亿美元。从进口来看，东南亚地区是中部地区自沿线国家最大的进口市场，进口额为440.3万美元，占中部地区自沿线国家文化产品进口额的52.5%；其次是中东欧地区，进口额为299.1万美元，占比为35.6%；自南亚地区、东北亚地区、西亚北非地区、中亚地区进口额较小，均不足50万美元。（图3-117）

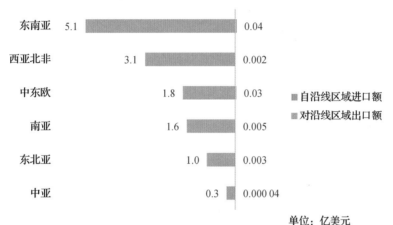

图3-117　2016—2017年中部地区与沿线国家文化产品进口额、出口额

## 2. 中部地区与沿线国家文化贸易产品结构

### （1）文具、玩具、游艺器材及娱乐用品占比增长明显，逐渐成为出口的主力军

从出口来看，2010年以来，文具、玩具、游艺器材及娱乐用品出口占比基本呈上升的趋势；2013年以来，中部地区对沿线国家工艺美术品及收藏品出口额明显下降，在2016年被文具、玩具、游艺器材及娱乐用品反超，退居第二。2017年，文具、玩具、游艺器材及娱乐用品是中部地区对沿线国家出口额最高的文化产品，达到8.6亿美元，较2016年增长69.4%，占中部地区对沿线国家文化产品出口额的67.2%；其次是工艺美术品及收藏品，为3.3亿美元，较2016年下降14.0%，占比为25.6%；文化专用设备的出口额为0.6亿美元，较2016年下降26.2%；图书、报纸、期刊及其他纸质出版物，乐器，音像制品及电子出版物的出口额较小。（图3-118、图3-119）

### （2）中部地区自沿线国家文化产品进口结构非常不稳定，2017年进口结构呈多元化

从进口来看，2010—2017年中部地区自沿线国家文化产品进口结构非常不稳定：2011—2014年，文化专用设备独大，平均占比为98.9%；2015—2016年，工艺美术品及收藏品独大，平均占比为98.4%；2017年，文化产品进口结构呈现多元化，但各文化产品进口额均较小，其中进口额最高的是文具、玩具、游艺器材及娱乐用品，进口额为357.0万美

元,较 2016 年增长近 2 倍,占中部地区自沿线国家文化产品进口额的 42.5%;其次是乐器,进口额为 167.3 万美元,较 2016 年呈爆发式增长,占比为 19.9%;工艺美术品及收藏品进口额为 152.4 万美元,较 2016 年下降近一半,占比为 18.2%;文化专用设备,图书、报纸、期刊及其他纸质出版物,音像制品及电子出版物的进口额均低于 100 万美元。(图 3-120、图 3-121)

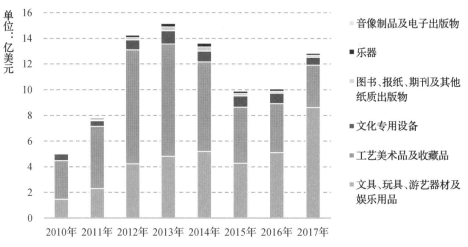

图 3-118　2010—2017 年中部地区对沿线国家出口文化产品结构

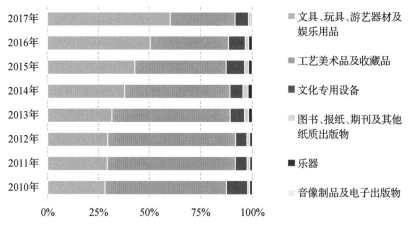

图 3-119　2010—2017 年中部地区对沿线国家文化产品出口额比重

### 3. 中部地区与沿线国家文化产品贸易方式

#### (1)文化产品出口一般贸易独大

从出口来看,中部地区对沿线国家文化产品出口贸易方式中,一般贸易独大。2017 年,一般贸易出口额为 12.3 亿美元,较 2016 年增长 23.9%,占中部地区对沿线国家文化产品出口额的 96.3%;其次是进料加工贸易,为 0.3 亿美元,较 2016 年增长 1.5 倍,占比为 1.5%;来料加工装配贸易、边境小额贸易出口额较小。(图 3-122、图 3-123)

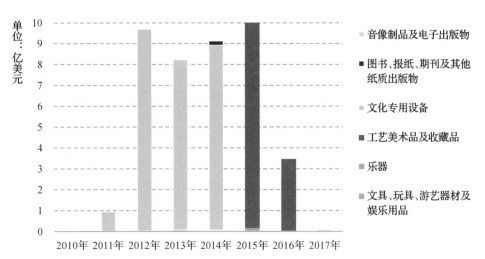

图 3-120　2010—2017 年中部地区自沿线国家进口文化产品结构

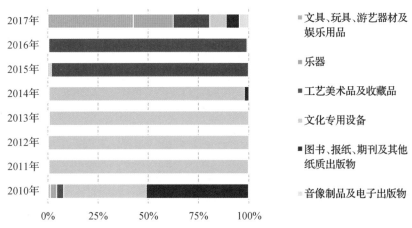

图 3-121　2010—2017 年中部地区自沿线国家文化产品进口额比重

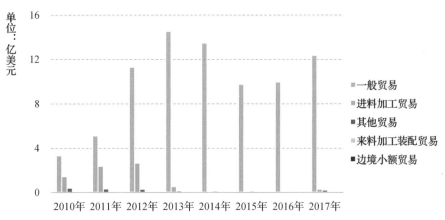

图 3-122　2010—2017 年中部地区对沿线国家文化产品出口贸易方式

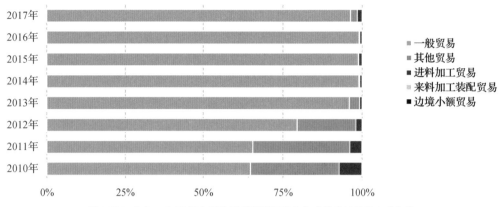

图 3-123　2010—2017 年中部地区对沿线国家文化产品出口贸易方式比重

### （2）文化产品进口贸易方式单一

从进口来看,2010—2017 年,中部地区自沿线国家文化产品进口贸易方式单一,在一般贸易与进料加工贸易之间变换;2010 年一般贸易独大;2011—2016 年,进料加工贸易独大;2017 年,一般贸易又反超进料加工贸易,达到 645.6 万美元,较 2016 年增长近 2 倍,占中部地区自沿线国家文化产品进口额的 76.9％;进料加工贸易降至 184.1 万美元,较 2016 年下降 99.4％,占比为 21.9％。（图 3-124、图 3-125）

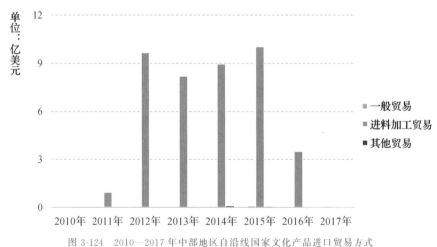

图 3-124　2010—2017 年中部地区自沿线国家文化产品进口贸易方式

## 4. 中部地区与沿线国家文化产品贸易主体

### （1）民营企业出口贸易额独大,且升幅显著

从出口来看,中部地区对沿线国家文化产品出口贸易主体中,民营企业独大,2012 年以来出口占比均在 90％以上,但出口额变化幅度较大。2017 年,民营企业出口额为 12.2 亿美元,较 2016 年增长 29.0％,占中部地区对沿线国家文化产品出口额的 95.4％;其次是外资企业,为 0.4 亿美元,较 2016 年增长 39.8％,占比为 3.1％;国有企业出口额为 0.2 亿美元,较 2016 年下降 33.1％,占比为 1.5％。（图 3-126、图 3-127）

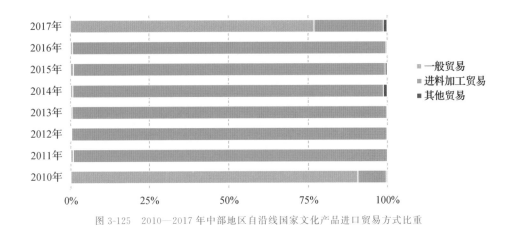

图 3-125　2010—2017 年中部地区自沿线国家文化产品进口贸易方式比重

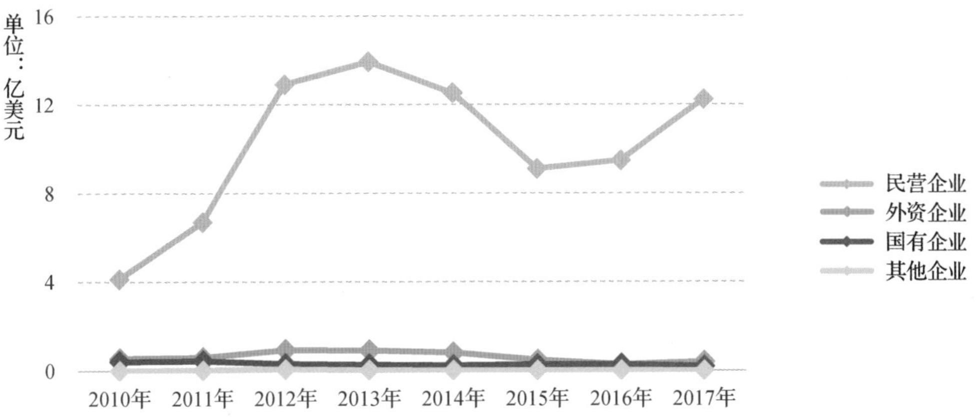

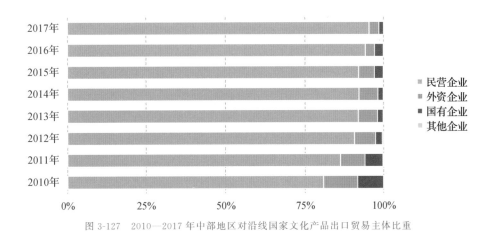

图 3-126　2010—2017 年中部地区对沿线国家文化产品出口贸易主体

图 3-127　2010—2017 年中部地区对沿线国家文化产品出口贸易主体比重

### （2）文化产品进口以外资企业为主，但进口额降幅明显

从进口来看，2011—2016 年，中部地区自沿线国家文化产品进口贸易方式中，外资企业占据绝对优势，平均占比为 98.3％，但外资企业进口额波动性较大，2015 年以后迅速下

滑,至2017年降至0.1亿美元,占中部地区自沿线国家文化产品进口额的72.8%;民营企业2017年进口额为214.4万美元,较2016年下降75.6%,占比为25.5%;国有企业进口额较小,仅为13.7万美元。(图3-128、图3-129)

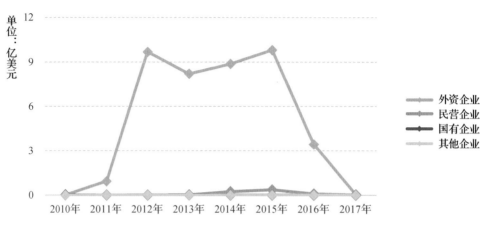

图3-128　2010—2017年中部地区自沿线国家文化产品进口贸易主体

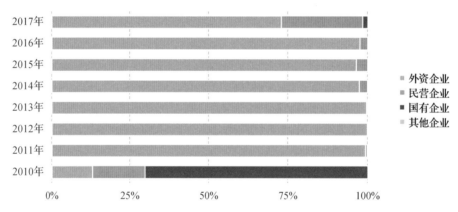

图3-129　2010—2017年中部地区自沿线国家文化产品进口贸易主体比重

## (三)西部地区

### 1.西部地区与沿线国家文化产品贸易总体情况

**(1)西部地区与沿线国家文化产品贸易额增幅较大**

2010—2017年,西部地区与沿线国家文化产品贸易额在2014年达到最高点,为31.5亿美元。2017年,贸易额扭降为升,回升至17.2亿美元,较2016年增长30.4%,占中国与沿线国家文化产品贸易额的9.6%,其中西部地区对沿线国家出口额为17.1亿美元,自沿线国家进口额为0.1亿美元。(图3-130)

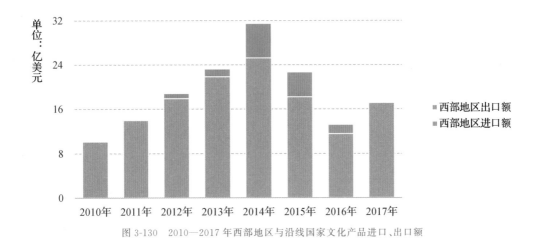

图 3-130　2010—2017 年西部地区与沿线国家文化产品进口、出口额

**(2)新疆维吾尔自治区在西部地区各省区市中占据绝对优势,且贸易额增幅显著**

2017 年,西部各省区市与沿线国家文化产品贸易中,新疆维吾尔自治区独占鳌头,贸易额达到 7.2 亿美元,较 2016 年增长 168.9％,占西部地区与沿线国家文化产品贸易额的 41.7％;其次是广西壮族自治区,贸易额为 4.1 亿美元,较 2016 年增长 84.0％,占比为 24.1％;四川省、重庆市贸易额分别为 1.7 亿美元、1.4 亿美元,较 2016 年分别下降 23.1％、23.6％,占比分别为 10.0％、8.2％。(图 3-131)

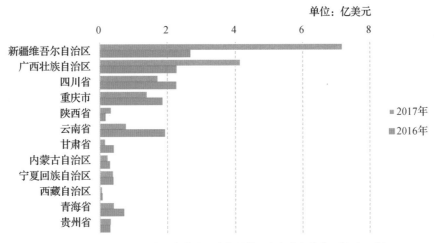

图 3-131　2016—2017 年西部各省区市与沿线国家文化产品进口额、出口额

**(3)中亚地区是西部地区最大的文化产品出口市场,南亚地区是最大的进口市场**

从出口来看,中亚地区是西部地区在沿线国家中最大的文化产品出口市场。2017 年西部地区对中亚地区文化产品出口额为 6.8 亿美元,占西部地区对沿线国家文化产品出口额的 40.0％;其次是东南亚地区,出口额为 5.8 亿美元,占比为 34.1％;对南亚地区、西亚北非地区、中东欧地区和东北亚地区的出口额分别为 1.5 亿美元、1.5 亿美元、0.9 亿美元和 0.5 亿美元。从进口来看,南亚地区是西部地区自沿线国家最大的进口市场。

2017年,西部地区自南亚地区文化产品进口额为460.6万美元,占西部地区自沿线国家文化产品进口额的34.8%;其次是东南亚地区,为444.2万美元,占比33.6%;自中东欧地区进口额为324.5万美元;自西亚北非地区、中亚地区和东北亚地区的进口额较小。（图3-132）

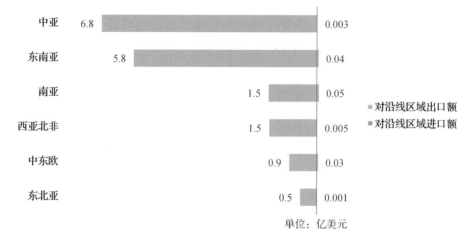

单位：亿美元

图3-132  2016—2017年西部地区各省市与沿线国家文化产品贸易额

## 2. 西部地区与沿线国家文化贸易产品结构

### (1)文具、玩具、游艺器材及娱乐用品增幅明显

从出口来看,2010—2017年,西部地区对沿线国家出口的文化产品中,文具、玩具、游艺器材及娱乐用品出口占比上升,工艺美术品及收藏品出口占比明显下降。2017年,文具、玩具、游艺器材及娱乐用品出口额超过工艺美术品及收藏品的出口额,成为西部地区对沿线国家出口额最高的文化产品,出口额达到10.0亿美元,较2016年增长超2倍,占比为58.4%;其次是工艺美术品及收藏品,为5.0亿美元,较2016年下降27.5%,占比为29.4%;文化专用设备,图书、报纸、期刊及其他纸质出版物,乐器,音像制品及电子出版物的出口额分别为1.7亿美元、0.3亿美元、0.1亿美元、0.003亿美元。（图3-133、图3-134）

### (2)工艺美术品及收藏品、文化专用设备的进口额急剧下滑,音像制品及电子出版物、乐器的进口额增幅显著

从进口来看,西部地区自沿线国家文化产品进口结构不稳定。近年来,工艺美术品及收藏品、文化专用设备的进口额急剧下滑。2017年,进口结构较多元化,但各产品进口额均较小;工艺美术品及收藏品是西部地区自沿线国家进口额最多的文化产品,进口额为633.2万美元,较2016年下降91.7%,占西部地区自沿线国家文化产品进口额的47.9%;其次是文具、玩具、游艺器材及娱乐用品,进口额为324.0万美元,较2016年下降68.6%,占比为24.5%;文化专用设备,图书、报纸、期刊及其他纸质出版物的进口额分别为120.2万美元、102.2万美元,较2016年分别下降98.5%、15.2%,占比分别为9.1%、7.7%;音像制品及电子出版物、乐器的进口额分别为95.4万美元、47.4万美元,较2016年增长均超过2倍。（图3-135、图3-136）

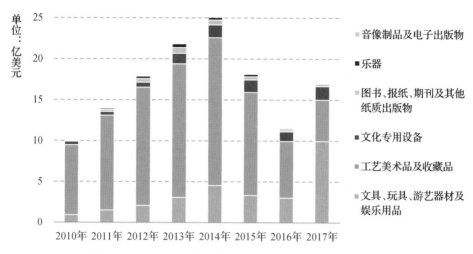

单位：亿美元

音像制品及电子出版物

乐器

图书、报纸、期刊及其他纸质出版物

文化专用设备

工艺美术品及收藏品

文具、玩具、游艺器材及娱乐用品

图 3-133　2010—2017 年西部地区对沿线国家出口文化产品结构

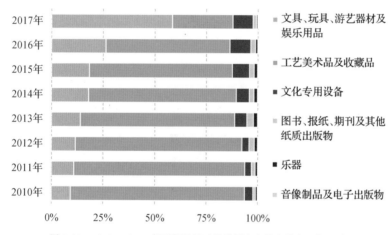

文具、玩具、游艺器材及娱乐用品

工艺美术品及收藏品

文化专用设备

图书、报纸、期刊及其他纸质出版物

乐器

音像制品及电子出版物

图 3-134　2010—2017 年西部地区对沿线国家文化产品出口额比重

## 3. 西部地区与沿线国家文化产品贸易方式

### （1）文化产品出口由以一般贸易为主转变为以边境小额贸易为主

从出口来看，2013 年以来，西部地区对沿线国家出口文化产品边境小额贸易增长显著，一般贸易下降明显。2017 年，边境小额贸易出口额超过一般贸易出口额，成为西部地区对沿线国家文化产品出口额最高的贸易方式。2017 年，边境小额贸易出口额为 9.6 亿美元，较 2016 年增长近 1.5 倍，占西部地区对沿线国家文化产品出口额的 56.3%；其次是一般贸易，为 6.8 亿美元，较 2016 年增长 8.7%，占比为 39.7%；进料加工贸易、来料加工装配贸易出口额较小，分别为 0.2 亿美元、0.1 亿美元，较 2016 年分别下降 72.2%、47.3%。（图 3-137、图 3-138）

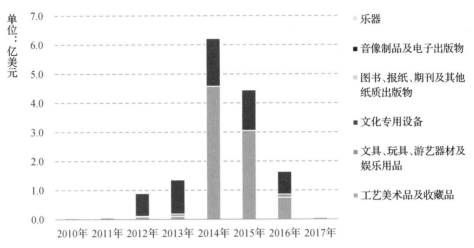

图 3-135　2010—2017 年西部地区自沿线国家进口文化产品结构

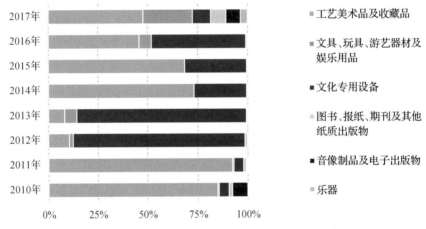

图 3-136　2010—2017 年西部地区自沿线国家文化产品进口额比重

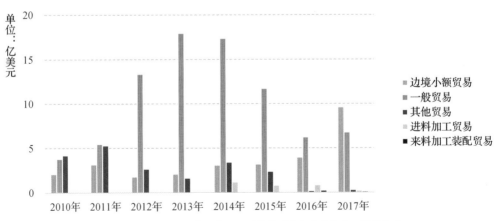

图 3-137　2010—2017 年西部地区对沿线国家文化产品出口贸易方式

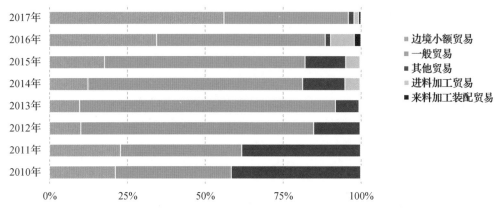

图 3-138　2010—2017 年西部地区对沿线国家文化产品出口贸易方式比重

### （2）文化产品进口贸易方式逐渐趋于多样化

从进口来看,2012—2016 年,进料加工贸易额占比较大,但从 2014 年开始,进料加工贸易额大幅度下滑,由 2.7 亿美元下滑至 2017 年的 225.2 万美元,占西部地区自沿线国家文化产品进口额的比重仅为 17.0%。2017 年,一般贸易进口额最高,为 747.3 万美元,较 2016 年下降 50.4%,占比为 56.5%;其次是边境小额贸易,为 285.1 万美元,较 2016 年下降 12.2%,占比为 21.6%;来料加工装配贸易的进口额非常小,不足 1 万美元。(图 3-139、图 3-140)

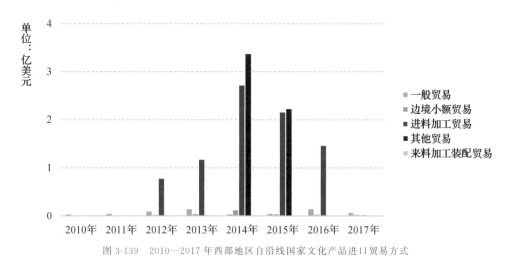

图 3-139　2010—2017 年西部地区自沿线国家文化产品进口贸易方式

## 4. 西部地区与沿线国家文化产品贸易主体

### （1）文化产品出口贸易主体中民营企业独大

从出口来看,2010 年以来,西部地区对沿线国家文化产品出口贸易主体中,民营企业独大,出口占比均在 90% 以上,2010—2014 年,民营企业出口额呈稳定上升趋势,2014 年以后,其出口额大幅下滑。2017 年,民营企业出口额扭降为升,为 16.4 亿美元,较 2016 年增长 50.8%,占中部地区对沿线国家文化产品出口额的 95.9%;其次是国有企

业,为 0.4 亿美元,较 2016 年增长 5.7%,占比为 2.5%;外资企业出口额为 0.3 亿美元,
较 2016 年增长 0.9%,占比为 1.6%。(图 3-141、图 3-142)

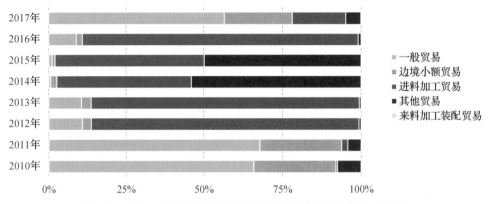

图 3-140　2010—2017 年西部地区自沿线国家文化产品进口贸易方式比重

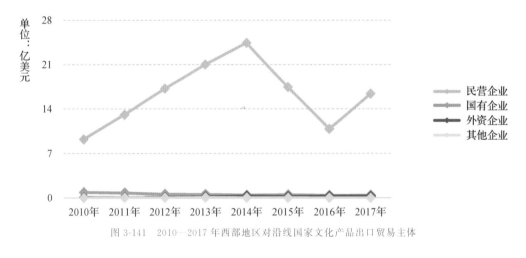

图 3-141　2010—2017 年西部地区对沿线国家文化产品出口贸易主体

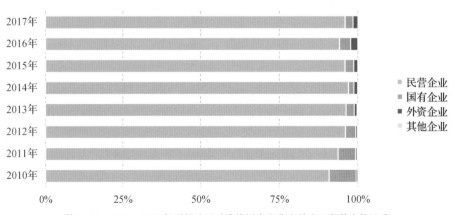

图 3-142　2010—2017 年西部地区对沿线国家文化产品出口贸易主体比重

**(2)进口以民营企业为主,民营企业和国有企业进口额均大幅下降**

从进口来看,西部地区民营企业自沿线国家文化产品进口额在 2014 年骤升,超过国有企业,成为进口额最高的贸易主体,随后民营企业进口额出现大幅回落,由 2014 年的 4.6 亿美元下降到 2017 年的 1 007.5 万美元,占比为 76.2%;外资企业 2017 年进口额为 267.5 万美元,占比为 20.2%。国有企业自沿线国家文化产品进口额自 2014 年开始逐年下降,2017 年降至 47.3 万美元,较 2016 年下降 99.4%。(图 3-143、图 3-144)

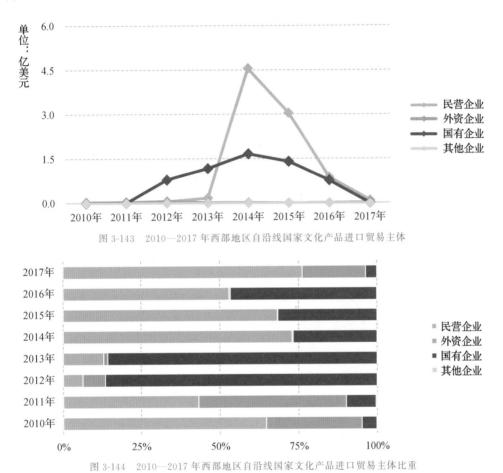

图 3-143　2010—2017 年西部地区自沿线国家文化产品进口贸易主体

图 3-144　2010—2017 年西部地区自沿线国家文化产品进口贸易主体比重

## (四)东北地区

### 1. 东北地区与沿线国家文化产品贸易总体情况

#### (1)东北地区与沿线国家文化产品贸易额出现小幅度回升

2010—2013 年,东北地区与沿线国家文化产品贸易额不断上升,在 2013 年达到最高峰,为 12.7 亿美元,出口额与进口额均出现大幅增长。2017 年,贸易额为 1.6 亿美元,较 2016 年增长 19.8%,占中国与沿线国家文化产品贸易额的 0.9%,其中东北地区对沿线国家出口额为 1.3 亿美元,自沿线国家进口额为 0.3 亿美元。(图 3-145)

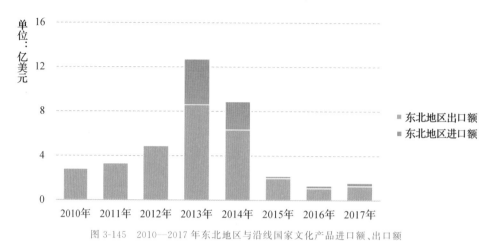

图 3-145　2010—2017 年东北地区与沿线国家文化产品进口额、出口额

**（2）东北地区与沿线国家文化产品贸易额均有不同程度的增长**

2017 年,黑龙江省与沿线国家文化产品贸易额最高,为 0.7 亿美元,较 2016 年增长 40.7%,占东北地区与沿线国家文化产品贸易额的 45.3%;辽宁省居其次,为 0.57 亿美元,较 2016 年增长 19.2%,占比为 35.8%;吉林省最低,为 0.3 亿美元,较 2016 年增长超 2 倍,占比为 18.9%。（图 3-146）

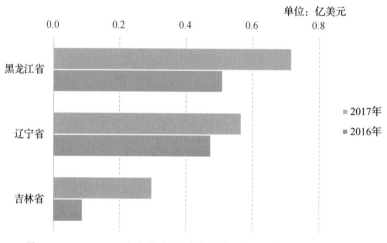

图 3-146　2016—2017 年东北地区各省与沿线区域文化产品进口额、出口额

**（3）东北亚地区是东北地区最大的文化产品出口市场,中东欧地区是最大进口市场**

从出口来看,东北亚地区是东北地区在沿线区域中最大的出口市场,2017 年出口额达到 5 208.3 万美元,占东北地区对沿线区域文化产品出口额的 41.1%,优势明显;其次是东南亚地区、西亚北非地区、中东欧地区,分别为 2 655.7 万美元、2 192.0 万美元、1 876.9 万美元,占比分别为 21.0%、17.3%、14.8%;对南亚地区出口额为 729.6 万美元,占比为 5.8%;对中亚地区出口额非常小,仅为 9.2 万美元。从进口来看,中东欧地区是东北地区自沿线区域最大的文化产品进口市场。2017 年,自中东欧地区进口文化产品

2 607.6 万美元,占东北地区自沿线区域文化产品进口额的 82.6%,具有绝对优势;其次是西亚北非地区,为 510.8 万美元,占比为 16.2%;自东南亚地区、南亚地区进口额分别为 27.1 万美元、8.4 万美元。(图 3-147)

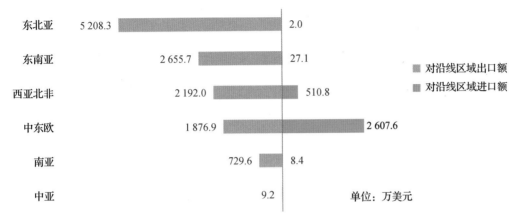

图 3-147　2016—2017 年东北地区各省与沿线国家文化产品贸易额

## 2. 东北地区与沿线国家文化贸易产品结构

### (1)东北地区文化产品出口结构较均衡

从出口来看,2010 年以来,东北地区对沿线国家出口的文化产品中,工艺美术品及收藏品占比明显下降,文具、玩具、游艺器材及娱乐用品,文化专用设备占比明显上升;出口结构逐渐由以工艺美术品及收藏品为主转变为工艺美术品及收藏品,文具、玩具、游艺器材及娱乐用品,文化专用设备三足鼎立的多元化贸易格局。2017 年,东北地区对沿线国家文具、玩具、游艺器材及娱乐用品的出口额最高,为 5 514.2 万美元,较 2016 年增长161.6%,占东北地区对沿线国家文化产品出口额的 43.5%;其次是工艺美术品及收藏品,为 3 042.0 万美元,较 2016 年下降 29.3%,占比为 24.0%;文化专用设备的出口额为3 033.7 万美元,较 2016 年增长 9.7%,占比为 23.9%;乐器,图书,报纸期刊及其他纸质出版物的出口额分别为 684.0 万美元、394.6 万美元,较 2016 年分别下降 16.8%、47.4%;音像制品及电子出版物的出口额非常小,仅为 3.1 万美元,但较 2016 年增长超3 倍。(图 3-148、图 3-149)

### (2)文化产品进口结构较不稳定,近年来以文化专用设备为主

从进口来看,东北地区自沿线国家进口结构较不稳定。工艺美术品及收藏品在经历了 2013 年、2014 年两年井喷式增长后在 2015 年迅速收缩,贸易格局变为以文化专用设备为主。2015 年以来,东北地区自沿线国家文化专用设备、音像制品及电子出版物的进口额呈增长的趋势。2017 年,东北地区自沿线国家文化专用设备进口额最高,为 2 550.0 万美元,较 2016 年增长 18.9%,占东北地区自沿线国家文化产品进口额的 80.0%;其次是音像制品及电子出版物,为 523.5 万美元,较 2016 年增长超 2 倍,占比为 16.6%;工艺美术品及收藏品,图书、报纸、期刊及其他纸质出版物,乐器,文具、玩具、游艺器材及娱乐用品的进口额较低。(图 3-150、图 3-151)

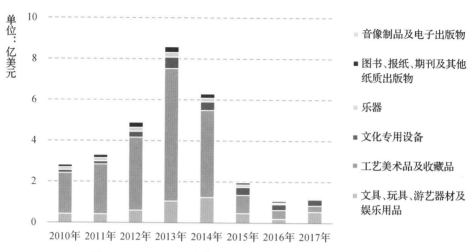

图 3-148　2010—2017 年东北地区对沿线国家出口文化产品结构

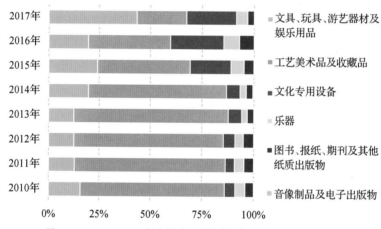

图 3-149　2010—2017 年东北地区对沿线国家文化产品出口额比重

### 3. 东北地区与沿线国家文化产品贸易方式

**(1)文化产品出口边境小额贸易增长显著**

从出口来看,2010—2017 年,东北地区对沿线国家文化产品出口贸易方式以一般贸易为主,2013 年以来,一般贸易出口额呈下降的趋势。2017 年,东北地区对沿线国家文化产品一般贸易出口额小幅回升至 8 174.7 万美元,较 2016 年上升 17.2%,占东北地区对沿线国家文化产品出口额的 64.5%;其次是边境小额贸易,为 3 620.6 万美元,较 2016 年增长 74.9%,占比为 28.6%;进料加工贸易的出口额为 484.0 万美元,较 2016 年增长 15.7%,占比为 3.8%,来料加工装配贸易的出口额非常小,仅为 0.2 万美元。(图 3-152、图 3-153)

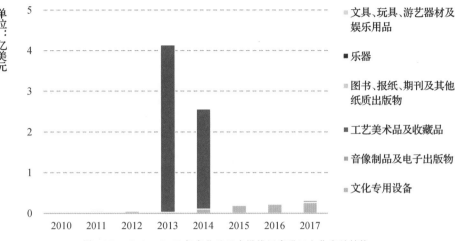

图 3-150 2010—2017 年东北地区自沿线国家进口文化产品结构

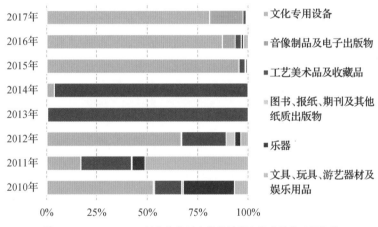

图 3-151 2010—2017 年东北地区自沿线国家文化产品进口额比重

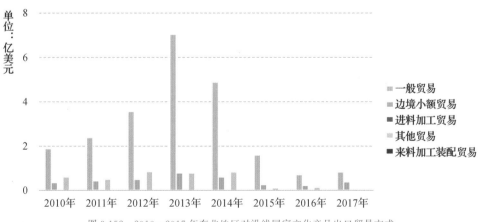

图 3-152 2010—2017 年东北地区对沿线国家文化产品出口贸易方式

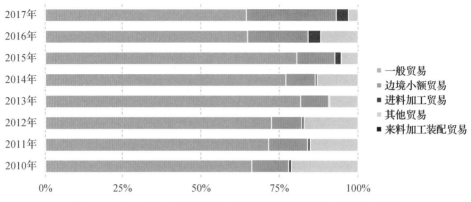

图 3-153　2010—2017 年东北地区对沿线国家文化产品出口贸易方式比重

**（2）文化产品进口贸易方式中，一般贸易独大**

从进口来看，2015 年以来，东北地区自沿线国家文化产品进口贸易方式中，一般贸易独大，且贸易进口额呈增长的趋势。2017 年，东北地区自沿线国家文化产品一般贸易进口额为 3 122.1 万美元，较 2016 年增长 40.2％，占东北地区自沿线国家文化产品进口额的 98.9％；其次是进料加工贸易，为 17.9 万美元，较 2016 年下降 73.2％，占比为 0.6％；来料加工装配贸易、边境小额贸易的进口额均非常小，分别为 1.3 万美元、0.1 万美元。（图 3-154、图 3-155）

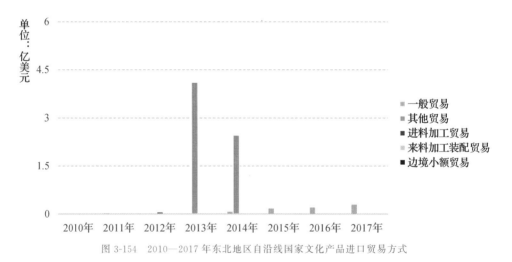

图 3-154　2010—2017 年东北地区自沿线国家文化产品进口贸易方式

## 4. 东北地区与沿线国家文化产品贸易主体

**（1）民营企业出口额独大，且 2017 年出口额扭降为升**

从出口来看，2010 年以来东北地区对沿线国家文化产品出口贸易主体中，民营企业独大，占比均在 85％以上。2017 年，民营企业出口额扭转连续 3 年下降趋势，小幅度回升至 1.1 亿美元，较 2016 年增长 19.4％，占东北地区对沿线国家文化产品出口额的 90.4％；其次是外资企业，为 1 122.2 万美元，较 2016 年增长 4.5％，占比为 8.9％；国有企业出口额较小，为 94.8 万美元，较 2016 年增长 15.7％。（图 3-156、图 3-157）

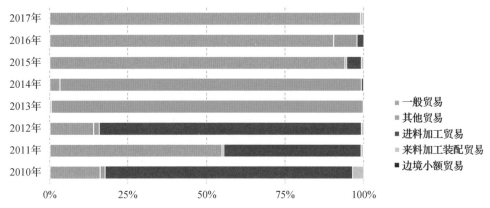

图 3-155　2010—2017 年东北地区自沿线国家文化产品进口贸易方式比重

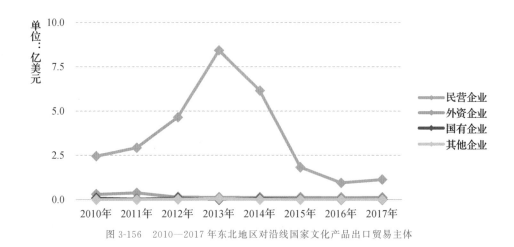

图 3-156　2010—2017 年东北地区对沿线国家文化产品出口贸易主体

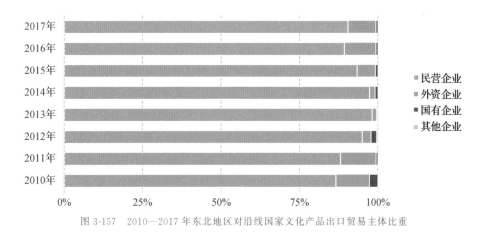

图 3-157　2010—2017 年东北地区对沿线国家文化产品出口贸易主体比重

**（2）文化产品进口贸易主体较不稳定**

从进口来看，东北地区自沿线国家文化产品进口贸易主体结构年际变化较大。2015年以来，外资企业是东北地区自沿线国家文化产品进口的主要贸易主体。2017 年，外资企业进口额为 2 548.7 万美元,较 2016 年增长 14.6%,占东北地区自沿线国家文化产品进口额的 80.8%;其次是民营企业,为 548.0 万美元,较 2016 年增长超 1.5 倍,占比为 17.4%;国有企业进口额为 59.1 万美元,较 2016 年增长超 1 倍,但占比仅为 1.9%。（图 3-158、图 3-159)

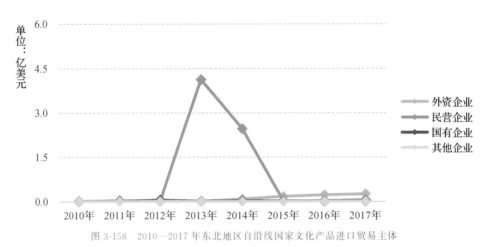

图 3-158　2010—2017 年东北地区自沿线国家文化产品进口贸易主体

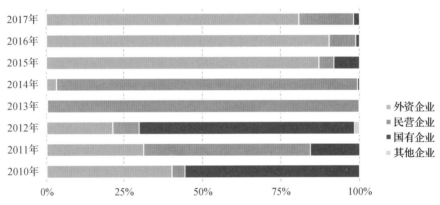

图 3-159　2010—2017 年东北地区自沿线国家文化产品进口贸易主体比重

## 五、文化产品贸易合作的问题及建议

### (一)现状和问题

文化贸易是"一带一路"国际合作的重要内容,有利于加强中国与沿线国家的文化交流,促进"一带一路"建设的民心相通。"一带一路"倡议提出以来,中国对外文化贸易规模不断扩大,文化出口企业数量不断增加,文化领域境外投资步伐不断加快,文化贸易合作有着较好的成长性,但是中国与沿线国家文化产品贸易仍存在进出口比例失调、市场过于集中、产品结构较单一、进口文化产品"外资企业+加工贸易"特征明显、贸易交往具有跳跃性等问题。

#### 1. 中国与沿线国家文化产品贸易进出口严重不平衡

2010 年以来,中国与沿线国家文化产品贸易一直呈现顺差状态,且顺差额逐年扩大,从 2010 年的 58.7 亿美元扩大到 2017 年的 142.2 亿美元。2017 年,中国对沿线国家文化产品出口额达到 160.6 亿美元,进口额仅 18.4 亿美元,出口额与进口额之比约为 9∶1,中国与沿线国家文化产品贸易进口与出口非常不平衡,且失衡的状态越来越严重,不利于文化产品贸易的长期发展。

#### 2. 中国与沿线国家文化产品贸易进出口市场过于集中

2017 年,中国与沿线国家文化产品贸易 37.7% 集中在东南亚地区,而中国与中亚地区文化产品贸易占比仅有 4.5%。从出口来看,中国对"一带一路"沿线文化产品出口额排名前十的国家出口额占比为 67.1%,出口国别市场较为集中,但出口前十的国家所在区域较分散。从进口来看,中国自"一带一路"沿线文化产品进口排名前六位的国家均为东南亚地区的国家,这 6 个国家进口额占中国自沿线国家进口总额的 82.0%,其中自越南进口占比高达 39.1%,进口国别市场过度集中。从国别来看,中国与沿线国家文化产品贸易对象多集中在文化同源国家中,与文化差异较大的国家文化贸易往来有待加强。

#### 3. 中国与沿线国家文化贸易产品结构有待优化

中国与沿线国家文具、玩具、游艺器材及娱乐用品贸易额占中国与沿线国家文化产品贸易总额的近一半,反映出中国与沿线国家文化贸易产品结构的失调性,主要集中在附加值较低的劳动密集型领域。商务部、中宣部等五部委发布的《我国文化产品进出口统计目录(2015)》中把文化产品分为核心层和相关层,核心层的文化产品主要指出版物,分为图书、报纸、期刊及其他纸质出版物,音像制品及电子出版物。中国与沿线国家出版物贸易规模非常小,2017 年在文化产品进出口总额中占比仅为 2.8%,缺乏核心文化产品的贸易往来。另外,在 6 类文化产品中,音像制品及电子出版物是唯一出现中国逆差的产品。

#### 4. 中国自沿线国家进口文化产品"外资企业+加工贸易"特征明显

中国自沿线国家进口文化产品主要以外资企业为主导,外资企业进口额占比高达七成,且其中大部分为外商独资企业,这些企业进行的多是加工贸易,因此中国自沿线国家文化商品进口形成了"外资企业＋加工贸易"的特点。相比之下,民营企业的进口额较低,占比不足20%,在中国自沿线国家文化产品进口贸易中处于较弱势的地位。

### 5. 中国与沿线国家文化产品贸易存在不稳定性

在中国与沿线国家文化贸易往来中,贸易交往存在跳跃性,受政治、社会、经济等外界较多因素的影响,文化产品贸易额增加或减少的幅度比较大,中国与沿线区域文化贸易的波动也比较大,这在某种程度上反映了文化产品贸易的脆弱性。因此,提高文化产品贸易的稳定性对中国与沿线国家文化产品贸易的长期发展具有重要意义。

## (二)对策及建议

为加强中国与沿线国家和地区文化产品的贸易往来,扩大贸易规模,提高贸易质量,中国与沿线国家文化产品贸易应做到"引进来"与"走出去"相结合,中国应积极开拓多元化的进出口市场,优化文化贸易产品结构,充分认识文化产品贸易的复杂性和不确定性,并与沿线国家共同携手营造公平公正的国际贸易活动环境,通过文化产品的贸易往来,促进中国与沿线国家的文化交流,增进共识。

### 1. 树立正确的文化贸易观,真正做到"引进来"与"走出去"相结合

文化贸易不但能够获得巨额利润,还可以通过文化产品的消费输出价值观,这是文化产品与一般产品的最大不同之处。"一带一路"倡议旨在促进经济要素有序自由流动、资源高效配置和市场深度融合,推动沿线各国实现经济政策协调,开展更大范围、更高水平、更深层次的区域合作,共同打造开放、包容、均衡、普惠的经济合作框架。由此,中国在开展对外文化贸易时不能一味争取贸易顺差,要避免文化产品倾销,并且要做到"引进来"与"走出去"相结合。中国在发展对外文化贸易的同时,适当开放文化产品进口市场,积极引入沿线国家的优秀文化产品,可以带动国内相关文化产业的发展,真正实现合作共赢。

### 2. 调整进出口市场结构,促进文化产品进出口市场多元化

文化的相似性可以促进文化贸易的往来,而文化贸易的频繁往来又可以提高文化的认同感,增加文化的相似性,两者是相辅相成的。因此,中国在与具有地缘优势或文化同源性的国家保持密切文化贸易往来的同时,还要积极主动与文化差异较大的国家进行贸易往来。频繁的贸易往来有利于文化的交流,能促进民心相通。对于文化产品出口充分的国家,要着重提高出口产品的档次,避免出口过度的倾向;对于文化产品出口潜力市场的挖掘,首先从经济发展、科技应用水平高的国家入手,针对不同的需求和习惯,积极主动开拓多元化市场。

### 3. 优化产品结构,鼓励和大力发展核心文化产品出口

就中国与沿线国家的文化贸易情况而言,中国无疑是文化贸易大国,文化出口占主导,沿线国家对中国文化产品的需求强烈,但中国对沿线国家出口主要以低附加值的文化产品为主,附加值较高的文化产品出口规模较小。中国应调整、优化文化产品出口结构,鼓励高附加值文化产品出口,扩大自主知识产权文化品牌出口。中国对沿线国家核心文

化产品的出口占比较小,而核心文化产品是技术和知识密集型产品,增加核心文化产品的出口对促进文化产品结构升级具有重大意义。对于文化企业,一方面要重视"中国元素"与国外消费者需求的融合,另一方面需注重科技的投入,提高产品的科技含量,从而提升文化产品的出口竞争力。

### 4. 为文化产品贸易营造良好的政治和社会环境

"一带一路"沿线部分国家民族和宗教情况复杂,存在利益纷争等情况。因此,必须大力与沿线国家和地区签署文化合作协定,推动高级别人文交流机制向更高层次发展;同时,加强与联合国教科文组织等国际组织的合作,深度参与文化领域国际规则的制定,不断提升中国的国际文化话语权。近年来,海外中国文化中心已有 30 个左右,它们是展示中华文化精粹和国家形象的重要平台。可以说,中国在对外交流合作平台的打造方面取得了阶段性成果,下一步应继续深化,做出精品和特色。

### 5. 充分认识"一带一路"文化产品贸易的复杂性和不确定性,做好预案

"一带一路"沿线既有发达国家,也有发展中国家,民族多元,多种宗教并存,政治、经济、文化、社会、法律、历史等各不相同。具体来说,包括中国在内,"一带一路"沿线有 65 个国家,有 53 种官方语言,涉及多个民族,具有多种社会风俗以及宗教信仰。我国虽然作为一个多民族国家,许多民族与沿线国家民族的关系源远流长,但与其他国家或多或少存在一定的文化距离。这种文化距离是阻碍我国文化产业走出去的一大障碍,这种障碍具有天然的排他性,使得输出国文化产品在当地"水土不服",从而严重影响文化产品贸易。从我国与沿线国家的文化产品贸易来看,很多呈"过山车式"的变化,这给文化企业的健康发展带来了巨大挑战,也要求我国的文化企业对沿线国家的政治和市场复杂性要有充分认知,并积极做好应对预案。

# 附　录

# 附表一　文化商品海关 HS8 位编码及具体商品描述对照表

| 类别 | HS8 位编码 | 商品描述 |
|---|---|---|
| | 39264000 | 塑料制小雕塑品及其他装饰品 |
| | 44201011 | 木刻 |
| | 44201012 | 竹刻 |
| | 44201020 | 木扇 |
| | 44201090 | 其他木制小雕像及装饰品 |
| | 70189000 | 玻璃眼；灯工方法制作的玻璃塑像等装饰品 |
| | 96011000 | 已加工兽牙及其制品 |
| | 96019000 | 已加工其他动物质雕刻材料及其制品 |
| | 97030000 | 各种材料制的雕塑品原件 |
| | 83062100 | 镀贵金属的雕塑像及其他装饰品 |
| | 83062910 | 景泰蓝的雕塑像及其他装饰品 |
| | 67029090 | 未列名材料制人造花、叶等及其零件和制品 |
| | 44140010 | 辐射松制的画框、相框、镜框及类似品 |
| | 44140090 | 其他木制的画框、相框、镜框及类似品 |
| 工艺美术品及收藏品 | 67021000 | 塑料制人造花、叶、果实及其零件和制品 |
| | 67029010 | 羽毛制人造花、叶、果实及其零件和制品 |
| | 67029020 | 丝及绢丝制人造花、叶、果实及其零件和制品 |
| | 67029030 | 化纤制人造花、叶、果实及其零件和制品 |
| | 83062990 | 未列名贱金属雕塑像及其他装饰品 |
| | 97011011 | 唐卡原件 |
| | 97011019 | 其他油画、粉画及其他手绘画的原件 |
| | 97011020 | 手绘油画、粉画及其他画复制件 |
| | 97019000 | 拼贴画及类似装饰板 |
| | 97020000 | 雕版画、印制画、石印画的原本 |
| | 62141000 | 丝及绢丝制披巾、头巾、围巾、披纱、面纱等 |
| | 59070020 | 用其他材料浸渍、涂布或包覆的已绘制画布 |
| | 46021100 | 竹制篮筐及其他编结品 |
| | 46021200 | 藤制篮筐及其他编结品 |
| | 46021910 | 草制篮筐及其他编结品 |
| | 46021920 | 玉米皮制篮筐及其他编结品 |
| | 46021930 | 柳条制篮筐及其他编结品 |
| | 46021990 | 其他植物材料制篮筐等编结品；丝瓜络制品 |
| | 58101000 | 不见底布的刺绣品 |
| | 58109100 | 其他棉制刺绣品 |
| | 58109200 | 其他化纤制刺绣品 |

| 类别 | HS8 位编码 | 商品描述 |
|---|---|---|
| | 58109900 | 其他纺织材料制见底布刺绣品 |
| | 62132010 | 棉制刺绣手帕 |
| | 62139020 | 其他纺织材料制刺绣手帕 |
| | 63023110 | 棉制刺绣的床上用织物制品 |
| | 63023210 | 化纤制刺绣的床上用织物制品 |
| | 63023921 | 麻制刺绣的床上用织物制品 |
| | 63023991 | 未列名纺织材料制刺绣的床上用织物制品 |
| | 63025110 | 棉制刺绣的餐桌用织物制品 |
| | 63025310 | 化纤制刺绣的餐桌用织物制品 |
| | 63025911 | 亚麻制刺绣的餐桌用织物制品 |
| | 63041921 | 棉或麻制刺绣床罩 |
| | 63041931 | 化纤制刺绣床罩 |
| | 63041991 | 其他纺织材料制刺绣床罩 |
| | 63049210 | 棉制刺绣的其他装饰用织物制品 |
| | 63049310 | 合成纤维制刺绣的其他装饰用织物制品 |
| | 63049921 | 麻制刺绣的其他装饰用织物制品 |
| | 57021000 | "开来姆""苏麦克""卡拉马尼"及类似的手织地毯 |
| 工艺美术品及收藏品 | 58050010 | 手工针绣嵌花装饰毯 |
| | 58050090 | "哥白林""弗朗德""奥步生""波威"及类似式样的手织装饰毯 |
| | 71131110 | 镶嵌钻石的银首饰及其零件 |
| | 71131190 | 其他银首饰及其零件 |
| | 71131911 | 镶嵌钻石的黄金制首饰及其零件 |
| | 71131919 | 其他黄金制首饰及其零件 |
| | 71132010 | 镶嵌钻石以贱金属为底包贵金属首饰及其零件 |
| | 71131929 | 其他铂制首饰及其零件 |
| | 71131991 | 镶嵌钻石的其他贵金属制首饰及其零件 |
| | 71131999 | 其他贵金属制首饰及其零件 |
| | 71131921 | 镶嵌钻石的铂制首饰及其零件 |
| | 71132090 | 其他以贱金属为底的包贵金属制首饰及其零件 |
| | 71161000 | 天然或养殖珍珠制品 |
| | 71162000 | 宝石或半宝石(天然、合成或再造)制品 |
| | 71179000 | 未列名仿首饰 |
| | 69131000 | 瓷制塑像及其他装饰品 |
| | 69139000 | 陶制塑像及其他装饰品 |
| | 50020011 | 桑蚕厂丝 |
| | 50020012 | 桑蚕土丝 |
| | 50020013 | 桑蚕双宫丝 |
| | 50020019 | 其他桑蚕丝 |
| | 50040000 | 丝纱线(绢纺纱线除外),非供零售用 |

| 类别 | HS8 位编码 | 商品描述 |
|---|---|---|
| 工艺美术品及收藏品 | 50050010 | 丝纱线,非供零售用 |
| | 50050090 | 其他绢纺纱线,非供零售用 |
| | 50060000 | 丝纱线及绢纺纱线,供零售用;蚕胶丝 |
| | 50071010 | 未漂白或漂白绸丝机织物 |
| | 50071090 | 其他绸丝机织物 |
| | 50072011 | 未漂白或漂白桑蚕丝机织物,含丝≥85% |
| | 50072019 | 其他桑蚕丝机织物,丝≥85% |
| | 50072031 | 未漂白或漂白绢丝机织物,含丝≥85% |
| | 50072039 | 其他绢丝机织物,丝≥85% |
| | 50072090 | 未列名丝机织物,丝≥85% |
| | 58019010 | 丝及绢丝制起绒及绳绒织物 |
| | 58022010 | 丝及绢丝制毛巾织物及类似毛圈机织物 |
| | 58023010 | 丝及绢丝制簇绒织物 |
| | 58030020 | 丝及绢丝制纱罗 |
| | 58041010 | 丝及绢丝制网眼薄纱及其他网眼织物 |
| | 58042910 | 丝及绢丝制机制花边 |
| | 58063910 | 丝及绢丝制未列名狭幅机织物 |
| | 58110010 | 丝及绢丝纺织材料与胎料组合制被褥状纺织品 |
| | 60024020 | 丝针织钩编物,宽≤30cm,弹性线≥5%,不含橡胶线 |
| | 60029020 | 丝针织钩编物,宽≤30cm,弹性或胶线≥5% |
| | 60041020 | 丝针织或钩编物,宽>30cm,弹性线≥5%,无胶线 |
| | 60049020 | 其他丝针织钩编物,宽>30cm,弹性或胶线≥5% |
| | 61071910 | 丝及绢丝制针织或钩编的男内裤 |
| | 61072910 | 丝及绢丝制针织或钩编男长睡衣及睡衣裤 |
| | 61081920 | 丝及绢丝制针织或钩编的女衬裙 |
| | 61082910 | 丝及绢丝制针织或钩编女三角裤及短衬裤 |
| | 61083910 | 丝及绢丝制针织或钩编的女睡衣及睡衣裤 |
| | 62041910 | 丝及绢丝制女式西服套装 |
| | 62042910 | 丝及绢丝制女式便服套装 |
| | 62043910 | 丝及绢丝制女式上衣 |
| | 62044910 | 丝及绢丝制女式连衣裙 |
| | 62045910 | 丝及绢丝制女式裙子及裙裤 |
| | 62059010 | 丝及绢丝制男衬衫 |
| | 62061000 | 丝及绢丝制女衬衫 |
| | 62071910 | 丝及绢丝制男内裤 |
| | 62072910 | 丝及绢丝制男睡衣及睡衣裤 |
| | 62079910 | 丝及绢丝制其他男内衣、浴衣、晨衣及类似品 |
| | 62081910 | 丝及绢丝制女衬裙 |
| | 62082910 | 丝及绢丝制女睡衣及睡衣裤 |

(续表)

| 类别 | HS8 位编码 | 商品描述 |
|---|---|---|
| 工艺美术品及收藏品 | 62089910 | 丝及绢丝其他女内衣、短衬裤、浴衣、晨衣等 |
| | 62113910 | 丝及绢丝制其他男式服装 |
| | 62114910 | 丝及绢丝制其他女式服装 |
| | 48239030 | 纸扇 |
| | 62151000 | 丝及绢丝制领带及领结 |
| | 63022190 | 棉制未列名印花床上用织物制品 |
| | 63023910 | 丝及绢丝制非针织或钩编的床上用织物制品 |
| | 63041910 | 丝及绢丝制非针织或钩编的床罩 |
| | 63049910 | 丝及绢丝制非针织或钩编的其他装饰织物制品 |
| | 97040010 | 使用过或未使用过的邮票 |
| | 97040090 | 使用或未使用过印花税票、首日封及类似品 |
| | 97050000 | 动植物、矿物、解剖、历史、考古学等意义收藏品 |
| | 97060000 | 超过一百年的古物 |
| | 61099010 | 丝及绢丝制针织或钩编 T 恤衫、汗衫、背心 |
| | 61109010 | 丝及绢丝针织钩编套头衫开襟衫及外穿背心等 |
| | 62031910 | 丝及绢丝制男式西服套装 |
| | 62032910 | 丝及绢丝制男式便服套装 |
| | 62033910 | 丝及绢丝制男式上衣 |
| 乐器 | 92011000 | 竖式钢琴,包括自动钢琴 |
| | 92012000 | 大钢琴,包括自动钢琴 |
| | 92019000 | 拨弦古钢琴及其他键盘弦乐器 |
| | 92021000 | 弓弦乐器 |
| | 92029000 | 其他弦乐器 |
| | 92051000 | 铜管乐器 |
| | 92059030 | 口琴 |
| | 92059020 | 手风琴及类似乐器 |
| | 92059010 | 键盘管风琴;簧风琴等游离金属簧片键盘乐器 |
| | 92099910 | 节拍器、音叉及定音管 |
| | 92060000 | 打击乐器 |
| | 92071000 | 通过电产生或扩大声音的键盘乐器 |
| | 92079000 | 其他通过电产生或扩大声音的乐器 |
| | 92081000 | 百音盒 |
| | 92089000 | 其他乐器;各种媒诱音响器、哨子、号角等 |
| | 92093000 | 乐器用弦 |
| | 92099100 | 钢琴的零件、附件 |
| | 92099200 | 品目 9202 所列乐器的零件、附件 |
| | 92099400 | 品目 9207 所列乐器的零件、附件 |
| | 92059090 | 其他管乐器,但游艺场风琴及手摇风琴除外 |
| | 92099920 | 百音盒的机械装置 |
| | 92099990 | 其他乐器的零件、附件 |

（续表）

| 类别 | HS8 位编码 | 商品描述 |
|---|---|---|
| 音像制品及电子出版物 | 85232928 | 重放声音或图像信息的磁带 |
| | 85234910 | 已录制仅用于重放声音信息的光学媒体 |
| | 85234990 | 已录制其他光学媒体 |
| | 85238011 | 已录制唱片 |
| | 37040010 | 已曝光未冲洗的电影胶片 |
| | 37040090 | 其他已曝光未冲洗的摄影硬片、软片、纸等 |
| | 37051000 | 已冲洗供复制胶版用摄影硬、软片（电影胶片除外） |
| | 37059010 | 已冲洗的教学专用幻灯片 |
| | 37059021 | 书籍、报刊用的已曝光已冲洗的缩微胶片 |
| | 37059029 | 已曝光已冲洗的其他缩微胶片 |
| | 37059090 | 已冲洗的其他摄影硬、软片 |
| | 37061090 | 其他已曝光已冲洗的电影胶片，宽≥35mm |
| | 37061010 | 教学专用已曝光已冲洗的电影胶片，宽≥35mm |
| | 37069010 | 教学专用已曝光已冲洗的电影胶片，宽＜35mm |
| | 37069090 | 其他已曝光已冲洗的电影胶片，宽＜35mm |
| | 85232919 | 已录制磁盘 |
| | 85235120 | 已录制固态非易失性存储器件（闪速存储器） |
| | 85235920 | 已录制半导体媒体 |
| | 85238029 | 其他 8471 用录制信息用媒体，已录制 |
| | 85238099 | 未列名录制声音或其他信息用的媒体，已录制 |
| 文具、玩具、游艺器材及娱乐用品 | 96033010 | 画笔 |
| | 96033020 | 毛笔 |
| | 96083010 | 墨汁画笔 |
| | 48021010 | 宣纸 |
| | 48021090 | 其他手工制纸及纸板 |
| | 95030010 | 三轮车、踏板车和类似的带轮玩具；玩偶车 |
| | 95030021 | 动物玩具 |
| | 95030029 | 玩偶 |
| | 95030031 | 电动火车 |
| | 95030039 | 其他缩小（按比例缩小）的全套模型组件 |
| | 95030040 | 其他建筑套件及建筑玩具 |
| | 95030050 | 玩具乐器 |
| | 95043010 | 用硬币、钞票、银行卡、代币或任何其他支付方式使其工作的电子游戏机 |
| | 95030081 | 其他玩具，组装成套或全套的 |
| | 95089000 | 其他旋转木马、秋千等娱乐设备；流动剧团 |
| | 95030089 | 其他玩具 |
| | 95030090 | 品目 9503 所列货品的零件、附件 |
| | 95030082 | 其他带动力装置的玩具及模型 |
| | 95030060 | 智力玩具 |

（续表）

| 类别 | HS8 位编码 | 商品描述 |
|---|---|---|
| 文具、玩具、游艺器材及娱乐用品 | 95043090 | 其他用硬币、钞票、银行卡、代币或任何其他支付方式使其工作的游戏用品,但保龄球自动球道设备除外 |
| | 95049010 | 其他电子游戏机 |
| | 95045019 | 与电视接收机配套使用的视频游戏控制器及设备 |
| | 95045091 | 其他视频游戏控制器及设备的零件及附件 |
| | 95045099 | 其他视频游戏控制器及设备 |
| | 95045011 | 与电视接收机配套使用的视频游戏控制器及设备的零件及附件 |
| | 95044000 | 扑克牌 |
| | 95049030 | 中国象棋、国际象棋、跳棋等棋类用品 |
| | 95049040 | 麻将及类似桌上游戏用品 |
| | 95049090 | 未列名游艺场所、桌上或室内游戏用品 |
| | 95051000 | 圣诞节用品 |
| | 95059000 | 其他节日或娱乐用品,包括魔术道具等 |
| | 36041000 | 烟花、爆竹 |
| 文化专用设备 | 84431100 | 卷取进料式胶印机 |
| | 84431311 | 平张纸进料式单色胶印机 |
| | 84431312 | 平张纸进料式双色胶印机 |
| | 84431313 | 平张纸进料式四色胶印机 |
| | 84431319 | 其他平张纸进料式胶印机 |
| | 84431390 | 未列名胶印机 |
| | 85256010 | 卫星地面站设备 |
| | 85256090 | 其他装有接收装置的发送设备 |
| | 84431600 | 苯胺印刷机 |
| | 84431700 | 凹版印刷机 |
| | 84431921 | 圆网印刷机 |
| | 84431922 | 平网印刷机 |
| | 84431929 | 其他网式印刷机 |
| | 84431980 | 未列名印刷机 |
| | 84433221 | 数字式喷墨印刷机,可连接 |
| | 85258012 | 非特种用途的广播级电视摄像机 |
| | 84433229 | 其他数字式印刷设备,可连接 |
| | 85258013 | 非特种用途的其他类型电视摄像机 |
| | 84439119 | 其他印刷用辅助机器 |
| | 85255000 | 无线电广播、电视发送设备 |
| | 84431400 | 卷取进料式凸版印刷机,不包括苯胺印刷机 |
| | 84431500 | 非卷取进料式的凸版印刷机,不包苯胺印刷机 |
| | 85258011 | 特种用途的电视摄像机 |
| | 84433222 | 数字式静电照相印刷机(激光印刷机),可连接 |
| | 84433290 | 其他单一功能印刷、复印及传真机,可连接 |

| 类别 | HS8 位编码 | 商品描述 |
|---|---|---|
| 文化专用设备 | 85258031 | 特种用途的视频摄录一体机 |
| | 85258032 | 非特种用途的广播级视频摄录一体机 |
| | 85258039 | 非特种用途的其他视频摄录一体机 |
| | 85182200 | 多喇叭音箱 |
| | 85394100 | 弧光灯 |
| | 90071010 | 电影高速摄影机 |
| | 90071090 | 其他电影摄影机 |
| | 90072010 | 数字式电影放映机 |
| | 90072090 | 其他电影放映机 |
| | 90079100 | 电影摄影机的零件、附件 |
| | 90079200 | 电影放映机的零件、附件 |
| | 90101010 | 电影胶卷的自动洗印设备 |
| | 90105021 | 电影洗印用其他装置和设备 |
| | 90106000 | 银幕及其他投影屏幕 |
| | 90109010 | 电影洗印用装置和设备的零件、附件 |
| | 84433931 | 数字式喷墨印刷机 |
| | 84433932 | 数字式静电照相印刷机(激光印刷机) |
| | 84433939 | 其他数字式印刷设备 |
| | 84433990 | 其他印刷(打印)机、复印机及传真机 |
| 图书、报纸、期刊及其他纸质出版社 | 49011000 | 单张的散页印刷品及类似印刷品 |
| | 49019100 | 字典或百科全书及其连续出版的分册 |
| | 49019900 | 其他书籍、小册子及类似印刷品 |
| | 49030000 | 儿童图画书、绘画或涂色书 |
| | 49040000 | 乐谱原稿或印本,不论是否装订或印有插图 |
| | 49059100 | 成册的地图、水道图及类似图表 |
| | 49059900 | 其他地图、水道图及类似图表 |
| | 49021000 | 每周至少出版四次的报纸、杂志及期刊 |
| | 49111010 | 无商业价值的商业广告品、商品目录等印刷品 |
| | 49051000 | 地球仪、天体仪 |
| | 49060000 | 手绘的设计图纸原稿和手稿及其复制件 |
| | 49090010 | 印刷或有图画的明信片 |
| | 49090090 | 印有个人问候、祝贺、通告的卡片 |
| | 49100000 | 印刷的各种日历,包括日历芯 |
| | 49029000 | 其他报纸、杂志及期刊 |
| | 49111090 | 其他商业广告品、商品目录及类似印刷品 |
| | 49119100 | 印刷的图片、设计图样及照片 |
| | 49119910 | 纸质的其他印刷品 |
| | 49119990 | 其他印刷品 |

（数据来源:海关信息网）

# 附表二 创新评价指标体系

| 创新评价指标 | 一级指标 | 二级指标 |
| --- | --- | --- |
| 创新投入指标 | 制度 | 政治环境 |
| | | 监管环境 |
| | | 商业环境 |
| | 人力资本和研究 | 教育 |
| | | 高等教育 |
| | | 研发 |
| | 基础设施 | 信息和通信技术 |
| | | 普通基础设施 |
| | | 生态可持续性 |
| | 市场成熟度 | 信贷 |
| | | 投资 |
| | | 贸易、竞争和市场规模 |
| | 商业成熟度 | 知识型工人 |
| | | 创新关联 |
| | | 知识吸收 |
| 创新产出指标 | 知识和技术产出 | 知识的创造 |
| | | 知识的影响 |
| | | 知识的传播 |
| | 创意产出 | 无形资产 |
| | | 创意产品和服务 |
| | | 网络创意 |

（数据来源：《2018 全球创新指数报告》）

## 附表三　2016年"一带一路"国家信息技术情况

| 国家 | 家庭电脑覆盖率(%) | 3G网络人口覆盖率(%) | 安全互联网服务器数量(台/百万人) |
|---|---|---|---|
| 巴林 | 94.8 | 100.0 | 195.8 |
| 文莱 | 93.0 | 92.0 | 235.4 |
| 阿拉伯联合酋长国 | 91.0 | 100.0 | 390.8 |
| 爱沙尼亚 | 89.6 | 99.0 | 1 109.0 |
| 卡塔尔 | 89.0 | 100.0 | 268.9 |
| 阿曼 | 87.5 | 96.0 | 96.3 |
| 新加坡 | 86.6 | 100.0 | 890.3 |
| 科威特 | 83.5 | 98.0 | 235.4 |
| 以色列 | 81.1 | 99.0 | 293.2 |
| 斯洛伐克 | 80.9 | 94.0 | 360.7 |
| 波兰 | 80.1 | 100.0 | 763.7 |
| 克罗地亚 | 79.5 | 99.0 | 323.9 |
| 斯洛文尼亚 | 78.1 | 98.0 | 768.6 |
| 黎巴嫩 | 78.1 | 99.0 | 49.4 |
| 拉脱维亚 | 78.0 | 95.0 | 433.6 |
| 匈牙利 | 76.4 | 99.0 | 403.9 |
| 哈萨克斯坦 | 76.2 | 82.0 | 31.0 |
| 捷克 | 75.6 | 100.0 | 1 346.3 |
| 俄罗斯 | 74.3 | 75.0 | 214.5 |
| 罗马尼亚 | 74.0 | 100.0 | 158.6 |
| 马来西亚 | 72.2 | 95.0 | 106.5 |
| 马尔代夫 | 71.1 | 100.0 | 105.4 |
| 摩尔多瓦 | 71.0 | 99.0 | 78.8 |
| 立陶宛 | 70.5 | 100.0 | 277.1 |
| 巴勒斯坦 | 70.4 | 45.5 | 9.9 |
| 马其顿 | 69.8 | 99.0 | 93.2 |
| 沙特阿拉伯 | 69.0 | 97.0 | 57.6 |
| 白俄罗斯 | 67.0 | 99.0 | 101.7 |
| 塞尔维亚 | 65.8 | 99.0 | 63.2 |
| 乌克兰 | 65.1 | 90.0 | 90.6 |
| 亚美尼亚 | 64.7 | 100.0 | 54.7 |
| 阿塞拜疆 | 64.3 | 96.0 | 20.5 |
| 伊朗 | 61.4 | 63.0 | 14.2 |
| 保加利亚 | 60.2 | 100.0 | 172.8 |
| 黑山 | 58.2 | 95.0 | 109.2 |

（续表）

| 国家 | 家庭电脑覆盖率(%) | 3G 网络人口覆盖率(%) | 安全互联网服务器数量(台/百万人) |
|---|---|---|---|
| 土耳其 | 58.0 | 96.0 | 80.1 |
| 埃及 | 53.1 | 99.0 | 5.2 |
| 约旦 | 53.1 | 99.0 | 24.0 |
| 格鲁吉亚 | 52.5 | 100.0 | 62.9 |
| 中国 | 52.5 | 97.0 | 20.5 |
| 叙利亚 | 49.9 | 78.0 | 0.6 |
| 波斯尼亚和黑塞哥维那 | 49.2 | 96.0 | 37.5 |
| 乌兹别克斯坦 | 43.9 | 45.0 | 5.9 |
| 菲律宾 | 34.0 | 93.0 | 14.8 |
| 泰国 | 28.4 | 98.0 | 33.4 |
| 伊拉克 | 28.0 | 73.0 | 1.5 |
| 阿尔巴尼亚 | 27.7 | 99.0 | 53.2 |
| 不丹 | 26.0 | 80.0 | 23.8 |
| 斯里兰卡 | 25.4 | 85.0 | 16.9 |
| 蒙古 | 23.6 | 95.0 | 31.0 |
| 越南 | 23.5 | 77.0 | 18.9 |
| 吉尔吉斯斯坦 | 21.4 | 60.0 | 12.7 |
| 印度尼西亚 | 19.1 | 90.0 | 10.1 |
| 东帝汶 | 16.2 | 97.0 | 5.5 |
| 巴基斯坦 | 16.1 | 67.0 | 2.8 |
| 印度 | 15.2 | 80.0 | 7.8 |
| 缅甸 | 13.6 | 100.0 | 1.7 |
| 土库曼斯坦 | 13.4 | 76.0 | 0.7 |
| 塔吉克斯坦 | 13.2 | 90.0 | 3.0 |
| 老挝 | 12.3 | 71.0 | 3.4 |
| 尼泊尔 | 11.2 | 90.0 | 4.3 |
| 柬埔寨 | 10.5 | 80.0 | 6.9 |
| 孟加拉国 | 9.6 | 90.0 | 1.7 |
| 也门 | 7.0 | 89.0 | 0.6 |
| 阿富汗 | 3.4 | 40.0 | 1.4 |

（数据来源：国际电信联盟）

# 附表四　历届诺贝尔文学奖获得者、获奖作品及代表作品

| 时间 | 获奖人 | 国别 | 职业 | 获奖作品及代表作品 |
|---|---|---|---|---|
| 1901 年 | 苏利·普吕多姆 | 法国 | 诗人 | 《孤独与深思》 |
| 1902 年 | 特奥多尔·蒙森 | 德国 | 历史学家 | 《罗马风云》 |
| 1903 年 | 比昂斯滕·比昂松 | 挪威 | 戏剧家 | 《挑战的手套》 |
| 1904 年 | 弗雷德里克·米斯塔尔 | 法国 | 诗人 | 《金岛》 |
| 1904 年 | 何塞·埃切加赖 | 西班牙 | 戏剧家、诗人 | 《伟大的牵线人》 |
| 1905 年 | 亨利克·显克维支 | 波兰 | 小说家 | 《你去什么地方》 |
| 1906 年 | 乔祖埃·卡尔杜齐 | 英国 | 小说家 | 《青春诗》 |
| 1907 年 | 约瑟夫·鲁德亚德·吉卜林 | 德国 | 哲学家 | 《老虎！老虎！》 |
| 1908 年 | 鲁道尔夫·欧肯 | 德国 | 作家 | 《精神生活漫笔》 |
| 1909 年 | 西尔玛·拉格洛夫 | 瑞典 | 作家 | 《尼尔斯骑鹅旅行记》 |
| 1910 年 | 保尔·约翰·路德维希·冯·海塞 | 德国 | 作家 | 《特雷庇姑娘》 |
| 1911 年 | 莫里斯·梅特林克 | 比利时 | 剧作家、诗人、散文家 | 《花的智慧》 |
| 1912 年 | 盖哈特·霍普特曼 | 德国 | 剧作家 | 《群鼠》 |
| 1913 年 | 罗宾德拉纳特·泰戈尔 | 印度 | 诗人 | 《吉檀迦利》《饥饿石头》 |
| 1915 年 | 罗曼·罗兰 | 法国 | 作家、音乐评论家 | 《约翰·克利斯朵夫》 |
| 1916 年 | 魏尔纳·海顿斯坦姆 | 瑞典 | 诗人、小说家 | 《朝圣年代》 |
| 1917 年 | 卡尔·耶勒鲁普 | 丹麦 | 作家 | 《磨坊血案》 |
| 1917 年 | 亨利克·彭托皮丹 | 丹麦 | 小说家 | 《天国》 |
| 1919 年 | 卡尔·施皮特勒 | 瑞士 | 诗人、小说家 | 《奥林比亚的春天》 |
| 1920 年 | 克努特·汉姆生 | 挪威 | 小说家、戏剧家、诗人 | 《大地硕果·畜牧神》 |
| 1921 年 | 阿纳托尔·法朗士 | 法国 | 作家、文学评论家、社会活动家 | 《苔依丝》 |
| 1922 年 | 哈辛特·贝纳文特·伊·马丁内斯 | 西班牙 | 作家 | 《不吉利的姑娘》 |
| 1923 年 | 威廉·勃特勒·叶芝 | 爱尔兰 | 诗人、剧作家 | 《丽达与天鹅》 |
| 1924 年 | 弗拉迪斯拉夫·莱蒙特 | 波兰 | 作家 | 《福地》 |
| 1925 年 | 乔治·萧伯纳 | 爱尔兰 | 戏剧家 | 《圣女贞德》 |
| 1926 年 | 格拉齐亚·黛莱达 | 意大利 | 作家 | 《邪恶之路》 |
| 1927 年 | 亨利·柏格森 | 法国 | 哲学家 | 《创造进化论》 |
| 1928 年 | 西格里德·温塞特 | 挪威 | 作家 | 《新娘·主人·十字架》 |
| 1929 年 | 保尔·托马斯·曼 | 德国 | 作家 | 《魔山》 |
| 1930 年 | 辛克莱·刘易斯 | 美国 | 作家 | 《巴比特》 |
| 1931 年 | 埃利克·阿克塞尔·卡尔费尔德 | 瑞典 | 诗人 | 《荒原和爱情》 |
| 1932 年 | 约翰·高尔斯华绥 | 英国 | 小说家、剧作家 | 《有产者》 |
| 1933 年 | 伊凡·亚历克塞维奇·蒲宁 | 苏联 | 作家 | 《米佳的爱》 |
| 1934 年 | 路伊吉·皮兰德娄 | 意大利 | 小说家、戏剧家 | 《寻找自我》 |

（续表）

| 时间 | 获奖人 | 国别 | 职业 | 获奖作品及代表作品 |
|---|---|---|---|---|
| 1936 年 | 尤金·奥尼尔 | 美国 | 剧作家 | 《天边外》 |
| 1937 年 | 罗杰·马丁·杜·加尔 | 法国 | 小说家 | 《蒂伯一家》 |
| 1938 年 | 赛珍珠 | 美国 | 作家 | 《大地》 |
| 1939 年 | 弗兰斯·埃米尔·西兰帕 | 芬兰 | 作家 | 《少女西丽亚》 |
| 1944 年 | 约翰内斯·威廉·扬森 | 丹麦 | 小说家、诗人 | 《漫长的旅行》 |
| 1945 年 | 加夫列拉·米斯特拉尔 | 智利 | 诗人 | 《柔情》 |
| 1946 年 | 赫尔曼·黑塞 | 德国 | 作家 | 《荒原狼》 |
| 1947 年 | 安德烈·纪德 | 法国 | 作家 | 《田园交响曲》 |
| 1948 年 | 托马斯·斯特恩斯·艾略特 | 英国 | 诗人 | 《四个四重奏》 |
| 1949 年 | 威廉·福克纳 | 美国 | 作家 | 《我弥留之际》 |
| 1950 年 | 亚瑟·威廉·罗素 | 英国 | 数学家、哲学家 | 《哲学·数学·文学》 |
| 1951 年 | 帕尔·费比安·拉格奎斯特 | 瑞典 | 诗人、戏剧家、小说家 | 《大盗巴拉巴》 |
| 1952 年 | 弗朗索瓦·莫里亚克 | 法国 | 作家 | 《爱的荒漠》 |
| 1953 年 | 温斯顿·丘吉尔 | 英国 | 政治家、历史学家 | 《不需要的战争》 |
| 1954 年 | 欧内斯特·海明威 | 美国 | 作家 | 《老人与海》 |
| 1955 年 | 赫尔多尔·奇里扬·拉克斯内斯 | 冰岛 | 作家 | 《渔家女》 |
| 1956 年 | 胡安·拉蒙·希梅内斯 | 西班牙 | 诗人 | 《悲哀的咏叹调》 |
| 1957 年 | 阿尔贝·加缪 | 法国 | 作家 | 《局外人》《鼠疫》 |
| 1958 年 | 鲍里斯·列昂尼多维奇·帕斯捷尔纳克 | 苏联 | 作家 | 《日瓦戈医生》 |
| 1959 年 | 萨瓦多尔·夸西莫多 | 意大利 | 诗人 | 《水与土》 |
| 1960 年 | 圣-琼·佩斯 | 法国 | 作家 | 《蓝色恋歌》 |
| 1961 年 | 伊沃·安德里奇 | 南斯拉夫 | 小说家 | 《桥·小姐》 |
| 1962 年 | 约翰·斯坦贝克 | 美国 | 作家 | 《人鼠之间》 |
| 1963 年 | 乔治·塞菲里斯 | 希腊 | 诗人 | 《"画眉鸟"号》 |
| 1964 年 | 让·保尔·萨特 | 法国 | 哲学家、作家 | 《苍蝇》 |
| 1965 年 | 米哈伊尔·亚历山大罗维奇·肖洛霍夫 | 苏联 | 作家 | 《静静的顿河》 |
| 1966 年 | 萨缪尔·约瑟夫·阿格农 | 以色列 | 作家 | 《行为之书》 |
| 1966 年 | 奈莉·萨克斯 | 瑞典 | 诗人 | 《逃亡》 |
| 1967 年 | 安赫尔·阿斯图里亚斯 | 危地马拉 | 诗人、小说家 | 《玉米人》 |
| 1968 年 | 川端康成 | 日本 | 小说家 | 《雪国·千只鹤·古都》 |
| 1969 年 | 萨缪尔·贝克特 | 法国 | 作家 | 《等待戈多》 |
| 1970 年 | 亚历山大·索尔仁尼琴 | 苏联 | 作家 | 《癌病房》 |
| 1971 年 | 巴勃鲁·聂鲁达 | 智利 | 诗人 | 《情诗·哀诗·赞诗》 |
| 1972 年 | 亨利希·伯尔 | 德国 | 作家 | 《女士及众生相》 |
| 1973 年 | 帕特里克·怀特 | 澳大利亚 | 小说家、剧作家 | 《风暴眼》 |
| 1974 年 | 埃温特·约翰逊 | 瑞典 | 作家 | 《乌洛夫的故事》 |
| 1974 年 | 哈里·埃德蒙·马丁逊 | 瑞典 | 诗人 | 《露珠里的世界》 |

（续表）

| 时间 | 获奖人 | 国别 | 职业 | 获奖作品及代表作品 |
|---|---|---|---|---|
| 1975 年 | 埃乌杰尼奥·蒙塔莱 | 意大利 | 诗人 | 《生活之恶》 |
| 1976 年 | 索尔·贝娄 | 美国 | 作家 | 《赫索格》 |
| 1977 年 | 阿莱克桑德雷·梅洛 | 西班牙 | 诗人 | 《天堂的影子》 |
| 1978 年 | 艾萨克·巴什维斯·辛格 | 美国 | 作家 | 《魔术师·原野王》 |
| 1979 年 | 奥德修斯·埃里蒂斯 | 希腊 | 诗人 | 《英雄挽歌》 |
| 1980 年 | 切斯拉夫·米沃什 | 波兰 | 诗人 | 《拆散的笔记簿》 |
| 1981 年 | 埃利亚斯·卡内蒂 | 英国 | 作家 | 《迷茫》 |
| 1982 年 | 加夫列尔·加西亚·马尔克斯 | 哥伦比亚 | 记者、作家 | 《霍乱时期的爱情》 |
| 1983 年 | 威廉·戈尔丁 | 英国 | 作家 | 《蝇王》《金字塔》 |
| 1984 年 | 雅罗斯拉夫·塞弗尔特 | 捷克 | 诗人 | 《紫罗兰》 |
| 1985 年 | 克洛德·西蒙 | 法国 | 小说家 | 《弗兰德公路》 |
| 1986 年 | 沃莱·索因卡 | 尼日利亚 | 剧作家、诗人、小说家、评论家 | 《雄狮与宝石》 |
| 1987 年 | 约瑟夫·布罗茨基 | 美国 | 诗人 | 《从彼得堡到斯德哥尔摩》 |
| 1988 年 | 纳吉布·马哈富兹 | 埃及 | 作家 | 《街魂》 |
| 1989 年 | 卡米洛·何塞·塞拉 | 西班牙 | 作家 | 《为亡灵弹奏》 |
| 1990 年 | 奥克塔维奥·帕斯 | 墨西哥 | 诗人 | 《太阳石》 |
| 1991 年 | 内丁·戈迪默 | 南非 | 作家 | 《七月的人民》 |
| 1992 年 | 德里克·沃尔科特 | 圣卢西亚 | 诗人 | 《西印度群岛》 |
| 1993 年 | 托尼·莫里森 | 美国 | 作家 | 《最蓝的眼睛》《秀拉》 |
| 1994 年 | 大江健三郎 | 日本 | 小说家 | 《个人的体验》 |
| 1995 年 | 谢默斯·希尼 | 爱尔兰 | 诗人 | 《通向黑暗之门》 |
| 1996 年 | 维斯瓦娃·辛波丝卡 | 波兰 | 诗人 | 《我们为此活着》 |
| 1997 年 | 达里奥·福 | 意大利 | 剧作家 | 《喜剧的神秘》 |
| 1998 年 | 若泽·萨拉马戈 | 葡萄牙 | 记者、作家 | 《里斯本围困史》 |
| 1999 年 | 君特·格拉斯 | 德国 | 作家 | 《铁皮鼓》 |
| 2000 年 | 高行健 | 法国 | 作家、画家 | 《灵山》 |
| 2001 年 | 维·苏·奈保尔 | 英国 | 作家 | 《大河湾》 |
| 2002 年 | 凯尔泰斯·伊姆雷 | 匈牙利 | 作家 | 《船夫日记》 |
| 2003 年 | 约翰·马克斯韦尔·库切 | 南非 | 作家 | 《耻》 |
| 2004 年 | 埃尔弗里德·耶利内克 | 奥地利 | 作家 | 《钢琴教师》 |
| 2005 年 | 哈罗德·品特 | 英国 | 剧作家 | 《生日派对·看门人·回乡》 |
| 2006 年 | 奥罕·帕慕克 | 土耳其 | 作家 | 《白色城堡》 |
| 2007 年 | 多丽丝·莱辛 | 英国 | 作家 | 《金色笔记》 |
| 2008 年 | 勒·克莱齐奥 | 法国 | 作家 | 《战争》 |
| 2009 年 | 赫塔·米勒 | 德国 | 作家、诗人 | 《低地》《沉重的探戈》 |
| 2010 年 | 马里奥·巴尔加斯·略萨 | 秘鲁、西班牙 | 作家 | 《绿房子》《酒吧长谈》 |

（续表）

| 时间 | 获奖人 | 国别 | 职业 | 获奖作品及代表作品 |
|---|---|---|---|---|
| 2011 年 | 托马斯·特兰斯特勒默 | 瑞典 | 诗人 | 《17 首诗》 |
| 2012 年 | 莫言 | 中国 | 作家 | 《红高粱家族》 |
| 2013 年 | 艾丽丝·门罗 | 加拿大 | 作家 | 《快乐影子之舞》 |
| 2014 年 | 帕特里克·莫迪亚诺 | 法国 | 小说家 | 《八月的星期天》 |
| 2015 年 | 斯韦特兰娜·亚历山德罗夫娜·阿列克谢耶维奇 | 白俄罗斯 | 作家 | 《锌皮娃娃兵》 |
| 2016 年 | 鲍勃·迪伦（罗伯特·艾伦·齐默曼） | 美国 | 作家、作曲家 | 《鲍勃·迪伦诗歌集Ⅲ：像一块滚石（1965—1969)》 |
| 2017 年 | 石黑一雄 | 英国 | 小说家 | 《群山淡景》 |

（数据来源:诺贝尔奖官网）

# 附表五　72/144 小时免签政策口岸

| 72 小时过境免签政策 | | 144 小时过境免签政策 | |
|---|---|---|---|
| 省市 | 适用口岸 | 省市 | 适用口岸 |
| 成都 | 成都双流国际机场 | 北京 | 北京首都国际机场 |
| 广州 | 广州白云国际机场 | | 北京铁路西客站 |
| 桂林 | 桂林两江国际机场 | 大连 | 大连周水子国际机场 |
| 哈尔滨 | 哈尔滨太平国际机场 | 杭州 | 杭州萧山国际机场 |
| 昆明 | 昆明长水国际机场 | 南京 | 南京禄口国际机场 |
| 青岛 | 青岛流亭国际机场 | 秦皇岛 | 秦皇岛海港 |
| 厦门 | 厦门高崎国际机场 | | 上海浦东国际机场 |
| 武汉 | 武汉天河国际机场 | | 上海虹桥国际机场 |
| 西安 | 西安咸阳国际机场 | 上海 | 上海火车站 |
| 长沙 | 长沙黄花国际机场 | | 上海港国际客运中心 |
| 重庆 | 重庆江北国际机场 | | 上海吴淞口国际邮轮港 |
| | | 沈阳 | 沈阳桃仙国际机场 |
| | | 石家庄 | 石家庄正定国际机场 |
| | | 天津 | 天津滨海国际机场 |
| | | | 天津国际邮轮母港 |

（数据来源：中国签证申请服务中心）

# 附表六  中国高校开通"一带一路"语种情况

| 本科专业代码 | "一带一路"外国语言文学类本科专业 | 开设高校总数 | 其中:2016 年新增 | 其中:2017 年新增 |
|---|---|---|---|---|
| 050202 | 俄语 | 130 | 河北北方学院,湖州师范学院,河南财经政法大学,渭南师范学院 | 北京体育大学,中国社会科学院大学,上海杉达学院,江苏科技大学,江苏第二师范学院,郑州师范学院 |
| 050206 | 阿拉伯语 | 43 | — | 长春师范大学,黑龙江外国语学院,闽南理工学院 |
| 050208 | 波斯语 | 12 | 北京第二外国语学院,天津外国语大学,广东外语外贸大学,石河子大学 | 吉林外国语大学 |
| 050210 | 菲律宾语 | 5 | 云南民族大学 | 西安外国语大学 |
| 050212 | 印度尼西亚语 | 19 | 河北师范大学汇华学院,吉林华桥外国语学院,广西外国语学院,曲靖师范学院 | 广西大学 |
| 050213 | 印地语 | 12 | 北京第二外国语学院,天津外国语大学 | 云南大学,西藏民族大学 |
| 050214 | 柬埔寨语 | 7 | 天津外国语大学 | — |
| 050215 | 老挝语 | 11 | 普洱学院 | 广西大学,玉溪师范学院 |
| 050216 | 缅甸语 | 13 | 四川外国语大学,滇西科技师范学院 | 广西大学,普洱学院 |
| 050217 | 马来语 | 11 | 西安外国语大学 | 广西大学 |
| 050218 | 蒙古语 | 11 | 吉林华桥外国语学院 | — |
| 050219 | 僧伽罗语 | 4 | 云南民族大学 | 重庆师范大学 |
| 050220 | 泰国语 | 48 | 浙江越秀外国语学院,海南热带海洋学院 | 南京工业大学浦江学院、安徽外国语学院,广东外语外贸大学南国商学院,钦州学院,四川外国语大学重庆南方翻译学院 |
| 050221 | 乌尔都语 | 9 | 天津外国语大学,内蒙古师范大学鸿德学院,云南民族大学,新疆师范大学 | 滇西科技师范学院 |
| 050222 | 希伯来语 | 8 | 北京第二外国语学院,天津外国语大学 | — |
| 050223 | 越南语 | 26 | 百色学院 | — |
| 050226 | 阿尔巴尼亚语 | 2 | — | 北京第二外国语学院 |
| 050227 | 保加利亚语 | 3 | — | 北京第二外国语学院,天津外国语大学 |

（续表）

| 本科专业代码 | "一带一路"外国语言文学类本科专业 | 开设高校总数 | 其中:2016 年新增 | 其中:2017 年新增 |
|---|---|---|---|---|
| 050228 | 波兰语 | 10 | 上海外国语大学,四川大学,天津外国语大学,四川外国语大学成都学院,西安外国语大学 | 大连外国语大学,长春大学 |
| 050229 | 捷克语 | 8 | 上海外国语大学,天津外国语大学,广东外语外贸大学 | 浙江越秀外国语学院,浙江外国语学院,四川外国语大学成都学院,西安外国语大学 |
| 050230 | 斯洛伐克语 | 4 | — | 北京第二外国语学院 |
| 050231 | 罗马尼亚语 | 5 | 北京第二外国语学院,河北经贸大学 | 天津外国语大学,西安外国语大学 |
| 050234 | 塞尔维亚语 | 4 | 北京第二外国语学院,广东外语外贸大学 | 天津外国语大学 |
| 050235 | 土耳其语 | 9 | 北京语言大学,北京第二外国语学院,天津外国语大学,广东外语外贸大学 | 浙江外国语学院 |
| 050237 | 匈牙利语 | 8 | 天津外国语大学 | 华北理工大学,四川外国语大学成都学院,西安外国语大学 |
| 050239 | 泰米尔语 | 3 | 云南民族大学 | — |
| 050240 | 普什图语 | 4 | 云南民族大学 | — |
| 050242 | 孟加拉语 | 4 | 广东外语外贸大学 | — |
| 050243 | 尼泊尔语 | 5 | 云南民族大学 | 西藏民族大学 |
| 050244 | 克罗地亚语 | 1 | — | — |
| 050247 | 乌克兰语 | 7 | 天津外国语大学,西安外国语大学 | 大连外国语大学 |
| 050252 | 拉脱维亚语 | 2 | — | — |
| 050253 | 立陶宛语 | 2 | 北京第二外国语学院 | — |
| 050254 | 斯洛文尼亚语 | 2 | — | 北京第二外国语学院 |
| 050255 | 爱沙尼亚语 | 2 | 北京第二外国语学院 | — |
| 050257 | 哈萨克语 | 8 | 上海外国语大学,西安外国语大学 | 大连外国语大学 |
| 050258 | 乌兹别克语 | 4 | 上海外国语大学 | — |
| 050282T | 白俄罗斯语 | 3 | 北京外国语大学,天津外国语大学 | 西安外国语大学 |
| 050286T | 库尔德语 | 1 | 北京外国语大学 | — |
| 050288T | 达里语 | 1 | — | 北京外国语大学 |
| 050288T | 德顿语 | 1 | — | 北京外国语大学 |
| 050290T | 迪维希语 | 1 | — | 北京外国语大学 |
| 050269T | 亚美尼亚语 | 1 | — | — |
| 050271T | 格鲁吉亚语 | 1 | — | — |
| 050274T | 马其顿语 | 1 | — | — |
| 050275T | 塔吉克语 | 1 | — | — |
| 050266T | 土库曼语 | 2 | — | — |

（数据来源:《"一带一路"沿线国家语言国情手册》、中国教育部官网,瀚闻资讯整理）

# 附表七 2017 年中国与沿线国家文化商品贸易额

（单位：万美元）

| 沿线国家 | 贸易总额 | 出口额 | 进口额 | 沿线国家 | 贸易总额 | 出口额 | 进口额 |
|---|---|---|---|---|---|---|---|
| 印度 | 180 421.7 | 178 209.8 | 2 211.9 | 吉尔吉斯斯坦 | 4 561.4 | 4 551.5 | 9.9 |
| 越南 | 151 939.6 | 79 666.8 | 72 272.8 | 拉脱维亚 | 4 406.0 | 4 361.5 | 44.5 |
| 新加坡 | 148 009.5 | 127 605.0 | 20 404.5 | 保加利亚 | 4 393.1 | 4 001.3 | 391.8 |
| 俄罗斯 | 125 923.5 | 124 873.1 | 1 050.4 | 卡塔尔 | 4 037.8 | 4 036.8 | 1.0 |
| 阿拉伯联合酋长国 | 122 571.3 | 121 791.8 | 779.5 | 阿曼 | 3 940.5 | 3 940.3 | 0.2 |
| 马来西亚 | 114 371.2 | 105 383.2 | 8 988.0 | 柬埔寨 | 3 769.6 | 3 726.0 | 43.6 |
| 波兰 | 106 519.2 | 103 895.1 | 2 624.1 | 乌兹别克斯坦 | 3 747.7 | 3 729.8 | 18.0 |
| 菲律宾 | 93 038.2 | 85 505.9 | 7 532.3 | 尼泊尔 | 3 656.8 | 2 994.8 | 662.0 |
| 泰国 | 85 360.9 | 59 318.6 | 26 042.3 | 也门 | 3 529.6 | 3 529.6 | — |
| 沙特阿拉伯 | 80 045.2 | 80 032.8 | 12.4 | 格鲁吉亚 | 3 382.3 | 3 381.4 | 0.9 |
| 印度尼西亚 | 70 931.6 | 54 866.1 | 16 065.5 | 爱沙尼亚 | 2 928.0 | 2 883.9 | 44.1 |
| 哈萨克斯坦 | 69 938.8 | 69 938.4 | 0.4 | 阿尔巴尼亚 | 1 988.9 | 1 969.0 | 19.9 |
| 土耳其 | 50 156.8 | 48 757.9 | 1 398.9 | 塔吉克斯坦 | 1 916.4 | 1 915.7 | 0.7 |
| 伊朗 | 45 542.1 | 45 503.7 | 38.4 | 巴林 | 1 897.7 | 1 897.6 | 0.1 |
| 巴基斯坦 | 39 079.7 | 38 524.7 | 555.0 | 叙利亚 | 1 643.8 | 1 643.7 | 0.1 |
| 以色列 | 37 764.3 | 32 017.5 | 5 746.8 | 白俄罗斯 | 1 504.8 | 1 461.3 | 43.5 |
| 捷克 | 29 354.2 | 22 294.5 | 7 059.7 | 塞尔维亚 | 1 380.9 | 1 233.9 | 147.0 |
| 伊拉克 | 25 336.7 | 25 336.5 | 0.2 | 文莱 | 1 137.6 | 1 137.6 | — |
| 埃及 | 20 653.5 | 20 647.7 | 5.8 | 蒙古 | 851.5 | 847.4 | 4.0 |
| 乌克兰 | 18 435.2 | 17 998.0 | 437.2 | 阿富汗 | 629.5 | 629.0 | 0.5 |
| 罗马尼亚 | 16 888.1 | 14 878.6 | 2 009.5 | 阿塞拜疆 | 543.1 | 543.1 | — |
| 匈牙利 | 14 803.4 | 10 001.3 | 4 802.1 | 老挝 | 497.5 | 418.1 | 79.4 |
| 孟加拉国 | 13 991.2 | 13 521.3 | 469.9 | 马尔代夫 | 435.4 | 435.2 | 0.2 |
| 黎巴嫩 | 11 095.1 | 11 064.7 | 30.4 | 摩尔多瓦 | 425.3 | 403.1 | 22.2 |
| 斯里兰卡 | 10 412.4 | 10 349.0 | 63.4 | 土库曼斯坦 | 387.2 | 387.2 | — |
| 斯洛文尼亚 | 9 003.0 | 8 790.4 | 212.6 | 亚美尼亚 | 378.1 | 377.9 | 0.2 |
| 斯洛伐克 | 8 404.6 | 6 789.0 | 1 615.6 | 黑山 | 347.1 | 347.1 | — |
| 科威特 | 7 518.8 | 7 518.8 | 0.0 | 波斯尼亚和黑塞哥维那 | 248.4 | 237.4 | 11.1 |
| 缅甸 | 6 465.8 | 6 281.7 | 184.1 | 东帝汶 | 236.5 | 236.5 | — |
| 约旦 | 6 437.8 | 6 434.2 | 3.6 | 巴勒斯坦 | 188.5 | 188.5 | — |
| 克罗地亚 | 6 158.7 | 5 883.3 | 275.4 | 马其顿 | 116.3 | 102.5 | 13.8 |
| 立陶宛 | 4 570.8 | 4 523.2 | 47.6 | 不丹 | 24.2 | 23.9 | 0.3 |

（数据来源：中国海关）